中国校本教研与校本课程数字出版平台
中国校本教研网 www.schooledu.com.cn
◎特别推荐◎

科技部教育部『中小学科学探究学习与创新人才培养机制实验研究』项目研究成果

创新人才培养

学校实验室建设与管理

刘克文 杨发丽 杨平 等◎编著

组编单位 科技部教育部『中小学科学探究学习与创新人才培养机制实验研究』项目组

江苏教育出版社

图书在版编目（CIP）数据

创新人才培养：学校实验室建设与管理 / 刘克文，杨发丽，杨平等编著 .
—南京：江苏教育出版社，2013.3

ISBN 978-7-5499-2527-8

Ⅰ. ①学… Ⅱ. ①刘… Ⅲ. ①中学—实验室管理 Ⅳ. ① G637.6

中国版本图书馆 CIP 数据核字（2012）第 292712 号

书　　名	创新人才培养：学校实验室建设与管理
作　　者	刘克文　杨发丽　杨　平等
责任编辑	丁金芳　司亚宁
出版发行	凤凰出版传媒股份有限公司
	江苏教育出版社（南京市湖南路 1 号 A 楼　邮编 210009）
苏教网址	http://www.1088.com.cn
照　　排	吕　龙
印　　刷	九洲财鑫印刷有限公司
厂　　址	河北省三河市灵山大口
开　　本	787 毫米 ×1092 毫米　1/16
印　　张	17.25
字　　数	280 千字
版　　次	2013 年 3 月第 1 版　2013 年 3 月第 1 次印刷
书　　号	ISBN 978-7-5499-2527-8
定　　价	30.00 元
网店地址	http://jsfhjy.taobao.com/
邮购电话	025-85406265，85400774　短信　02585420909
E - mail	jsep@vip.163.com
盗版举报	025-83658579

《创新人才培养系列》

编委会名单

本书编委会

编　　著　刘克文　杨发丽　杨　平等

参加编写　刘克文　杨发丽　杨　平　胡家耀　周晓松　张福涛　王秀荣
（以姓氏拼音为序）　温立权　邓一波　曹效琴　王玉璋　周业虹　朱玉军

序 言

在中国，人们对创新人才的期盼，从来没有像今天这样强烈。1999年，《中共中央国务院关于深化教育改革全面推进素质教育的决定》（中发〔1999〕9号）中就指出要转变教育观念，改革人才培养模式，积极实行启发式和讨论式教学，激发学生独立思考和创新的意识，切实提高教学质量，培养学生的科学精神和创新思维习惯。2001年，《国务院关于基础教育改革与发展的决定》（国发〔2001〕21号）及教育部颁布的《基础教育课程改革纲要（试行）》（教基〔2001〕17号）中，都进一步强调要重视培养学生的创新精神和实践能力，为学生的全面发展和终身发展奠定基础。

在《国家中长期教育改革和发展规划纲要（2010—2020年）》中，对“创新人才培养”论述更加深刻、全面。该文件指出，创新人才培养是一个系统工程，要努力发挥各学段、各环节、各要素在创新人才培养方面的积极作用；要做好小学、中学、大学有机衔接，教学、科研、实践紧密结合，学校、家庭、社会密切配合；大力推进教育教学改革，探索多种培养方式。

为贯彻中共中央、国务院关于创新人才培养的重要指示与精神，从2009年起，我们积极承担了科技部“创新方法工作专项”中的重要课题“中小学科学探究学习与创新人才培养机制实验研究”（项目编号：2009IM010300），并成立了“中小学科学探究学习与创新人才培养机制实验研究”项目组，着重探索、研究在基础教育领域推进科学探究学习与创新人才培养的工作机制与模式。

在科技部条件财务司、教育部基础教育二司和21世纪议程管理中心的指导下，我们遴选当前基础教育领域的知名专家成立了项目专家指导工作组，并在全国建立起三大实验区和125所项目试点学校。经过近三年的研究、实践，该项目带动了试点校整体办学水平的提高，特别是促进了基于学科的科学探究活动的广泛开展和推广。各试点校呈现出中小学生主动参与科学探究活动，学习兴趣浓厚，积极思考、乐于交流的良好风气，有力地促进了中小学生的自主与个性发展，培养了他们积极健康的科学态度和科学精神。而且，很多学校还形成了有代表性的人才培养模式。

为更好地传播、推广项目研究成果，使更多中小学校师生受益，我们选编了部分项目研究成果，希望在更大范围内深入推进我国中小学校的科学探究学习与创新人才培养工作。

中小学科学探究学习与创新人才培养机制实验研究项目组

2012年12月6日

目　录

CONTENTS

前 言

基于对过去科学教育的反思，教育研究者认为传统的科学教育仅是教给学生一系列科学术语和科学事实，难以使学生具备知识经济时代所需的科学素养、创新能力、解决问题的能力。探究学习基于让学生经历和科学家一样的科学探究过程，可以保护学生的好奇心，培养学生的探究意识及创新能力。科学技术的发展源于创新，在科学教育中利用探究学习实现创新能力的培养，是当前科学教育的一个重要目标。

科学研究离不开实验，在基础科学研究中，很多理论或原始创新都是通过做实验探索和验证得出的，这就决定了在基础教育阶段，科学实验是进行探究学习的主要形式，其地位和作用是其他任何方法都无法替代的。在探究学习中，让学生亲身经历丰富的探究实验活动，以模拟科学研究的方式进行学习，体验科学研究的过程，以激发他们学习科学的兴趣，培养他们的创新精神和实践能力，为我国的科教兴国战略提供强大的后备力量。

过去，我国中小学将科学的教学目标定位于事实性知识层面，以“读科学”和“讲科学”为主。在新的时代背景下，新课程改革给传统的课程和教学带来了新的观念和新的挑战，要求教师从追求事实性知识转换到关注科学概念，从单纯追求结论转换到强调让学生经历探究过程。值得高兴的是，越来越多的教师开始接受这一转变，并在为之而努力。但是，由于这个转变巨大，中间缺少过渡和缓冲的时期，用于支持探究学习的实验室配套设施的更新也远远跟不上改革的步伐，给科学教师们更新教学方式造成了很大的障碍，因此，在以科学探究为主的教学背景下，我国中小学科学实验室的建设及管理需要重新设计、定位。

建设高质量的科学实验室，能为教师积极开展探究教学提供硬件保证，提高管理实验室的水平，则能够保证实验室的良好运行、健康发展，促进探究教学与学习的顺利进行。

探究学习离不开一定的实验条件的支持，当前中小学的实验室器材大多是针对传统的教学方式配备的，可支持完成大纲及教材上要求的实验。在探究学习中，要经历形成问题——建立假设——制订研究方案——检验假设——作出结论几个步骤，以培养学生的创新精神和实践能力，整个过程都是在开放的环境下完成的。学生提出的问题多种多样，制订的探究实验方案也各不相同，这就对实验条件提出了新的要求。

本书通过探讨实验室的建设与管理，希望能对探究教学和学习起到强有力的促进作用，进而为将学生培养成为具有创新精神和实践能力的新一代科学人才做充分的准备。

刘克文

2012年3月

第一章

本书所要解决的问题

传统教育仅是教给学生一系列科学术语和科学事实，难以让学生具备知识经济时代所需的科学素养、创新能力和实践能力，探究教学则有助于解决这一问题。本章主要介绍了探究学习与实验室建设的关系、我国中小学实验室的建设现状，回顾了国内学者对探究教学的研究情况，最后提出本书所要解决的问题：怎样的实验室是探究实验室？怎样建设探究实验室？怎样组织、运行和管理探究实验室？

一、探究学习及其与实验室建设的关系

进入21世纪，科学技术迅猛发展，人类社会全面进入知识经济时代，国际之间的核心竞争转变为人才的竞争，教育越来越成为促进社会全面进步、推动科技迅猛发展进而不断提升综合国力的重要力量，也因此逐渐成为改革和发展的焦点之一。

改革开放三十多年以来，我国的社会生产力不断提高，综合国力不断增强，教育事业也蓬勃发展，取得了显著的成绩。但是，要实现从人力资源大国向人力资源强国的转变，我们仍旧面临着十分严峻的挑战。要把我国沉重的人口负担转化为丰富的人力资源优势，就必须依靠优质的教育。

基础教育是培养人才、实施科教兴国战略的奠基工程。新世纪初，我国进行了新一轮规模宏大的基础教育改革，强调培养学生的创新精神和实践能力。创新精神和实践能力的培养，需要通过具体的探究活动来实现，因而，如何让学生进行探究学习已经成为基础教育改革的核心问题之一。科学实验是进行探究学习的主要形式，实验室的高质量建设和高水平管理对促进探究学习的顺利进行、对于培养创新人才有着非常重要的意义。

（一）探究学习是我国科学教育的发展方向

2001年的《国务院关于基础教育改革与发展的决定》（国发［2001］21号）提出了新一轮基础教育课程改革的指导思想，强调深化教育教学改革，扎实推进素质教育，特别是基础教育要“端正教育思想，转变教育观念，面向全体学生，加强学生思想品德教育，重视培养学生的创新精神和实践能力，为学生全面发展和终身发展奠定基础”。2010年，根据党的十七大关于“优先发展教育，建设人力资源强国”的战略部署，我国制定了《国家中长期教育改革和发展规划纲要（2010—2020年）》，指出教育改革发展战略主题的重点是“面向全体学生、促进学生全面发展，着力提高学生服务国家服务人民的社会责任感、勇于探索的创新精神和善于解决问题的实践能力”。不难看出，培养具备创新精神和实践能力的高素质人才已经成为教育改革和发展的重要议题。

基于对以往的科学教育的反思，教育研究者认为传统的科学教育仅是教给学生一系列的科学术语和科学事实，难以使学生具备知识经济时代所需的科学素养、创新能力和实践能力等。在新课程改革中，人们越来越广泛、深刻地认识到转变教学方式的重要性。那么，新课程应该追求什么样的学习方式或者教学方式呢？教育部于 2001 年 6 月印发了《基础教育课程改革纲要（试行）》，明确指出要注重培养学生的独立性和自主性，引导学生质疑、调查、探究，在实践中学习，以改变教学过程中过分依赖教材、过分强调接受学习、死记硬背、机械训练的现状，倡导学生主动参与、乐于探究、勤于动手，鼓励学生对书本的质疑和对教师的超越，赞赏学生独特和富有个性化的理解和表达，爱护学生的批判意识和怀疑精神，帮助学生培养收集和处理信息的能力、获取新知识的能力、分析和解决问题的能力以及交流与合作的能力，大力开展探究学习。新课程标准也把“科学探究”列入了“课程目标”“内容标准”和“实施建议”之中。

作为一种崭新的学习方式，探究学习是让学生以类似或模拟科学研究的方式进行学习，通过“做科学”（即科学探究活动）来学科学，在这一过程中，学生可以把科学知识同观察、推理和思维的技能结合起来，从而能动地获得对科学的理解。[1] 在科学探究的过程中学生可以理解科学知识，学习科学方法，发展科学思维，培养科学精神。同时，探究学习给予学生更多的自主学习空间，有助于保证学生学习的自主性，保护学生的好奇心，激发学生的求知欲，培养学生的创造力。毋庸置疑，探究学习正是新课程改革所追求的崭新的学习方式，是培养学生创新精神和实践能力的重要途径，它已经成为科学教育的发展方向。

（二）实验室建设支撑着探究学习

1. 探究学习主要通过实验来实现

实验是科学研究中的重要方法，在基础科学的研究中，很多理论或原始创新都是在实验室里通过做实验探索和验证得出的。科学研究离不开实验，科学是实验的科学，在 17 世纪伽利略发明实验这一方法之前，科学发展缓慢，举步维艰，

[1] 任长松．以科学探究为核心——支撑《美国国家科学教育标准》的课程理念［J］．山东教育科研，1999（12）：3～5．

随着实验这一研究方法的产生和完善，科学进步日新月异。[1] 可以说，一个科学家实验能力的大小，是衡量其研究水平的一个重要标准。

探究学习是让学生模拟科学家进行科学研究的过程，是按照一定的科学思维程序去探索学习的过程，是学生主动参与的能动的过程。因而，科学实验是探究学习的主要形式，是实现新课程目标中“使学生具有初步的创新精神、实践能力、科学和人文素养”的重要手段和途径，其地位和作用是其他任何方法无法替代的。

科学不是一堆僵死的知识，而是一门活生生的学科，如果按照原来的课堂教学方式，“一根粉笔画世界，三尺讲台谈天地”，只有课堂讲授，没有实践环节，学生就只能获得间接的经验和僵死的知识。只有在实验中，在真实的问题情境中，把学科学作为一种过程，作为学生提升观察、推断和实验等诸种能力的过程，让学生亲自动手实践，体验科学家的工作方法和思维方法，亲身经历概念与结论的获得过程，才能让学生形成科学的认识方式和科学的自然观，学会科学研究所需要的各种基本技能，开发创造潜能。

从另一方面说，在科学课中，学生最感兴趣的就是实验课，他们渴望在做中学，在玩中学。[2] 而且，对于大部分学生来说，当他们遇到一些自己感兴趣的问题，而自己又具备通过实验解决它们的能力时，便会发现需要科学知识，因而产生学习的积极性，并能抓住学习的要点。[3]

2. 开展探究学习以良好的实验条件为基础

过去，我国中小学的科学教育将教学目标定位于事实性知识层面，以“读科学”和“讲科学”为主。学校、教师对实验教学不够重视，让学生动手操作的只是为数不多的几个验证性实验，实验室仪器一般也是为验证性实验而配备的。

在新的时代背景下，新课程改革给传统的课程和教学带来了新的观念和新的挑战，要求教师从追求事实性知识转换到关注科学概念，从单纯追求结论转换到强调让学生经历探究。值得高兴的是，越来越多的教师接受了这一转变，并从思想上和行动上为之努力。然而，新课程改革的不断深入和新课程标准的实施，与相应的课程资源，特别是用于支持科学探究实验的实验装备不足的矛盾日益突

[1] 靳玉乐．探究学习［M］．成都：四川教育出版社，2005．5 ～ 6．
[2] 贺慈满．小学科学探究实验室建设的调查与分析［J］．中国教育技术装备，2010（26）：28 ～ 31．
[3] 任长松．以科学探究为核心——支撑《美国国家科学教育标准》的课程理念［J］．山东教育科研，1999（12）：3 ～ 5．

出，这给教师转变教学方式造成了很大的障碍，影响了课程改革与发展工作的深入开展。国家教委在《关于加强教学仪器设备行业管理工作的意见》(教备[1997]15号)中指出："教学仪器设备是重要的办学条件，是教育现代化的手段和教育事业发展的物质基础，它的配备状况和质量水平是一个国家教育、教学水平的重要标志之一。"因而，充分运用现代信息技术，改善和加强实验教学工作，为探究性学习提供良好环境和物质条件，促进现代教育观念、技术和方法的有机融合，具有重要的意义。

自然科学学科有着特殊的学习方式，对实验条件的要求也具有一定的特殊性。探究学习要经历提出问题、猜想假设、制订研究方案、通过实验收集证据、分析论证、反思评估及表达交流几个过程，要求有足够宽阔的平台来满足学生动手实践的需要。因而，我们需要建设这样的实验室：它具有便于激发学生的探索欲望，让学生在实践活动中感知、感悟和体验的环境氛围，具有便于学生自主探索、合作学习的丰富的学习资料、仪器设备，给学生提供一个可看、可做、可玩的，既能动手又能动脑，自主地求知、求真、求实的场所，以让学生养成主动参与、乐于探究、勤于实践的学习习惯，从而培养学生解决实际问题的能力、实事求是的科学态度和敢于创新的探索精神。

3. 科学的管理是实验室充分发挥作用的保证

实验室是开展探究学习，让学生进行科学实践活动的阵地，探究学习的效果与实验室的建设和管理有着密不可分的关系。实验室的高质量建设，能为教师开展探究教学和学生进行探究学习提供硬件保证，实验室的高水平管理，则能够保证实验室的良好运行、健康发展。

随着基础教育课程改革的实施，我国基础教育课程的体系、结构、内容逐步得到了调整，探究学习、合作学习等崭新的学习方式逐渐成为新课程改革所追求和认同的学习方式。与以往相比，实验在地位、功能、内容等方面都发生了很大的变化，以培养学生搜集和处理信息的能力、分析和解决问题的能力以及交流与合作的能力为目的的实验探究活动越来越多，这对中小学实验室的管理工作提出了新的要求。实验室不仅要在时间、空间上保证完成新课标、新教材所要求的教学任务，还要拓展其功能，完善其建设，实现科学化、规范化和标准化的管理，以最大限度地发挥实验室的作用，为学生开展实验探究学习、全面提高科学素养、培养创新精神和实践能力提供良好的物质基础。

二、中小学实验室建设和管理现状

（一）普通实验室建设现状

近年来，我国中小学实验室的建设工作进一步得到加强，实验教学取得了可喜成果，实验设备进一步丰富。[1] 据《中国教育统计年鉴》（2010）统计，截至 2010 年底，我国普通高中理科实验仪器达标学校的比例为 84.63%，初中理科实验仪器达标学校的比例为 74.55%，小学数学自然实验仪器达标学校的比例为 54.62%，相较于“十五”期间（2004 年的统计数据：普通高中 79.7%，初中 69.8%，小学 50.9%），达标学校的比例有了提升。在达标的基础上，我国中小学实验仪器中采用信息技术的品种越来越多，实验室数字化水平越来越高，传感器和数据采集器等实验仪器得到了一定的推广。

“十一五”期间取得的成绩是不容置疑的，但同时也存在不少问题。

1. 各层面对实验室建设的重视程度不够

长期以来，受应试教育的影响，许多学校认识不到做实验对培养学生的动手能力和创新精神的重要作用，忽视了实验室的建设和管理工作。任课教师在授课过程中也存在着重理论、轻实践的问题，在平常的教学活动中，以图片和视频代替实验，画实验、讲实验多而学生动手实验的机会少[2]，一节实验课完成多个实验，验证性实验多、探究性实验少的现象比较普遍。

2. 经费投入不足，实验室仪器陈旧、落后

长期以来，我国教育投入的结构不尽合理，教育实验设备的经费不足，导致了一些中小学实验条件比较差，实验室用房紧张，仪器陈旧落后、残缺不全、更新缓慢。2009 年，浙江省安吉县教育技术装备站对本县中小学的仪器进行了调查，发现诸多学校实验室里的仪器和药品，有许多是 20 世纪 70 年代配备的，有些甚至是“文革”之前就有的，其中的大部分已经不适用于现在的科学实验教学，如

---

[1] 王富，刘诗海，李玉先等. 教学仪器事业发展研究报告［M］. 见：教育部教学仪器研究所编. 教学仪器研究. 北京：中国人民大学出版社，2010：29 ～ 36.
[2] 陈峥嵘，何永树，宋如顺等. 配合新课程改革与发展工作积极装备科学探究实验室［J］. 中国教育技术装备，2004（6）：1 ～ 4.

果除去这些陈旧的仪器，80% 以上学校的仪器装备不足。[1] 上述现象在其他省市也存在，说明经费不足等原因导致的仪器装备陈旧落后、数量不足的问题，目前在全国范围内普遍存在。随着新课程改革的进行、教学方式的转变，学生的实验增加与仪器设备落后、数量不足的矛盾日益突出。

3. 实验教师不足，队伍素质较低

据调查，目前我国中小学实验教师队伍普遍存在以下问题：人员不足，专业不对口，学历偏低，年龄偏大，兼职过多，队伍不稳定等。一些校长指出主要原因在于实验教师的工作量与待遇问题。现有实验教师的工作量制度是 1988 年由原国家教委制定的，编制数目较少，已不能适应目前实验室数量大大增加的新的形势。另外，学校往往把实验教师当作后勤人员或教辅人员，工资待遇和社会地位都得不到很好的保障，难以吸引优秀的专业人才，不利于提高实验教师的工作热情，同时还会造成整个实验教师队伍的不稳定。

4. 区域发展不均衡

在实验室建设、教学仪器配备和开展实验教学工作方面，区域发展不均衡的问题十分突出。从总体发展水平来看，东部地区优于中西部地区，而且差距在进一步扩大。许多边远贫困地区的中小学由于经费严重不足，缺乏基本的实验设施，有的甚至连普通的实验室都没有，而部分发达地区如浙江、山东等已经在传统实验室的基础上开始了探究实验室的建设工作，且已经初见成效。

（二）探究实验室建设现状

随着基础教育课程改革的深入实施，探究学习的教学理念得到了普遍认可。我国从国家层面到各省市都已开始重视用于支持探究学习的探究实验室的建设。

2006 年，教育部基础教育司出台了《中小学理科实验室装备规范》（JY/T0385-2006），规定了我国普通中小学理科实验室装备建设的基本要求。该规范明确提出："各地可以根据实际情况，创建更有利于培养学生创新精神和实践能力的实验室，满足基础教育课程改革对实验教学的要求。""中学部分"将"实验室 / 科学探究（理、化、生）""生物园地（生）"的建设作为基本要求，将"培

[1] 李志方．影响中小学实验室建设和实验教学因素的分析与对策［J］．实验教学与仪器，2009（9）：58～59.

养室（生）”列入规划建议。（“基本要求”是学校实验室装备建设应达到的最低要求，“规划建议”是在达到“基本要求”的基础上，为有较高实验室装备能力的地区和学校提出的要求。）另外，它对理科实验室还有如下规定：在功能上，能够满足实验教学要求，方便学生熟悉并接触各种实验仪器设备，学习掌握基本实验技能；在具体要求上，应努力为方便学生查阅相关资料、制订实验计划和设计实验方案、进行探究性学习和学科实验活动创造条件。此外，该规范还对理科实验室的“面积与间数”“建筑要求”“环境要求”“固定设施”“布置”和“实验设备”等提出了一般要求。这一规范的发布，充分显示了国家对理科实验室建设的重视，但是它对理科实验室的建设没有提出更为具体和详细的指导意见。

根据教育部《中小学校理科实验室装备规范》的相关要求，我国部分省市开始积极探索探究实验室的建设。其中，山东省教育厅根据《普通高中课程方案（实验）》的相关要求，在本省部分普通高中探究实验室建设经验的基础上，于2007年拟定并印发了《山东省普通高中探究实验室配置标准（试行）》，明确了探究实验室的环境建设标准，探究实验设备和软件的基本要求，探究实验室传感器、数据采集器的配置要求，并附有详细的配备目录，具有较强的可操作性。山东省教育厅在《关于印发〈山东省普通高中探究实验室配置标准（试行）〉的通知》（鲁教基字［2007］15号）中强调：“要高度重视探究实验室建设和探究性实验教学工作”，“科学配置探究实验教学设备设施”，“充分发挥探究性实验教学设备在学生研究性学习过程中的作用”，并建议：“普通高中可以根据学校规模和条件，新建独立的物理、化学、生物探究实验室，也可以为生物、化学两个学科合建一个生化探究实验室，还可以在现有传统实验室基础上，通过增加数字实验设备和软件，使普通理、化、生实验室达到探究实验室标准。”目前，山东省内已有多家中小学建成了探究实验室，并且投入使用。浙江省从2009年起在全省启动实施中小学科学探究实验室建设工程，对于欠发达地区，由省教育厅进行经费补助。据统计，至今浙江省已经投入省级专项资金3000多万元，建立中小学科学探究实验室380个。[1] 除此之外，其他各省市的教育部门也对建设探究实验室进行了积极的实践探索，先在有条件的少数学校初步建成一批有特色的探究实验室，并

[1] 朱振岳，程莉莉．培养学生的探究能力和创新精神——浙江建380个中小学科学探究实验室［N］．中国教育报，2011-10-26（1）．

充分发挥其示范引领作用，带动整个区域的探究实验室的建设与应用工作。

市场的需求，极大地带动了仪器公司对探究实验室建设方案的开发及对探究实验仪器的研制工作。只要在网络搜索引擎上输入“探究实验室”，就能找到数百家仪器设备公司相关设备的信息。这足以说明，我国在探究实验室建设的实践中已经取得了很大的进步。

但是，在建设探究实验室的过程中，还存在一些问题，综合各种调查研究，我们发现问题主要反映在以下几方面：

1. 缺乏理论指导

目前，各省市中小学建设探究实验室的工作仍然处于“探究”阶段，比较常见的做法是通过参观、交流、研讨借鉴经验，从国外移植到国内，从其他学校移植到本校，或者以公开招标的方式了解厂家的有关产品，在财力允许的情况下进行采购，实施建设。[1] 在实践层面上，已经涌现出一大批探究实验室建设和应用的案例，但是从理论层面对探究实验室的特点与功能进行界定，对怎样使课程开发、实验室的环境布局与硬件配置等真正体现“探究”的含义，如何利用探究实验室培养学生的创新精神和实践能力的理论研究却极为匮乏。

2. 发展不平衡

在探究实验室的建设过程中，实验室建设、教学仪器配备和实验室应用等各个方面，都呈现出经济发达地区发展快、经济欠发达地区发展缓慢的区域发展不平衡，以及重点学校优于普通学校的学校间发展不平衡。

3. 缺乏优秀的实验教师

高水平的实验教师少，也在一定程度上影响了探究性课程的开展及教学效果。由于信息化教学和科学探究实验工作的教学技术培训不到位，面对全新的教学环境、实验工具和教学方法，许多科任教师只能对探究实验教学望而却步。

4. 利用效率不高

近年来，我国各省市的中小学已经初步建成了许多探究实验室，随着这些探究实验室逐步投入使用，人们发现这种高投入的先进实验室并未换来高效益的

---

[1] 卢德馨．理性、有序地建设探究实验室［J］．物理与工程，2007（6）：1～2.

回报。[1] 究其原因，主要有以下几方面：其一，学校对传统课堂教学的重视程度远高于对探究实验教学的重视程度，很多学校建设探究实验室只是将其作为应付评估、申请项目的有效工具；其二，探究实验室提供的仪器与学校原有课程的匹配程度不高，很多学校也并未开发新的探究性课程与其配套；其三，对实验教师及科任教师的培训不到位，导致探究教学的实效大打折扣。

5. 仪器配备比较盲目

因为缺乏理论指导，建设上缺乏依据，一些学校在探究实验室的仪器配备上存在误区：

一是片面地追求大而全，重点不突出。以物理学科为例，电、力、热、光、原子等实验仪器样样齐全，但很多物理含量低、不具有探究性质的仪器也充斥其中，把探究实验室建成了学校的科技馆，投入的资金不少，但没有突出探究实验室的特点。[2] 另外，很多实验仪器的实验指导书内容模糊不清，在操作上有相当的难度，不仅没有达到探究的目的，更多的成了摆设。

二是误把数字化实验室当成探究实验室，认为探究实验室就是计算机 + 数字化设备 + 网络环境。不可否认，数字化实验室的设备可以在探究学习中发挥作用，传感器与信息技术在物理、化学、生物等的教学实验中的整合应用，突破了时空的限制，缩短了反应时间，将微观现象放大，将定性变为定量，使原来做不出、做不好的实验变得容易，有助于学生对很多抽象知识的理解与探究，但是，它只是探究方式中的一种，单一地把数字化实验室等同于探究实验室是不科学的。

6. 并未体现“探究”内涵

对探究实验室的使用正处于摸索阶段。许多学校投入大量资金，建成了物理、化学和生物的“数字化探究实验室”，但是在投入使用的时候发现，由于受到多方面因素的制约，这些花费大量资金建成、以硬件为依托的先进实验室并未真正体现“探究”的内涵。[3]

[1] 胡文斌．论数字化探究实验室的多学科综合利用［J］．新课程，2010：98 ～ 99.
[2] http://www.xykj.com.cn/cpjs.htm?bdclkid=AjPEJ2OSQ1rz0B1aqhqo9Gt-6X4K0gsc8KYsU-6ja8rgkxNZ3J.
[3] 胡文斌．论数字化探究实验室的多学科综合利用［J］．新课程，2010：98 ～ 99.

（三）实验室的管理现状

要充分发挥实验室在教学中的重要作用，以更好地为教学服务，需要对它进行科学、规范的管理，但是，目前我国中小学的实验室在运行和管理的过程中还存在一些问题。

1. 各层面对实验室管理的重要性认识不到位

学校领导的重视对实验室的规划和建设是非常重要的。但是，有相当一部分学校领导在思想上仍然存在偏差，重理论、轻实践，对实验室建设、实验教学的重视程度不够。另外，实验室的建设规划是“长线”项目，不但投资大，而且在短期内见不到成效，但现行的考核制度重短轻长[1]，必然影响到学校领导对学校实验室的建设规划工作的指导，最终影响学校实验室的发展方向。

2. 缺乏行之有效的、健全的管理制度

实验室的管理、使用、运行的有效性，在很大程度上依赖于行之有效的、健全的管理制度。完善的管理制度可以使实验室的各项工作有章可循，使各类人员的职责严明，保持实验室的高效运行。目前，大部分学校在实验室的管理工作上缺乏行之有效、健全的管理制度，存在着诸如分工不明、职责不定、部门之间的配合不协调等问题。新课程改革的实施，对实验室建设和管理提出了新要求，增加了很多探究实验项目，实验室向学生开放成为必然，这进一步增加了实验室管理工作的难度和复杂性，对实验室管理工作提出了新的挑战。

三、目前关于探究实验室建设与管理的研究

近几年，根据新一轮基础教育课程改革对人才培养目标的要求，教育工作者们在迫切地寻求一条教学创新之路，以改变教师的教学理念和教学方式，转变学生的学习状态和学习方式，培养学生的创新精神和实践能力。因在培养学生解决问题的能力、锻炼学生的科学思维方面所具有的优势，“探究学习”成为了基础教育改革进程中的热点话题。目前为止，关于探究学习，已经有大量的研究论文发表以及相当数量的书籍出版，不论是理论层面还是实践层面，研究都已经很

[1] 徐俊峰．当前农村中小学现代教育技术发展中存在的问题及对策研究［J］．中国电化教育，2002（6）：21～24.

深入，成果也非常丰富。一种崭新的学习方式必然对配套的教学资源和硬件条件提出新的要求，其中实验条件是一个重要的方面。近几年，随着人们对探究学习理念的广泛认同，基础教育中出现了一个全新的名词——“探究实验室”。了解我国在探究实验室建设与管理方面的理论和实践层面的研究，有着重要的意义，基于此，这里对相关的研究进行介绍。

关于怎样建设探究实验室，如何利用探究实验室来支持学生的探究学习，华南师范大学的钱扬义、邓峰[1]（2006）对数字化化学探究实验室进行了详细、深入的阐述。在他们看来，数字化化学探究实验室建设包括硬件环境建设与软件环境建设，硬件环境主要指实验室、手持技术仪器（如数据采集器与各类传感器）和计算机等，软件环境特指教师、学生和教学内容（如教科书等）。在培养学生方面，数字化化学探究实验室可以在化学课堂上、化学研究性学习中、各类化学科技竞赛中培养学生的探究能力。其中，将数字化化学探究实验室应用于化学研究性学习以培养学生的探究能力，可以从以下五个维度着手：基于解决传统实验难点的维度，基于降低认知难点的维度，基于探究社会热点的维度，基于研究变量关系的维度，基于拓展实践时空的维度。目前的研究和实践中尚需进一步解决的问题是：（1）国外已有的实证研究仍处于摸索阶段，在数字化化学探究实验室提高学生的能力（如思维能力、问题解决能力和探究能力）、增强学生的学习兴趣或动机等方面缺乏定量研究的支撑；（2）已有研究较多倾向于对具体应用案例的开发，缺少完善的理论支持；（3）关于教师对数字化化学探究实验室的态度与认识缺乏深入的调查研究；（4）缺乏对基于数字化化学探究实验室的化学教学模式的理论研究与实证研究；（5）对用手持技术作为认知工具帮助学生解决实际问题的研究尚处于初级阶段。

关于探究实验室中实验项目的评价及选择，南京大学的卢德馨[2]（2007）教授提出了一套实验室评价方案：以兴趣度、物理含量、知识点、所属分支、可以动手的程度、实用性以及对探究精神培养的有效性等为指标，对一个个实验进行评价，评价之后进行统计、分析，如此，通过简单的检索就可以回答不少问题了。另外，卢教授还以物理探究实验室为例，对深层次的要求和指标进行了探讨：与

[1] 钱扬义，邓峰．数字化化学探究实验室的建设与学生探究能力的培养［J］．中国电化教育，2006（11）：49 ～ 52.
[2] 卢德馨．理性、有序地建设探究实验室［J］．物理与工程，2007，17（6）：1 ～ 2.

教学实验室严格的、系统的训练相比，探究实验室可以更强调物理思想；培养抽象思维是物理教学的高层次要求，物理探究实验室也应该有助于抽象思维的培养；着力培养兴趣应该是探究实验室的宗旨，同时应该把兴趣导向教学、学术，增加研究性；探究实验室可以采取一些办法把兴趣引向更深和更广的层面，例如陈列一些能够引起学生兴趣的内容，制作一些关于某些课题的书签或精美卡片等，使某些短暂的兴趣转化为持续的研究。

在实践层面，一线教师胡文斌[1]（2010）针对目前探究实验室的使用效率低以及未体现探究教学的真正含义的问题，提出了多学科综合利用的设想。他提供了一个多学科综合利用的数字化探究实验室的建设案例，并对探究实验室的教学设施、仪器配备、环境布局等进行了较为详细的阐述。他指出，通过设计与改进，可以使一间功能教室满足多个学科探究教学的要求，使有限的投入产生最大的教学效益。侯团结[2]（2009）在教学实践中通过创设班级和家庭实验箱来引导学生进行探究学习，用较小的投入获得了最大的回报，克服了目前条件下实验室开放的各种困难，实现了比开放实验室更好的教学效果，把学生的物理学习从课堂延伸到了课外，从学校延伸到了家庭，是让学生进行探究学习的一条有效途径。除此之外，还有一些关于在探究实验室中开展教学的案例开发研究，主要是介绍如何利用探究实验室支持某一实验项目的具体教学。

综上，不难看出，国内关于探究实验室建设的研究还不是很丰富，直接指向探究实验室管理的研究基本上没有。对探究实验室建设的研究，多倾向于具体应用案例的开发，缺少完善的支撑探究实验室建设的理论研究，几乎没有对探究实验室的特点、功能的深入的理论探讨，在探究实验室能提高学生哪些能力方面，实证研究极为匮乏，另外，对如何评价探究实验室也有待进一步的研究。

四、对问题的明确

在我国基础教育改革的背景下，学生的学习方式必定会发生很大的变革，强调教师指导下的学生自主探究学习将是一个重要的趋势。基础教育改革的步伐不断向前迈进，教育研究者和教育工作者对科学教学的理念也有了进一步的理解和

---

[1] 胡文斌．论数字化探究实验室的多学科综合利用［J］．新课程，2010：98～99.
[2] 侯团结．创设实验箱：引导探究学习的新途径［J］．湖南中学物理，2009（8）：38～39.

认识，但是，在教育工作者积极响应教育改革、开展探究教学时，相应的实验室配套设施的更新换代却明显滞后。为促使一线教师广泛接受探究教学理念，积极指导学生进行探究学习，对支持探究学习的实验室的建设与管理进行深入研究是极具理论价值和现实意义的。

关于实验室建设的研究，目前国内外的期刊论文、学位论文和专著多指向高等教育阶段，对中小学探究实验室建设的研究多基于实践经验，还停留在较浅的层面，远不能支撑探究学习和创新人才培养对探究实验室建设的理论及实践要求。

基于此，本书基于如下研究问题展开：什么样的实验室是探究实验室？怎样建设探究实验室？怎样组织、运行和管理探究实验室？

第二章

如何更好地建设与管理探究实验室

在力求建立一套科学合理的支持探究学习的实验室建设与管理方案，以促进探究教学和学习的顺利进行这一目的下，本章确定了五项具体任务：阐述探究实验室的内涵、特点及功能；提出更加具体的探究实验室的建设办法；提出更加具体的探究实验室的管理办法；调查教师对这些办法的认同度；进行案例分析。根据这些任务确定了所要采用的研究方法，如文本分析法、访谈法、问卷调查法、调研法等。

一、我们要达到的目的

鉴于为基础教育中的探究学习提供科学合理的实验条件的必要性和迫切性，以及上文提出的待解决问题，我们在已有研究的基础上，力求建立一套科学合理的支持探究学习的探究实验室的建设与管理方案，以促进探究教学和学习的顺利进行。

根据这一研究目的，我们确定了具体任务：

（1）根据探究学习的相关理论，结合已有探究实验室的建设经验，初步阐述探究实验室的内涵、特点及功能。

（2）基于探究学习理论及实验室建设理论，提出探究实验室的建设原则，并以此为依据，提出更加具体的探究实验室建设办法。

（3）基于探究学习理论及管理学理论，提出探究实验室的管理原则，并以此为依据，提出更加具体的探究实验室管理办法。

（4）以教师为调查对象，对我们提出的探究实验室建设与管理原则进行认同度调查，为探究实验室建设与管理的合理性提供证据。

（5）选取一些中学的探究实验室作为代表性案例，依据我们提出的探究实验室的建设与管理原则，进行深入的分析和研究，为探究实验室的建设和管理提供进一步的建议。

二、对解决问题的方法的选择

基于以上研究任务，我们综合运用文本分析法、访谈法、问卷调查法、调研法等多种方法进行研究。

1. 文本分析法

对有关探究学习、实验室建设和管理的已有理论及相关论文进行文本分析，了解相关领域的研究现状，同时为界定核心概念、提出探究实验室的建设与管理原则等提供理论依据。

2. 访谈法、问卷调查法

通过访谈课程论专家，为探究实验室建设与管理原则的提出提供支持；通过对一线科学教师的问卷调查和访谈，一方面了解我国中小学探究实验室的建设现状及存在的问题，另一方面对我们提出的探究实验室建设与管理原则进行认同度调查，为探究实验室建设与管理原则的合理性提供证据。

3. 调研法

通过各种调查方式，如现场访问、参观、电话调查、网上调查等形式，对我国部分中小学探究实验室建设的相关情况进行调查，以了解其建设现状及问题，同时获取优秀建设案例，进行分析研究。

第三章

对核心概念的界定

本章主要对与探究实验室相关的概念——探究学习、实验室条件和探究实验室进行界定，对探究实验室的功能、探究实验室与学生能力培养的关系以及探究实验室与普通实验室的异同进行了分析。

一、何谓探究学习

按《牛津英语词典》的解释，探究（inquiry）是“求索知识或信息，特别是求真的活动；是搜寻、研究、调查、检验的活动；是提问和质疑的活动”。《辞海》对探究的解释为“探索，研究”。从以上定义，可以知道探究是一种思维方式，也是一种解决问题的活动。从广义上定义，它泛指人类收集信息、获得解释的一般过程，是人类的天性，是一种认识内驱力，可表现为好奇、追根究底、试图找到问题的答案。狭义的探究，专指科学探究或科学研究，探究的对象是自然界，目的是获得知识、真理，途径包括观察、提问、实验、比较、推理、概括、运用等。

对于科学探究，美国《国家科学教育标准》中有这样的表述：“科学探究指的是科学家们用来研究自然界并基于此种研究所获事实、证据作出解释的多种不同途径。科学探究也指学生用以获取知识、领悟科学的观念、领悟科学家研究自然界所用方法而进行的各种活动。”本书所涉及的科学探究，是指学生的探究学习活动，就是让学生去模拟科学家的工作过程，按照一定的科学思维程序去探索学习的过程，让他们学习科学方法，发展科学探究所需要的能力，增进对科学探究的理解，体验探究过程中的心理感受。探究的实质是一个思维的过程。科学探究既是学生的学习和体验活动，又是教师开展科学教育教学活动的重要方式之一。

科学探究学习（以下简称“探究学习”），是指学生以科学探究的方式进行的学习，综合以上关于探究与科学探究的定义，我们将探究学习定义为：探究学习是指学生针对某一科学问题，运用科学思维提出假设、分析论证并表述、交流研究结果的学习过程。探究学习实质上是一种模拟性的科学研究活动，其核心是学生对知识的自主建构。

二、何谓实验室条件

在高等学校中，实验室是指“隶属学校或依托学校管理，从事实验室教学或科学研究、生产试验、技术开发的教学和科研实体”[1]。中小学实验室主要指学

[1] 中华人民共和国国家教育委员会令第20号，高等学校实验室工作规程［S］.

校中从事实验室教学的实体，是为课程内容提供演示实验、学生实验、科学实践活动的重要场地。

为了很好地满足各种实验教学活动在活动空间、教学设施、实验器材等方面的需要，实验室必须有合格的基础设施，配备足够的实验装备和仪器药品，在使用过程中，还需要实验教师和实验室管理人员有序地组织实验教学活动。这些都是实验室在服务实验教学的过程中需要具备的条件，我们将其统称为“实验室条件”，包括硬件条件和软件条件。前者主要指实验室的基本设施和仪器设备，后者主要是指教师、实验内容和实验室文化。

三、何谓探究实验室

探究实验室特指支持探究学习活动的实验室。我们将其定义为：建立在探究学习理念之上的、用于支持科学探究活动，即支持教师进行探究教学、学生开展探究学习活动，以培养学生的实践能力和创新技能为目的的新型功能教室。

为进一步挖掘探究实验室的内涵，我们将围绕以下几个核心问题进行阐述：探究实验室支持哪些类型的探究活动？可以培养学生哪些方面的能力？它与普通实验室有什么不同？

（一）探究实验室的功能

在中小学的探究学习活动中，根据师生所起作用的不同以及活动方式的不同，可将探究学习活动分为三种类型：以教师引导为主的课堂探究，学生在教师指导下的课外探究以及学生自选题目的自由探究。本书中所说的探究实验室的主要功能为：支持以教师引导为主的课堂探究，支持学生在教师指导下的课外探究，支持学生自选题目的课外探究。

（二）探究实验室与学生能力的培养

在各类相关研究中，学者们曾指出探究学习有利于培养学生的观察能力、思考能力、解决问题能力、动手操作能力、发明创造能力等多方面的能力。我们将上述能力统称为“科学探究能力”，即探究学习活动能够培养学生的科学探究能力，探究实验室就是以培养学生的科学探究能力为目的而规划建设的实验室。

教育研究者们将科学探究活动细化为：提出问题、猜想与假设、制订计划、进行实验、收集证据、解释与结论、反思与评价、表达与交流八个基本要素，并对各要素中学生探究能力的培养进行了讨论（见下表），探究实验室就是以培养学生的这些能力为基本目标的探究环境。

各探究要素中对学生探究能力的培养[1]

探究要素	学生能力培养
提出问题	发现与提出问题的能力——要求学生善于观察、积极思考，能从日常现象中或经教师启发后，发现有探究价值的问题，并能以口头或书面形式清楚地表述问题
猜想与假设	猜想与假设的能力——学生根据自己的知识、经验，得到对问题情境的初步理解，能主动地对探究问题的可能结论大胆提出猜想与假设，能对假设所依据的事实进行初步的验证
制订计划	实验设计能力——能根据所要解决的探究问题，明确探究任务和所需条件，独立或与他人合作设计实验方案；会选择实验方法及所需的仪器和设备；能对实验方案的可行性进行初步预计
进行实验	观察能力与实验能力——会使用基本的实验仪器，进行基本的实验操作，能独立地或与同学合作，对实验条件的控制及实验现象的观察进行讨论
收集证据	收集证据能力与数据处理能力——能通过科学实验收集证据，并如实记录；能运用电子数据表等形式对所得数据进行处理；能根据误差分析原理对实验数据进行初步分析
解释与结论	解释、形成结论的能力——能运用比较、分类和归纳的方法得出结论；能对猜想与假设进行解释
反思与评价	评价能力与元认知能力——能对结论的可靠性进行客观评价；能对自己在探究活动中的表现进行反思
表达与交流	讨论、表达与交流的能力——能主动交流实验探究结果，能学会取长补短

（三）探究实验室与普通实验室的比较

中小学普通科学实验室的建设已经有多年的时间。它的建设与配备，是由

[1] 钱扬义，邓峰．数字化化学探究实验室的建设与学生探究能力的培养［J］．中国电化教育，2006（11）：49～52．

教育部定期出台相应的标准，下发到每个省市，每个省市结合各自的实际情况，制定各地的标准，再逐级下发至各个中小学，各个中小学按照标准建设实验室，配备仪器设备和药品。除了经费严重不足的偏远农村学校，目前大部分中小学都有了标准的科学实验室。

探究实验室是用于支持探究学习的实践环境，是新课程改革过程中产生的新事物。国内对探究实验室的建设尚无成熟的“标准”，还处于探索的阶段，只有部分发达省市的部分中小学建设了探究实验室。

普通实验室主要是分科实验室，小学的为科学实验室，中学的分别为物理实验室、化学实验室、生物实验室。普通实验室的布局一般为规整型布局，实验桌椅的摆放同于普通教室，这样的布局有空间利用率高的优点，但是不便于小组活动的开展。

不论是实验室的主题还是实验室的布局，探究实验室都可以有很大的创新空间。每个学校都可以根据自己的特点以及对探究实验室的定位，建设综合性的或者分科的探究实验室，可以是“海岛型”“吧台式”等不同的有利于探究活动开展的布局。

在使用方面，普通实验室主要服务于验证性实验，而探究实验室主要用于支持和服务探究性实验。目前中学开展的实验多是验证性实验，通常是在教师已经进行了相关知识内容的教学，学生已经掌握了相关原理之后，再到实验室内，按照给定的步骤进行实验，对相关的知识原理进行验证，而且大多是让学生重复教师课堂上演示过的实验。不可否认，这样的验证性实验对于培养学生基本的实验操作技能，让学生加深对科学知识的理解是很有必要的，但是对于锻炼和发展学生的高级科学思维帮助并不是很大。探究性实验则不同，整个过程要经历提出问题、猜想与假设、制订计划、进行实验、收集证据、解释与结论、反思与评价、表达与交流等探究要素，不但练手，也练脑、练思想观念，直接指向探究能力、科学态度和创新精神的培养。

正因为存在着上述区别，探究实验室与普通实验室在建设与管理上也不尽相同，基于此，我们将进一步围绕如何科学地建设和管理探究实验室进行阐述。

第四章

探究实验室的建设

探究实验室是学生进行探究学习的地方，它必须满足学生探究学习的需要，这是本章首先阐述的问题，在此基础上提出了探究实验室建设的六项原则，即探究性原则、知识性原则、问题性原则、主体性原则、实践性原则和创新性原则，之后从硬件环境建设及软件环境建设两个方面分述具体的建设内容。

一、探究实验室的建设应满足探究学习的要求

（一）探究学习的内涵

基于对探究学习的已有研究，我们将探究学习界定为：学生针对某一科学问题，运用科学思维提出假设，分析论证并展示、交流研究结果的学习过程。探究学习实质上是一种模拟性的科学研究活动，其核心是学生对知识的自主建构。

1. 探究学习的本质及特点

关于探究学习的内涵、本质及特点的研究有很多，不同的研究之间存在共同之处，而且可以相互补充、相互解释。

靳玉乐教授在《探究学习》[1] 中，指出探究学习的本质包含三个基本因素：其一，探究学习的目的是获得科学素养；其二，探究学习是以类似或模拟科学探究的方式实现的；其三，探究学习以学生为主体，但不可忽视教师的指导作用。探究学习主要有五个基本特征：学习者围绕科学型问题从事探究活动；学习者优先关注可以帮助他们形成和评价科学型解释之证据；学习者根据证据形成对科学型问题的解释；学习者通过比较其他解释尤其是基于对科学理解的解释来评价自己作出的解释；学习者交流和论证所提出的解释。靳教授在另外一本专著《探究教学的学习与辅导》[2] 中指出，探究学习就是指学生以类似或模拟科学研究的方式所进行的学习，并以开展探究教学就是为学生创造探究学习的条件为出发点，从探究教学的角度进行阐述，认为探究教学区别于非探究教学之处是：以培养科学素养为目的；既重视结果，又重视知识的获得过程；重应用；重视全体参与；以学生为中心；有意义。探究教学在探究过程的各个阶段的特点是：探究科学型的问题，收集数据时可以得到他人的帮助和指导，获得个人意义上的新结论或发现，交流结果的形式灵活多样。

也有研究指出，探究学习既是学生的学习和体验活动，又是教师开展科学教育教学活动的基本理念，其主要特征表现在基于问题、自主探究、科学思维、

[1] 靳玉乐．探究学习［M］．成都：四川教育出版社，2005．7～12．
[2] 靳玉乐．探究教学的学习与辅导［M］．北京：中国人事出版社，2004．25～32．

体验过程四个方面。[1]

综上所述，如果从探究学习的目的及活动方式两方面来阐述，则探究学习的实质是，学生在教师的指导下，为获得科学素养，以类似或模拟科学探究的方式所进行的学习活动。[2]

探究学习的主要特点为：以培养科学素养为目的，基于有意义的探究问题，类似或模拟科学探究的方式，以学生为主体，既重过程又重结果。

2. 探究学习的基本要素

探究学习主要含有“问题”“证据”及“解释”等核心要素，在以实验为主要探究方式的探究学习中，可以将探究学习的要素细化为：提出问题、猜想与假设、制订计划、进行实验、收集证据、解释与结论、反思与评价及表达与交流。

（1）提出问题：从日常生活、自然现象或实验观察中提出有意义的探究问题，接下来的探究活动围绕该探究问题展开。

（2）猜想与假设：学生在原有知识、经验的基础上，对所提探究问题的成因提出猜想，对探究的方向、解决问题的方式和可能出现的结果进行猜想和假设。

（3）制订计划：依据所要解决的探究问题，明确探究任务和所需条件，选择实验方法及所需的仪器和设备，设计实验方案。

（4）进行实验：使用基本的实验仪器进行实验操作，观察实验现象。

（5）收集证据：通过科学实验收集证据，记录实验现象。

（6）解释与结论：分析实验数据，运用比较、分类和归纳等方法得出结论，并对猜想与假设进行解释。

（7）反思与评价：对结论的可靠性进行客观评价，对自己在探究活动中的表现进行反思。

（8）表达与交流：以口头、书面等形式交流探究结果，相互间取长补短。

（二）探究学习对实验条件的要求

开展探究学习需要哪些条件呢？探究教学的倡导者、伊利诺大学的萨其曼博士在《探究训练》一书中提出了 4 个条件：自由，丰富的环境，具有明确的目的，

[1] 王晶莹．中小学科学探索学习实施指南．教育部“中小学科学探究学习与创新人才培养实验研究”项目会议材料．
[2] 靳玉乐．探究学习［M］．成都：四川教育出版社，2005．

小压力。靳玉乐教授主编的《探究教学的学习与辅导》[1] 对上述 4 个条件的总结、概括如下：

“自由：是指学生能自由查询所需要的资料、验证自己的想法，以及用自己的方式解决问题。

“丰富的环境：丰富的环境可以是某个教室、实验室或者某个室外见习场地，总之，是能提供大量探究机会的任何地方。但设备简陋、材料贫乏的教室或演讲大厅则不行，因为探究只能在丰富的环境中产生。因此，教师必须为学生提供书籍、仪器、实验、水族馆以及许许多多其他事物，以便学生能从事各种活动。教师必须提供学生所需的信息，或为学生提供某种信息来源。教师还必须为学生提供大量的资料和事实，以便学生能从中选择所需。

“明确的目的：探究是一种有目的的活动，是寻求某些事件、物体或问题情境的意义的过程。这种过程朝向一定目的即问题的解决而不是一种散漫的、徒耗精力的活动。

“小压力：学生在理解自然或赋予自然以意义的过程中，会从自己成功的想法中得到乐趣，受到强化。教师对学生的活动应作出积极的反应，对学生的思维结果不要轻易下结论。教师必须认识到，并非所有学生都能以相同的速度学习。小压力允许学生在同一课堂内，以不同的学习速度取得进步。”

不难看出，萨其曼对探究教学条件的分析偏向于客观条件方面，与本书所要探寻的支持探究学习的实验条件有一定的相关度。

有些学者从探究活动的过程出发，认为探究教学的条件遵循探究活动的基本组成要素展开，认为探究活动的条件包括：问题、背景信息、材料、指导性提问、假设、数据的搜集与分析、结论 7 个方面，主要侧重于说明在探究学习活动中，上述几个条件不可缺少。

靳玉乐教授在《探究教学的学习与辅导》中指出，探究教学的开展必须具备以下几个条件：一定难度的学习对象，充分发挥学生的主体性，一定的知识基础，融洽的课堂气氛，创设问题情境，优化的探究可能性，良好的探究环境。其中涉及客观条件的主要是良好的探究环境。

---

[1] 靳玉乐．探究教学的学习与辅导［M］．北京：中国人事出版社，2004．33 ～ 34．

以上分析都有一定的道理，为我们进一步分析支持探究学习的实验条件提供了可借鉴的思路。在上述已有理论思考的基础上，我们将聚焦于实验室条件，并从探究学习的本质及特点对实验条件的要求、探究活动过程需要的实验室条件两个角度进行探讨。

1. 探究学习的本质及特点对实验条件的要求

探究学习主要有以下几方面的特点：以培养科学素养为目的，基于有意义的探究问题，类似或模拟科学探究的方式，以学生为主体，既重过程又重结果。

以培养科学素养为目的、基于有意义的探究问题，要求实验教材的编写、实验室仪器设备的配置都要围绕有意义的科学问题；类似或模拟科学探究的方式，要求实验室为学生提供可实践的平台、丰富的材料（包括实验仪器、书籍、网络资源等）；以学生为主体，要求实验室的设计充分考虑学生的生理和心理特征，方便学生动手实践、小组合作和交流讨论；此外，还可以尽量用各种方式营造一个自由、轻松、活泼、多问题素材的有利于激发学生探究愿望的文化氛围。

2. 探究活动过程对实验室条件的要求

在已有研究[1]的基础上（对相关教学条件的分析基于在教师引导下的课堂探究），我们进一步分析了探究学习对实验室条件的要求，见下表。

探究学习中学生的学习过程、相关的教学条件及对应的实验条件

探究要素	相关教学条件	对应的实验条件
提出问题	1. 提供有一定难度的问题 2. 提供清晰的问题情境 3. 选择问题的呈现方式	1：实验内容、教师 2～3：教师
猜想与假设	4. 教师不要对学生进行过多的干涉 5. 口头暗示或提醒	4～5：教师
制订计划	6. 提醒学生注意已学过的概念和规则	6：教师
进行实验	7. 提供适当的实验设备、学习资料	7：实验室基本设施、仪器设备
收集证据	8. 引导和教育学生如实记录数据	8：教师
解释与结论	9. 安排小组交流 10. 让学生提出口头或书面报告	9～10：实验室基本设施、教师

[1] 靳玉乐．探究教学的学习与辅导［M］．北京：中国人事出版社，2004．145～146．

（续表）

探究要素	相关教学条件	对应的实验条件
反思与评价	11. 安排小组交流 12. 提供口头的肯定或否定 13. 提供足够的参考资料	11～13：实验室基本设施、教师
表达与交流	14. 让学生提出口头或书面报告	14：实验室基本设施、教师

从上表可以看出，在以教师引导为主的课堂探究中，探究学习过程中最主要的支持条件是教师。如果是学生在教师指导下的课外探究或者是学生自选题目的课外探究，对学生能力的要求就提高了，但这并不代表不需要教师的支持，相反，因为情况的复杂性和不可控性，对教师的指导能力提出了更高的要求。学生的整个探究活动，要在实验室环境下完成，进行实验、分组讨论以及交流展示的时候，需要实验室提供必要的实验仪器、相关设施及良好的空间，以方便学生操作，进行小组合作，交流展示成果。

二、探究实验室建设的六项原则

基于对探究性学习的深入分析和探讨，我们认为建设探究实验室应该遵循以下原则：

1. 探究性原则

探究实验室各项目的建设应该考虑到充分激发学生的探究欲望。探究实验室的探究性可以体现在仪器设备、实验内容、实验室文化几方面。探究实验室应配备较多具有探究性的新仪器，这些仪器在设计上要有创意，在以往的学习中学生没有接触过，对他们来说是一种新的、极有意思的事物，仪器本身就能让他们探究一番；在实验内容的选择和设计上，应创设可探究的情境，促使学生提出有意义的探究问题，并努力探索，积极研究；在实验室文化建设方面，应改变传统实验室文化形式单一的现状，采用多种形式，如展示挂图、模型、学生作品等，营造一个具有“探究性”的实验室文化氛围，使探究实验室成为学生们乐于进行创造的场所。

2. 知识性原则

探究学习的根本目的是培养学生的科学素养，应该基于有意义的探究问题，围绕核心科学知识，让学生以能动的方式学习科学，从而培养他们的探究能力，让他们掌握科学知识和科学方法，形成科学态度和科学情感。因而，探究实验室的环境建设应该是以科学为中心的，要求选择的实验内容（除了学生自选主题的部分）具有一定的学科知识含量，对促进学生获得科学素养有积极的价值和意义，实验室仪器设备、药品、书籍、工具等的配备应围绕着一定的主题，进行有序的建设和安排。

3. 问题性原则

探究学习是通过解决问题来让学生学习的。从研究者们对探究学习的条件的讨论来看，问题或问题情境是探究学习中的重要条件，因此，在探究实验室的建设中，应该设法让实验室充满可探究的、有意义的“问题”。具体来说，可以从两个方面予以体现：实验内容和实验室文化。实验内容方面（也可以把它具体化为自主开发的实验教材），每一个实验项目都应尽量创设一个问题情境；在实验室文化建设方面，可以通过设置挂图等方式让实验室充满“问题”。在实验室的建设过程中，选择的问题情境要具有较强的目的性、可探究性，同时应该是奇特、新颖、生动、有趣的，以激发学生强烈的探究欲望，让他们积极主动地投入学习，着手探究和解决问题。

4. 主体性原则

建设探究实验室是为了服务于探究学习活动。探究学习是以学生为主体的，因而，在实验室基本设施建设、仪器设备配备、实验内容设计、实验室文化建设等项目的每一个环节，都要充分考虑学生的生理、心理特点，以及他们在探究学习中的主体地位，体现以学生为中心的原则。

5. 实践性原则

在探究学习过程中，学生要参与提出问题、猜想与假设、制订计划、进行实验、收集证据、解释与结论、反思与评价及表达与交流等活动，因此，探究实验室的布局应方便学生的合作、交流、讨论、实验、操作、表演、展示等实践活动。

6. 创新性原则

在我国，传统的实验室建设是先由教育部下发《实验室建设与配备标准》，各地再以此为依据，并结合实际情况制定更详细的相关标准，指导中小学进行实验室建设。因而，传统实验室的基本设施、环境布局、实验仪器和药品配备等基本上大同小异。探究实验室则不同，实验室门窗、学生桌椅的形状和色彩、墙上的挂图、橱窗里的展品及实验室整体的布局等都是可以创新的。每个学校应该结合自身特点、办学理念、文化特色等，对探究实验室进行创新，围绕某一特色主题，创造性地建设探究实验室。

三、探究实验室硬件环境与软件环境的建设

探究实验室的建设包括硬件环境建设和软件环境建设，硬件环境主要指实验室的基本设施和仪器设备等，软件环境主要包括实验内容、教师、实验室文化等。

（一）硬件环境的建设

1. 实验室基本设施

探究学习需要充足的时间、灵活的空间和丰富的学习材料作为基本条件。因而，探究实验室要能提供灵活的空间和丰富的学习材料，以激发学生的探究欲望。

能够激发学生探究欲望的实验室环境，必须是充分尊重学生主体地位的。实验室的空间设计、环境设计、实验台布局、仪器摆放都应从学生开展探究学习的需要出发，尽量为学生提供充足的空间、丰富的探究材料，同时营造民主、和谐的氛围，让学生乐于在这种环境中学习、探究。

要使学生的探究学习达到良好的效果，实验环境就要便于学生自由活动，便于学生讨论和师生交流，便于学生获得探究学习所需要的材料和信息。具体的要求如下：

（1）教师的演示台必须方便全班学生观察、感知演示过程的细节，同时要让教师在讲课时能看到所有学生。

（2）学生实验台的设计和布局要便于学生之间的交流讨论。

（3）实验台间要留有足够的空间，能让学生方便地进行实验，能让教师方便地进行指导。

（4）常用实验药品和仪器就存放在探究实验室中，方便学生取用。

（5）实验室要配备电脑，便于学生随时获得与探究学习内容相关的信息、材料，及时解决探究学习中遇到的问题。

在探究实验室中，师生的实验台可以采用不同的布局方式，例如分组式布局和吧台式布局（如图 1 ～ 2）。

图 1　分组式布局

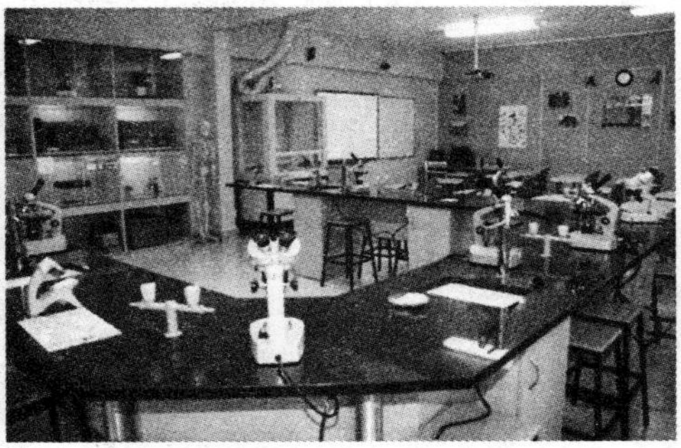

图 2　吧台式布局

分组式布局非常适合学生分组活动的开展，吧台式布局是学生围绕着教师的一种格局，师生之间的距离较近，每一名学生都能清楚地听到教师的讲解，看到教师的实验演示，在学生自由探究时，教师可以便捷地指导每一位学生。

2. 仪器设备

（1）先进的仪器能让学生更加接近真实的科学研究过程

现代科学的实验仪器发展到了一个很高的水平，具有高效、精密、尖端的特点。基础教育阶段是学生科学思想的启蒙阶段，是培养学生对科学研究的兴趣的阶段，学生进行探究学习是要探究有意义的、真实的问题，只有保证仪器的先进性，才能确保学生在探究学习过程中所进行研究的科学性。

现代信息技术（计算机技术、多媒体技术、摄影摄像技术）和现代实验技术（传感技术、测量与控制技术、生物技术、遥感技术）不断发展，在探究实验室中，可以开发利用这些技术，为探究学习提供先进的技术支撑。

（2）仪器要体现探究性，设计要具有启发性

我国中学的传统实验室所使用的实验仪器，多数比较简单，缺乏设计感，例如中学化学实验中常使用的试管、烧杯、胶头滴管等。一方面，这些简单的仪器只能完成较简单的实验；另一方面，这些仪器的外形、用途、设计都比较简单，不能引起学生探究的兴趣。

在探究实验室中，要大量使用设计新颖的仪器。仪器的设计要科学、巧妙，能引起学生的探究欲望。例如，中学化学实验中常使用到启普发生器，用它制备

气体时，可以随开随用，随关随停，设计非常巧妙。像这样的仪器，学生在拿到它们的同时就会开始主动“探究”了。

（3）实验器材体现生活化和趣味性

科学研究是从自然界走向实验室，再从实验室走向社会、走向生活，我们进行科学研究，最终目的是服务于我们的社会。鼓励学生将生活中常见的物品改造成探究学习的仪器来进行实验探究，能使探究学习既存在于仪器的设计制作中，又存在于实验探究的过程中。在此过程中，学生可以获得较强的自我成就感，以及对科学研究的兴趣，同时爱上探究学习。

（二）软件环境的建设

1. 教师

相对于传统的实验教学，探究教学更加突出学生的主体地位，强调学生的积极参与，但是，如果缺乏教师的适当帮助和指导，探究学习也将是低效的。教师在探究学习中更多的是引导者和组织者。为了顺利推进探究学习，需要一支高水平、高素质的教师队伍，他们要具有先进的探究教学理念，具有指导探究学习的综合素质。从上可知，在探究学习中，尤其是在教师引导下的课堂探究学习中，最主要的支持条件在于教师。因此，必须坚持教师的主导作用，充分发挥教师的能动性和创造性。

（1）先进的探究教学理念

探究教学和传统的实验教学在教学理念、教学内容、教学方法等方面有很大的差异，要保证学生进行有效的探究学习，实验教师队伍必须有先进的理念和开阔的思路。

（2）提升教师队伍的综合素质

探究学习是让学生在实验室中体验人类能动地认识客观世界的经历，是科学研究的模拟性活动，既注重过程又注重结果，体现了理论与实践的结合。教师在探究学习中起主导作用，是学生探究学习的引导者和促进者，因此，须有宽广深厚的理论知识，要熟悉实验技术，要有科研经验和能力。

2. 实验内容

探究实验室的建设需要有合适的教学内容做支撑，不同类型的探究活动，需要有与之配套的、不同的实验教材等辅助材料资源。对于教师引导下的课堂探究，教师要充分利用现行新教材中的探究题材，积极开展探究活动；对于学生在教师指导下的课外探究以及学生自选题目的自由探究，比如在研究性学习、校本选修课、课外科技活动中的探究学习活动，教师可依据是否有助于培养学生对科学的兴趣、科学知识含量的高低、对学生科学探究能力培养的有效性等为指标，帮助学生确定探究问题，并对每学年的探究学习活动中的优秀案例进行整理、编辑，形成有校本特色的探究教材。

3. 实验室文化

营造探究性的实验室文化氛围将是探究实验室的一大特色。探究实验室可以不拘泥于传统实验室严肃、一成不变的装修风格和布局方式，大胆创新。例如，可以让充满新意的装修使探究实验室充满新鲜感，让巧妙的色彩搭配使人一走进实验室就心情舒畅；学生的实验桌可以设计成六边形，呈岛状排列，一方面可以让学生感到轻松、自由，另一方面便于学生的小组讨论，以及教师在小组之间走动，在适当的时候对学生进行指导；墙上除了按照传统做法挂名人肖像、名言等外，还可以挂一些学生感兴趣的内容，激发学生无尽的探究欲望，如巴西坚果效应（什锦果盘摇晃、振动后大的干果在上面）、碎花瓶理论（据说花瓶打碎后大小相邻的碎片的重量比是一定的，对考古、陨石研究乃至建筑学有价值）、爱因斯坦茶叶佯谬（搅动茶水时，茶叶集中在底部而不是边缘，现在被发展成分离血液的技术）等；在探究实验室内可以留出一定的区域作为展示柜，陈列一些能让学生产生好奇心的标本、模型，以及以往探究学习中学生的优秀成果，让学生感受到创新和科学研究并非遥不可及。此外，学校还可以发动学生对探究实验室的文化建设提供创意，收集科学趣谈、科学小故事等资料，让学生亲自参与探究实验室的建设。

第五章

探究实验室的管理

对探究实验室的管理，在方式、内容、目的等方面都不同于对普通实验室的管理。要体现学生的主体地位，给予学生必要的自由探究的机会，这样才能体现探究的内涵，发挥探究实验室的作用。本章提出了探究实验室的五项管理原则，并从人、财、物、时间和信息等方面分述管理的具体内容。

一、探究实验室的管理应满足探究学习的要求

对中小学实验室的管理需要运用现代管理科学的方法、手段，同时要遵循教育科学和实验科学的一般原理。

探究实验室的管理与普通实验室的管理有共性的地方，但由于探究实验室的主要功能是服务于探究学习活动，因而在管理上有了新的要求。

在上一章，我们已经把探究学习的特点及活动过程对实验室条件的要求进行了充分讨论，本章则主要讨论探究学习对实验室管理的要求。

1. 探究学习对实验室管理的要求

探究学习强调以学生为主体，因而探究实验室的管理工作必须充分体现学生的主体地位，以支持学生顺利地进行探究学习活动为主要工作任务，以促进培养学生的科学素养为主要工作目标。

2. 探究学习在时间方面的要求

有学者指出："时间、空间和学习材料是科学学习环境的重要组成部分。充足的时间、空间和学习材料有利于探究的开展和深入。"其中，充足的空间和丰富的学习材料由实验室的建设提供，而充足的时间，则由实验室的管理给予支持。

探究学习活动中，在教师的指导下，学生充分发挥主体性，独立思考，自己做决定或选择，亲自实验自己的新想法，和同学或老师进行讨论交流，这比传统的授受式学习更加费时。为解决一个问题，他们需要更多地在实验室里进行诸如观察、思考、推理、猜想、实验等活动。对于课堂内的探究活动，时间由教师进行控制，有经验的教师会懂得给学生留出充足的时间，让他们思考、讨论、反思等；对于课外的探究活动，时间由学生自主掌控，他们对探究实验室的使用存在不定时性和持久性，此时，探究实验室的开放就显得尤为重要。

二、探究实验室管理的五项原则

与传统实验室的管理相比，探究实验室的管理在方式、内容、目的等方面有一些新的内涵。基于探究学习理论及实验室管理科学的一般原理，我们提出以

下探究实验室的管理原则：

1. 服务于探究学习

探究实验室的管理应遵循探究学习的教育教学原理和规律，坚持为探究学习活动服务的原则，明确其重要作用：既是探究教学和学习的后勤保障，又是基础教育改革与发展的中坚力量，要采取科学的管理方法和手段对探究实验室进行管理，尽可能有效地促进探究教学和学习的高效率开展。

2. 以促进培养学生的科学素养为目标

开展探究学习的目的是让学生获得科学素养，包括提问、猜想、假设、实验设计、操作、观察、收集与处理数据、交流、评价等探究能力，也包括科学知识、科学技能、科学态度，特别是探索精神和创新能力等。支持探究学习的顺利、有效开展，以培养学生的科学素养，这是建设探究实验室的最终目标，探究实验室的全体管理人员应该紧紧围绕这一目的，积极开展各项工作，提高管理水平，让实验室发挥较好的教育效益，有效地促进学生科学素养的提升。

3. 体现学生的主体地位

探究学习是在教师的指导下，以学生为主体的学习活动，学生要独立地发现问题、形成假设、设计方案、进行实验、收集数据、尝试解释、作出结论等，整个过程的各个阶段都要充分发挥主动性、能动性和独立性。也只有这样，学生才能在探究学习的过程中提升探究技能、实践能力和创新精神。因而，在探究实验室的管理中，要充分体现学生的主体地位，要考虑学生的特点、在探究学习活动中会遇到的困难、可能需要实验室提供的帮助和支持，以学生为本，做好服务和支持工作。

4. 开放实验室

开展探究学习的过程中，学生要围绕所探究的问题，自由寻找所需要的信息，自己作种种设想，与同伴或老师进行交流、讨论，以自己的方式检验自己的设想……整个过程需要充足的时间支持。尤其是在课外探究活动中，学生需要大量的时间去尝试，去出错。因而，探究实验室的管理应该在传统实验室的基础上增加一项内容——开放实验室，在探究时间、探究主题、选择探究材料等方面对学生开放，研究相关的实验室开放管理办法，制订相关的管理制度，形成高效的实验室开放机制。

5. 完善规章制度

与普通实验室的管理一样，探究实验室的管理也应当以制度建设为基础。完善的管理制度可以使实验室的各项管理工作有章可循、有据可查，使各个工作人员职责严明、分工明确，为实验活动的顺利进行提供重要保证。与普通实验室的管理相比，探究实验室的管理增加了新的内容和要求，因此，必须依据探究实验室的特点建立一套相应的科学、合理的管理制度，以保持实验室的正常运行。在制订管理规章制度时，应遵循科学性原则[1]，综合考虑探究实验室的特点，按管理科学的规律合理地规定实验室工作的责、权、利和实验室工作的内容、过程、方法、手段等，力求符合实验室工作的客观规律，使规章制度成为指导工作人员的规范和准则。

三、探究实验室管理的五个要素

探究实验室的诸因素构成了一个有机的整体，它们围绕着实验教学这一中心而相互联系、相互制约。[2] 探究实验室的管理是对围绕着探究学习的人、财、物、时间、信息等诸因素进行系统管理。

1. 人的管理

人是探究实验室中最富活力的因素，在实验室中起支配作用，包括不同层次的主管领导、实验员、任课教师、学生等。

如何对探究实验室进行规范化管理，将管理工作层层落实呢？在分析和借鉴普通实验室管理方法的基础上，我们构建了从区、县一级往下的探究实验室管理组织体系[3]，见下图。

[1] 朱立泉．试论中小学实验室管理［J］．实验教学与仪器，1994（12）：23 ～ 24.
[2] 唐江礼．刍议中小学实验室管理的现代化［J］．中国教育技术装备，2004（2）：58 ～ 60.
[3] 杨世文．中小学实验室管理模式构建的实践与探讨［J］．实验教学与仪器，2008（10）：45 ～ 47.

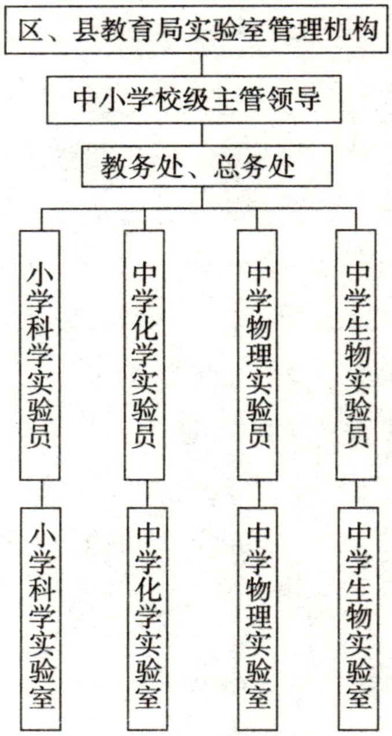

探究实验室管理组织体系

其中，区、县一级对实验室的管理实行分管副局长负责制，主要负责组织管理、培训指导、监督与考核等工作。

中小学校要有一名学校领导分管实验室工作，目前一般是实行分管副校长负责制。该主管领导的主要职责可以概括为三条：建章立制、选人用人、督促检查。

教务处由教务主任对科任教师和实验员的工作进行管理。具体来说，主要是督促科任教师积极开展探究教学，认真指导学生的课外自主探究，督促实验员做好辅助工作，积极配合实验教师指导学生进行探究活动，同时帮助科任教师和实验员提高业务水平和解决工作中的困难等。

总务处由总务主任负责实验室物质条件的管理，包括实验室的规划建设，设备、仪器的配备、更新、维修、报废处理，实验室日常经费的落实等工作，并按有关文件的规定定期发放专职、兼职实验教师的劳动保护用品和津贴。

实验员在探究实验室的管理中处于关键的位置，负责绝大部分实验室日常管理工作，如实验仪器、药品、用具的管理，实验室档案的管理等，实验员素质的高低在一定程度上决定着实验室的管理水平。因此，一方面实验员应该具备相应的专业技能，另一方面，应该制订实验员的进修和培训机制，定期组织对实验员的培训，以进一步提升其业务水平。此外，还应该对实验员的岗位职责作出具体、详细的规定，使他们能够明确工作任务，更有效地对实验室进行管理。

2. 对财的管理

财的因素包括用于仪器设备的购置、更新、维护的经费，易耗品的补充经费及实验员的劳动保护和培训经费等。学校应该从每年的经费预算中设立探究实验室专项经费，确保专款专用，保证探究实验室的良好运行。同时，要建立探究实验室的财物账册，总务处和实验员都应认真记录，做到账账相符，账物相符。

3. 对仪器设备、药品的管理

对仪器设备、药品的管理，一方面包括对仪器和药品的编号、存放、维护、报损的管理，另一方面包括对仪器设备、药品的使用管理。对于前者，探究实验室与一般实验室是一致的，而对于后者，由于探究学习的灵活性和开放性，则有新的管理要求。

开放实验室和坚持学生主体地位的管理原则，要求探究实验室对仪器设备、药品的使用管理具有开放性，尤其是在学生开展课外的自主探究活动时。在管理上首先应制作探究实验室仪器设备、药品清单，详细的仪器使用说明书，并提供给学生；其次，应该制订实验室的仪器领用和归还制度，做到发放有登记，回收有签收。另外，学生在探究学习的过程中需要用到而又不属于常用项目的工具和药品，实验员应做好登记，上报总务处，并本着坚持学生主体地位的原则，根据实际情况确定实验仪器、药品的补给。

4. 对时间的管理

充足的时间是探究学习的重要支持条件。原则上来说，探究实验室要在正常的教学计划之外，在学习时间、学习内容、学习方式上都最大程度地对学生开放。

实验室开放的对象是任何在探究学习中有实验需要的学生，开放的时间则可以根据学生的具体需要来安排，实验内容可以由学生根据自己的兴趣来选择，仪器设备可以根据实验方案来提供。

在管理上，需要将探究实验室承担的教学计划内的课程任务以“课程表”的形式张贴在实验室布告栏中，同时将实验室开放的时间进行公布。另外，要制订预约制度，让学生领取并填写预约单，提交给实验员，让实验员提前做好相应的准备。

5. 对信息的管理

探究实验室的信息管理，是指对实验室的建设、管理、使用等相关信息进行管理，这与一般实验室的管理是相同的。从探究实验室的建设开始，就应该建立实验室档案、相关记录和完善的账目管理制度。

实验员应该按照规定做好仪器、药品的使用记录，仪器维护、报损、更新的账册登记，易耗品的消耗、补给账册，每学年应对仪器设备进行核查清点，做到账物相符、账账相符。

第六章

教师对探究实验室建设和管理原则的认同情况

本章主要介绍教师对前两章提出的探究实验室建设和管理原则的认同度，所调查的教师都是有丰富课程实施经验的一线教师，他们的观点有着重要的参考价值。调查显示，这些教师对于前述的探究实验室的建设和管理原则有着极高的认同度，同时他们也提出了一些有借鉴意义的观点。

一、调查的方式及实施情况

在探究学习理论及实验室建设和管理理论的基础上，我们提出了探究实验室的建设原则和管理原则。对于这些原则，有丰富课程实施经验的一线教师会有什么样的看法？他们是否认同这些观点？为了回答这些问题，我们通过问卷对一线教师进行了调查。

首先，我们设计了“教师对探究实验室建设和管理原则认同度的调查问卷”（详见附录），该问卷由18道选择题和1道主观题构成，选择题的选项为五级分制：完全同意、同意、中立、反对、完全反对。

调查的内容主要包括两个方面：教师对探究实验室建设原则的认同程度，教师对探究实验室管理原则的认同程度。

我们选择的调查对象主要为教育部“中小学科学探究学习与创新人才培养实验研究”项目试点学校的科学教师（理、化、生教师）和实验室管理员。所选的10所中学目前建有或者正在建设探究实验室，教师们对探究实验室的建设和管理已经有了一定程度的认识和思考。

调查过程中一共发放问卷166份，回收166份，剔除无效问卷7份，最终用于分析的有效问卷共159份。

二、一线教师的认同情况

将159份调查问卷中的调查结果用SPSS软件进行统计和分析。分析的方法为：统计选择每个选项的次数，除以有效问卷总数，获得选择每个选项的人数占总人数的百分比。

问卷题1～12为探究实验室建设原则的认同程度调查，题13～18为探究实验室管理原则的认同程度调查。

对问卷的信度，我们采用克隆巴赫 α 内部一致性系数（Cronbach's Alpha）来检验。检验结果显示，问卷的 α 内部一致性系数为0.892，大于0.8，表明问卷具有较高信度。

根据分析和统计得出以下结果：

1. 教师对探究实验室建设的各项原则持“同意”或“完全同意”态度的人数比例均在 80% 以上，有较高的认同程度，具体统计结果如图 1 所示。

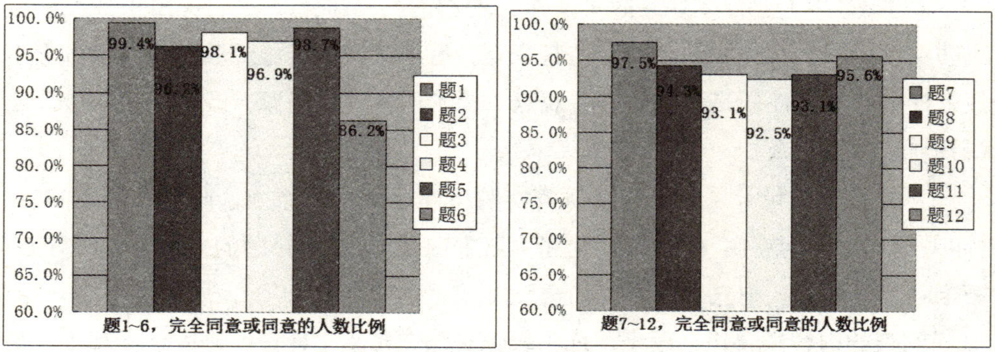

图 1　中学科学教师对探究实验室建设原则的认同程度

2. 教师对探究实验室管理的各项原则持“同意”或“完全同意”态度的人数比例均在 90% 以上，有很高的认同程度，具体统计结果如图 2 所示。

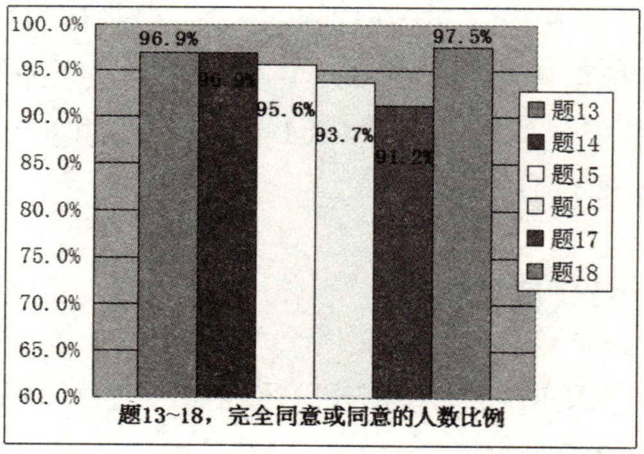

图 2　中学科学教师对探究实验室管理原则的认同程度

3. 对于主观题 19 题“除了上述问卷中涉及的内容，您对探究实验室的建设和管理还有哪些不同的想法？”有 50 位教师说出了自己的看法，如下表所示。

问卷中部分教师对探究实验室建设和管理的其他看法和认识

编号	教师对探究实验室建设和管理的其他看法和认识
1	各学校探究实验室可以考虑联网操作，如：贵重仪器在中学阶段很难走进实验室，可采取实验视频等方式让学生了解其先进之处；让学生也参与管理
2	探究实验须结合当地特点和学校实际，提出若干相对固定的探究主题。探究实验室的建设与管理在基层学校得不到重视，主要原因有：资金问题；高考导向问题；评价问题；师生的探究素养问题等
3	希望探究实验室能早点真正进入高中
4	实验室的仪器设备能尽量满足学生的实验探究活动
5	国家应该加大对高中教育的投入，特别是高中实验室的建设
6	人性化管理
7	希望国家加大对高中教育的投入，特别是高中实验室的条件建设
8	问题已经很全面，涉及很多没想过的问题
9	还应注意考虑安全性问题
10	配套书籍，电脑在另一区域，否则重复配置
11	增加设备，使多数学生都有动手操作的机会
12	学校应多组织相应的针对教师的培训
13	探究实验室是否能开放，是否便于充分利用、开展活动
14	面向全体学生有难度（时间、兴趣），可面向部分有兴趣的学生
15	多建几个实验室以满足学生探究的需求
16	探究实验室应针对不同学科采取不同的建设和管理办法，故实施者应精通某一特定学科
17	除实验设计、设备、环境、管理外，需充分考虑学校的具体情况和学生的时间（以及课时）
18	注意安全
19	对学生实验成果的评价
20	探究实验室的建设目的是为了正课、选修课，还是课外学生自学？针对不同目的建设的实验室应有所不同
21	① 能针对不同层次的学生有不同的功能；② 可以实现跨学科，比如理化、理化生、化生的合作探究实验室
22	结合国家与国际各层面的最新的实验成果，简便可行地及时补充实验内容；与电教技术充分结合会使实验更科学
23	加强学生的自主管理
24	实验室是否对学生开放，应考虑学生的年龄段及所学知识的程度而定

（续表）

编号	教师对探究实验室建设和管理的其他看法和认识
25	探究实验室的建设，除了体现单个学科的特点以外，还可以尝试不同学科之间的综合，因为这种实验室的建设会受到场地的限制，另外，也需要在这方面有研究的教师来指导
26	① 在面向全体的同时，建立相关的制度，约束部分学生的行为或规范大多数学生的行为；② 可建立过渡期，即在过渡期内，学生由少到多，课堂由简到繁、由浅到深等，使实验室的运行能够循序渐进
27	实验室管理规范；制订相关体制机制；完善实验室相关管理制度的建设；提高和增强广大师生的科学实验素养
28	在校内，实现探究实验室的网络化管理，校际之间建立相互学习、交流的网络平台
29	探究实验室应增加一些资料，供在探究过程中解决问题或改进措施时查阅
30	可适当将学生纳入探究实验室的管理者中
31	在探究实验室管理员的配备上要有所考虑：① 配几人；② 因为要随时随地，因此管理人员的时间安排；③ 管理人员的科研素质要高
32	探究保障上述想法的政策、机制也是很有必要的
33	建立适合本地区、本学校学生实际情况的管理体制和实验室软件环境
34	开展丰富多彩的探究活动，并大力宣传，扩大影响力，提供多方支持。高中学生往往由于升学、考试压力，不愿投入更多的时间到探究活动中，使得活动效果大大降低
35	探究实验室的管理制度要具有可行性
36	教师的探究意识需加强，学校对探究实验室的建设和管理要重视，才能更好地发挥探究实验室的作用
37	① 探究实验室的建设和管理可以适当考虑学生的参与，真正让学生成为学习的主人；② 探究实验室不一定严格按照学科知识章节和体系进行布置，可以打破学科之间的界限，使其成为多学科、综合性的探究实践基地
38	多开通一些教学网站
39	需要学校投入相应的科研资金
40	探究实验室的建设与学校的投入、设施有较大关系；探究实验室的管理与学校的教学理念、管理理念有较大关系
41	以上设想非常好，建设资金呢?
42	探究实验室的建设必须在管理问题上上升到较高层面，特别是资金问题，必须切实、及时到位
43	进一步加强探究实验室的建设，提高利用率
44	实验室应有专业的管理员，实验防护措施要到位，实验补贴要按规定、按时发放

（续表）

编号	教师对探究实验室建设和管理的其他看法和认识
45	探究实验室的建设，应根据各地各校的经济条件，以满足学生的探究活动为目的，可以是实验室设备的充实和实验室功能的延伸，也可以是根据各学段课标的要求设置综合性的探究性学习活动室
46	对实验室建设和管理都很满意
47	探究实验室应按物理、化学、生物、地理等学科分区设立，既保持学科的相对独立性，又兼顾学科的交互性
48	探究实验室的设备必须齐全，如多媒体教学设备，对实验教师的津贴必须落实
49	针对不同的学生应设立不同的管理制度
50	很全面，无

分析上述50位教师的观点和看法，并将其归类整理，可知：

对于探究实验室的建设，教师们的观点主要集中在建设综合性的探究实验室、教师队伍建设、仪器设备的配备几方面，认为：可以尝试打破学科之间的界限，建设综合性的探究实践基地；在建设探究实验室的同时，应重视对教师的培训，多组织相应的培训活动；探究实验室应配备充足的仪器设备，让学生都有动手操作的机会。

对于实验室的管理，教师们主要提出：可以尝试让学生参与管理；应完善实验室的相关制度，以明确职责，同时规范和约束学生的行为；实现实验室的网络化管理，建立方便校际之间相互交流的网络平台；探究实验室应该配备业务水平较高的专职实验室管理员，为保证实验管理员的工作积极性，应该提高实验员的待遇。

教师们也很关注是否开放实验室、实验室怎样开放的问题。部分教师发表了自己的观点：开放探究实验室很重要，可以方便学生开展探究学习活动，同时促进实验室的充分利用；探究实验室面向全体学生开放有难度（涉及学生的自主学习能力、学习时间、对某些学科的兴趣等多方面因素），可以有计划地对部分学生开放；在对学生完全开放实验室之前要有一个过渡期，在过渡期内，学生由少到多，课堂由简到繁、由浅到深等，使实验室的运行能够循序渐进。

此外，教师们还提到，目前中学探究实验室的建设和管理得不到充分重视的原因主要有：可支配的经费不足，高考升学压力大，教师的探究素养不高等。还有教师认为，对于探究实验室的建设和管理，研究并制定相应的政策、机制也是很有必要的。

通过以上分析，可以初步得出结论：教师对我们提出的探究实验室建设和管理原则非常认同。他们对探究实验室建设和管理的看法大部分与我们的观点相一致，同时还提出了一些我们没有想到的问题，如让学生参与实验室管理，校际之间建立相互学习、交流的网络平台等，都有很积极的借鉴意义，对于一些更加深入的问题，如开展探究实验室建设工作的不利因素，研究相应的政策、机制等，因为时间、空间等的限制，我们暂时不能作深入的分析，有待广大教育工作者们进一步探索和研究。

第七章

对中学探究实验室的建设与管理经验的介绍

本章主要介绍多所学校探究实验室建设与管理的案例，详细说明了它们在探究实验室的建设与管理方面的状况，包括实验室的结构、配置、管理方法、使用程度等，并对在探究实验室中开展的教学活动进行了介绍。

案例一　某地县级中学实验室的条件建设与管理

河南省汤阴一中

通过多种探究活动促进学习方式的改变，使学生体验科学研究的过程，激发学生的学习兴趣，强化学生的科学探究意识，培养学生的创新精神和实践能力，这是新课程标准的基本理念。探究学习是实现这一理念的必要手段，而实验探究是其中的一种基本手段。实验是理科探究的基础，良好的实验室条件有利于培养学生的探究意识和创新能力，提高学生的科学素养。现阶段，中学对探究学习的认识不同，做法不一，各校的实验室条件与管理水平更是千差万别。本次调查重在深入了解中学的实验室条件与管理现状，并对如何在现有条件下开展探究学习，以及如何改善实验室条件与管理提出若干建议。我们调查的这个地区，全市共 319 所中学，其中高级中学 31 所——市级 9 所，县级 18 所，民办 4 所，县级高中约占全市高级中学的 60%。作为我国中学的主干力量，县级及县级以下中学的实验室条件和管理尤其薄弱，故本次调查将县级中学作为重点，对支持理、化、生学科探究学习的实验室条件建设与管理现状进行了较为全面、深入的调查研究。

一、某地县级中学实验室条件建设与管理现状

我们对该地区的 4 所县级中学和 1 所市级中学的实验室条件建设与管理现状进行了重点调研，主要了解理、化、生三科的实验室条件建设、实验室管理和支持探究学习的实验教学情况，我们对主管领导、实验人员及部分师生进行了问卷（见附录 1）调查，对部分实验人员和师生进行了访谈。我们发现实验室建设及管理现状不容乐观。

调查分别在初中部和高中部进行，由于所在省份中招考试时理、化、生三科除笔试外，还有 15 分的实验操作计入总分，故初中部的实验室条件、管理及实验开展情况相对较好。条件好的市级中学平时比较重视实验，演示实验和分组实验基本全开，条件稍差的县、乡级中学常态教学中一般只做较简单的演示实验，

大部分学生实验放在初三后半学期进行。所有初级中学在中招考试前3个月均会对学生进行集训。初中生对初中常用的仪器和相关实验十分熟悉，实验操作也较为熟练。由于没有上级教育行政部门明确的硬性要求和高考实验操作作导向，不同级别高中的实验开展情况差别很大，即使同一级别的学校，实验开展情况也是参差不齐。高中生正处于知识增长和思维能力提升的关键时期，做实验对培养他们的创新思维和实践能力有着非常重要的作用，故我们将县级高级中学作为调查重点，调研结果如下：

（一）实验室规模

实验室的固定资产，规模相近的县级中学大体相同，物理科一般为60万元左右，化学科为40万元左右，生物科约30万元。后续投资每学期都有，多数学校选择在学期初以采买试剂和补充、维修仪器为主，金额不大，数千元至上万元不等。

物理实验室一般设有学生实验室、准备室、仪器室、展示柜等，化学实验室一般设有学生实验室、实验准备室、仪器室、药品室（试剂室和毒品室）、展览室等，生物实验室常设有学生实验室、准备室、仪器室、展示柜等。各科实验室大多设置2～4个学生实验室，具体情况视学校规模而定，每个实验室可同时开设32组学生分组实验，一般2～3人一组，基本能满足全校进行学生分组实验的需要。

各校实验室类型

实验室	学科	学校1	学校2	学校3	学校4	学校5
分组实验室（个数）	物理	4	4	2	2	2
	化学	4	4	2	2	2
	生物	4	4	2	1	2
实验准备室（个数）	物理	4	4	2	1	1
	化学	4	4	2	1	1
	生物	4	4	2	1	1
仪器室（个数）	物理	4	4	2	1	2
	化学	4	4	2	1	2
	生物	4	4	2	1	1
药品室（个数）	化学	2	2	2	1	1

（续表）

实验室	学科	学校 1	学校 2	学校 3	学校 4	学校 5
特殊试剂室（个数）	化学	1	1	0	1	1
标本、模型室（个数）	生物	0	0	0	0	1
多媒体实验室（个数）	理、化、生	各 1	0	0	0	0

备注：学校 1 ～ 4 为县级中学，5 为市级中学

（二）实验室布局及硬件设施

被调研学校的实验室面积一般为 9m × 12m 左右，内有讲台和黑板，实验桌均为传统的课桌式布局，没有圆桌式或吧台式布局，墙上悬挂有实验室守则和各项规章制度。县级中学的实验室设施与布局基本相同，与市级中学实验室的基础设施存在一定的差异。以一个实验室为单位，统计对比如下：

县级中学与市级中学的实验室

实验室	实验室内容	县级中学	市级中学
物理科	实验室布局	课桌式	课桌式
	教师演示台	1 个，设在讲台上，设施有总控台、水池、水管	1 个，设在讲台上，设施有总控台、水池、水管
	实验桌	1200mm × 600mm × 780mm 的木制课桌，配备有电源、电流表、电压表、万用表等	1200mm × 600mm × 780mm 的木制课桌，配备有电源、电流表、电压表、万用表等
	灭火设施	干粉灭火器 2 个	干粉灭火器 2 个
化学科	实验室布局	课桌式	课桌式
	教师演示台	1 个，设在讲台上，设施有总控台、水池、水管等	1 个，设在讲台上，设施有总控台、抽风机、电源、水池、水管等
	实验桌	1200mm × 600mm × 780mm 的木制课桌，桌面为钢化玻璃或绿色强抗腐蚀性橡胶台布，配有电源、水池、水管等	1200mm × 600mm × 780mm 的木制课桌，桌面为钢化玻璃或绿色强抗腐蚀性橡胶台布，配有抽风机、电源、水池、水管等
	灭火设施	干粉灭火器 2 个	干粉灭火器 2 个
	通风设备	换气扇 4 个，通风橱 1 个	换气扇 4 个，通风橱 1 个，每个实验台都有通风装置

（续表）

实验室	实验室内容	县级中学	市级中学
生物科	实验室布局	课桌式	课桌式
	教师演示台	1个，设在讲台上，设施有总控台、水池、水管等	1个，设在讲台上，设施有总控台、水池、水管等
	实验桌	1200mm × 600mm × 780mm的木制课桌，桌面为钢化玻璃，配有电源，个别学校的桌面上配有台灯光源	1200mm × 600mm × 780mm 的木制课桌，桌面为钢化玻璃，配有光源、电源等
	灭火设施	干粉灭火器2个	干粉灭火器2个

可以看出，在实验室的硬件设施方面，县级中学与市级中学存在着一定的差异，但差距不大，市级中学的实验室更能体现环保和以人为本的理念。

（三）实验器材的配置情况

接受调查的县级中学理、化、生三科的实验室仪器大多是20世纪配备的，经多年积累，其配备目录基本符合教育部颁布的教学大纲的要求，可以完成旧课程时期全部的教师演示实验和学生分组实验。被调研省份自2008年开始实施新课程改革，但被调研中学对新课程标准所要求的实验器材的配备均不尽如人意。重点调研的5所学校中，除1所市级中学按新课程标准配齐设备外，其余4所县级中学均未配齐。经访谈发现，仪器未配齐的主要原因是资金缺口太大，没有专项资金，学校不重视实验。由于投资较少，实验室建设与设备更新速度非常缓慢，基本处于课改前或略好于课改前的状况。4所县级中学的理、化、生三科实验室情况大体相近：物理实验室所缺仪器最多；其次为生物实验室，其条件基本处于课改前的状况；化学科因仪器和试剂价格相对较低且易损耗，实验室建设情况较好。

新课程要求中学实验室按照教学仪器研究所的《中学理科教学仪器和电教器材配备目录》配备仪器，但县级中学的实验室均未按标准配齐，基本还是延用旧课程时期配备的仪器，只是每年有所增加，对教材中未明确提出或简单实验用不到的仪器基本不买，实验人员申购常用但价格较高的仪器，学校也常因资金问题不予批准。物理实验室所缺仪器较多，或因价格昂贵不购置，或因年久失修不能使用，或因需运到较远的地方维修费用太高而搁置，造成部分实验无法做。化学学科，当前教材中所提及的实验基本能做，其存在的主要问题是：（1）仪器比较落后、陈旧。现在所用的很多仪器年代久远，有的是20世纪八九十年代购进的，因其还能使用，所以虽然很多新型仪器早已面市，但学校并不予以更新。另外，学校对新型绿色仪器关注不够，因不知其已面市或因价格较高而没有引进实验室。（2）化学试剂严重缺乏。很多试剂为20世纪90年代采购的，常年存用，虽然部分已失效，但是实验人员因缺乏处理经验而长期存放，新试剂因而不能购买，如有的实验室没有乙醛、甲苯、醋酸铵、未变质的苯酚等常用试剂，实验时常用相似物代替。（3）部分仪器与试剂存在质量问题。购买仪器和试剂时，多数学校以招标方式确定商家，由经销商送货上门，而学校领导非专业人员且出价较低，购进的部分仪器与试剂存在质量问题，严重影响实验效果。（4）实验人员责任心不强，对所缺仪器和试剂浑然不知，直到用时才发觉，造成部分实验与课程无法同步进行。生物学科，实验室建设情况较差，使用率在三科中最低，个别学校高中三年中生物实验几乎一个不做，生物实验室形同虚设，甚至改为他用。

此外，课程标准对教学内容的调整，使得部分旧课程教学中曾用的仪器闲置，如物理中的冲击摆实验器、化学中的电解水装置等。一方面旧仪器被闲置，另一方面新课程所需仪器因种种原因难以配齐，现有的实验室条件建设明显滞后于新课程改革，无法跟上课程改革的步伐，开展以实验为基础的探究教学举步维艰。

（四）实验人员的配备情况

各校基本可以按学科安排实验教师，分专职和兼职两类，每个学科视学校规模配备实验人员1～2人，但力量较为薄弱，存在专业不对口、学历不达标的现象。各校实验人员配备情况如下：

各校物理学科实验人员配备情况

物理学科	学校1	学校2	学校3	学校4	学校5
实验员人数	2	2	1	1	1
学历	本科	本科	本科	本科	本科
所学专业	物理	物理	物理	物理	物理
专职或兼职	专职	专职	兼职	专职	兼职
工作年限	4和3	12和11	5	19	3

各校化学学科实验人员配备情况

化学学科	学校 1	学校 2	学校 3	学校 4	学校 5
实验员人数	2	2	1	2	1
学历	本科 1、大专 1	本科	本科	本科	本科
所学专业	化学	化学	化学	化学	化学
专职或兼职	专职	专职	专职	专职 1 人、兼职 1 人	专职
工作年限	6 和 36	12 和 7	6	15 和 20	17

各校生物学科实验人员配备情况

生物学科	学校 1	学校 2	学校 3	学校 4	学校 5
实验员人数	1	2	1	1	1
学历	本科	本科	大专	本科	本科
所学专业	畜牧	生物、数学	数学	生物	生物
专职或兼职	、专职	专职	专职	兼职	专职
工作年限	17	4 和 28	23	15	3

备注：学校 1 ～ 4 为县级中学，5 为市级中学

从实验人员的配备情况来看，物理、化学的专业性较强，跨专业的现象不存在，而生物学科实验人员配备较少且跨专业现象较为严重，另外，物理、生物学科存在兼职现象。由此可见，学校对实验室的重视程度普遍不高。通过访谈和调研，我们更觉得现状不容乐观。存在的主要问题有如下几点：

（1）实验人员力量薄弱

部分实验人员的学历不达标，约四分之一的实验人员是兼职人员，另外，实验人员多数为年长的老教师、没有教学经验的年轻教师或教学岗位上的闲暇人员，少有校内的骨干教师。如生物学科，5 所学校中只有两人是生物专业的专职实验员，且两人均是毕业不久的新教师，缺乏一线教学经验。个别学校只是要求部分实验人员看管实验室和兼顾实验室安全，确保实验室不出大的纰漏。

（2）实验人员专业不对口，有跨专业的现象存在

非本学科的专业人员承担实验课，或整个实验室只有一两个专职人员，身兼数科实验。

（3）实验人员的工作积极性不高

实验人员的工作责任心普遍不强，积极性不高，没有激情和钻研精神，比较懒散，安于现状。对落后的仪器，不积极去改进和创新，或查找有无新型仪器可替代；对失败的实验，懒得探究原因并努力将其做成功；对无法做的实验，极少主动地留心收集、整理所缺仪器和试剂，以确保下次实验的顺利开展；更有甚者，对教师的实验要求不配合，找各种理由搪塞，拒绝教师做实验。

（五）实验室的管理模式

调查显示，县级中学都未对实验员制订专门的管理与考核制度。实验人员属于教务工作人员，归教务处管理，并没有针对他们的专门的考评制度。学校对实验人员的管理与对教师的管理没有交叉，对实验教师的考核与对一线教师的考核没有任何联系，教学与实验脱节，出现了“两张皮现象”。若教师不要求做实验，学科实验和学科教学就像两个完全没有交集的独立领域。

现有的实验室管理一般实施教务处——实验人员——班长——学生的分级管理制。实验人员对实验室进行全权管理，包括实验仪器及日常消耗品的申请与购买，实验仪器的保管、维修与整理，实验室的卫生保持等一切与实验室有关的事宜；在学期初对学生进行实验室规章制度教育和实验安全教育，在课堂上准备教师演示实验和学生分组实验是实验人员的主要职责；学生分组实验过程中，实验人员与任课教师共同组织学生做实验，全程指导、巡查，并对实验作重要提示，指导学生规范实验操作。

（六）实验的开展状况与探究实验室的建设状况

县级中学各科实验室的条件建设基本符合旧课程时期的要求，但达不到新课程的要求，且均未设置探究实验室。

1. 实验开展情况

有 75% 的教师表示教材中的演示实验开出率为 100%，25% 的教师认为大部分演示实验可以做。但对学生的调查结果显示，只有个别学校的学生称化学科的演示实验开出率为 100%，物理、生物的演示实验开出率均达不到 100%，个别学校生物实验的开出率极低。我们发现，若在教学中遇到实验，责任心强的教师会做实验或用实验视频代替做实验，责任心差的教师则以自己讲实验，学生背实验来应对。

调查显示，县级中学的师生对现有的实验状况满意率极低。33.3% 的教师对当前的实验室条件和实验状况不满意，66.7% 的教师感觉基本满意。另，46% 的学生对现有实验状况不满意。经过深入访谈，我们了解到主要原因是实验在教学中并没有完全发挥作用，教材中的演示实验个别学校无法全部完成，探究实验偶尔会做，且大多是在公开课、观摩课或优质课上进行，只有少数探究意识较强的教师会在常态教学中使用实验探究教学法。

2. 实验室开放现状

当前最具操作性的探究措施莫过于开放实验室，让学生走进来，自己设计，自己动手，进行 DIY 实验。开放实验室既能提高学生的学习兴趣和实验能力，又能培养学生的科学探究能力。调查发现，除市级中学外，县级中学各科实验室均没有规定开放时间，没有确定的开放日。当前实验室的开放多是学校的硬性要求，阶段性进行，主要是为了应付上级检查，基本不能实现真正的开放。开放日打开实验室门，学生自由进来观看教师提前准备好的实验，只能参观，不能动手。偶有学生想做一些实验，也被实验人员以各种理由婉拒，学生几乎学不到知识，也谈不上收获，久而久之，便没有学生再去实验室，开放变成了开门。加上学生进入实验室的学习目的性不强，故开放实验室以让学生进行自主实验探究根本实现不了。

3. 学生自主实验的情况

调查显示，目前没有学校支持学生进入实验室进行自主实验探究。只有 20% 的学校实验室做得较好，学生可以提前提交实验设计方案，与实验人员预约实验时间，再按预定时间进行实验，或者提交实验申请和实验方案给任课教师，由任课教师审核，在约定的时间内进行实验探究。但由于学生的认知水平有限，探究能力相对不足，缺乏教师的专业化引导，故自主探究的效果往往并不理想。尽管如此，因为能够进入实验室进行自主实验，学生的学习兴趣大大提高。

4. 教师的实验探究教学情况

调查显示，40% 的教师认为实验对探究学习的作用很大，60% 的教师认为实验对探究学习的作用较大，没有教师认为实验对探究学习帮助不大或没有帮助；

56% 的教师称从来没有在教学中做过教材以外的实验，做实验基本采用验证法；71% 的教师称从来没有进行过探究教学，不知如何进行探究，即使在教学中做实验，也是验证性实验；25% 的教师表示偶尔会采用实验探究，不常用的原因是探究费时而课时有限，课堂不好控制，效果不佳，只有 4% 的教师经常使用探究教学。调查探究性实验对学生学习的影响时，有 21% 的教师表示探究对学生学习的帮助很大，12.5% 的教师认为帮助不大，66.5% 的教师认为帮助虽大，但耗时过长。分析可知，教师在思想上非常认同以实验为基础的探究教学。通过访谈却又发现，大部分教师并不完全赞同在日常教学中进行实验探究和探究教学，认为探究耗时、低效，影响教学进度，对现有的考核有冲击，它虽能提高师生的探究能力和创新意识，但对教师在现有的考核中取得优势没有多大帮助。

观念超前，理念先进，教学行为落后是当前教师的真实写照。教师教学行为滞后于教学观念的主要原因有：教师很少接触到典型的优秀案例，缺乏引领，不知道如何将先进的理念渗透在教学中，不知道具体应该怎样实施探究。另外，部分教师虽了解探究教学，但感觉探究费时低效，精力和时间上不允许精心准备实验，短时期内看不到教学效果，故教学中并不想采用实验探究法。只有年轻、上进和思想活跃的教师表示愿意采用探究教学，认为探究教学充满趣味，整个过程令人着迷，可以很好地促进教师的成长和学生学习能力的提高。

5. 探究实验室的建设情况

我们调查的所有县级中学均未单设探究实验室。确定某个较好的探究方向作为每届学生固定的探究课题，并建立相应的实验室予以支持，目前县级中学的经济能力尚达不到。另一个重要原因是探究实验课题来源广，范围宽，更新快，仪器与试剂难以满足需求。

二、对某地县级中学实验室条件建设与管理现状的分析

（一）实验室条件与管理比较落后

有 33.3% 的教师对现有的实验室条件不满意，66.7% 的教师表示基本满意。当问及现有的实验室条件能否进行科学探究时，所有的教师均回答“可以”，但表示“只能进行简单的实验探究”。问及实验对科学探究的作用时，40% 的教师

认为作用很大，60% 的教师认为作用较大，没有教师认为作用不太或感觉实验在教学中是作秀，可见，理科教师对以实验支撑教学的渴望非常强烈。对演示实验开出率等的调查发现，管理人员的回答与教师的回答存在着一定的出入，这与教师和学生间的回答有出入一样，所有的答案均是令人满意的。

基层学校由于缺乏资金，故实验室的建设速度很慢。虽然学校管理层也知道实验室条件不达标，需要加强，但由于资金问题，以及教育主管部门没有硬性规定新课程时期实验室的配备标准，基层学校以各种理由延缓对实验室进行再投资，造成实验室建设与更新的速度非常缓慢，无法与新课程接轨。目前基本的实验室条件尚达不到新课标的要求，建立专门的探究实验室更是无从谈起。

（二）现有的考评制度对实验探究有不利影响

在高中阶段，高考依旧起着不可替代的导向作用。高考就是中小学教育的指挥棒，高考考什么，教师就教什么；高考怎么考，教师就怎么教，学生也就怎么学。实验部分考的不多，要求不高，故教学中基本也不怎么教，从这个层面上看，学校不重视实验似乎也事出有因。

对于中学实验，新课标的要求是有能力的学校尽量将实验开足开全，演示实验开齐，分组实验尽量开，条件稍差的学校可根据实际情况进行选择。这等于给了基层学校一个向低标准看齐的借口，他们认为新课标没有硬性要求，故高考一定不会考，因此尽量不做实验，以节约开支和加快教学进度。做与不做没有相关部门监管，实验教学的管理与落实在检查方面出现了盲区。另外，虽然新课标明确提出通过以实验为主的多种探究活动，让学生体验科学研究的过程，以激发学生的学习兴趣，强化学生的探究意识，促进学生学习方式的转变，培养学生的创新精神和实践能力，但高考并没有发生相应的变化。学校以高考为风向标，一切绕着高考转，讲、记、背就能应对实验试题，做与不做实验在考试中体现不出明显差异，讲实验甚至比做实验的成绩还要好，所以实验教学及实验探究得不到很好的开展。就目前来说，只听过教师讲实验的学生按照教师给出的所谓参考答案来答题，得分率较高；做过实验的学生思维发散性较好，开放度更高，答案更加多样化，与“参考答案”的标准相距远，得分率反而会下降。调查表明，80% 的教师认为高考对实验的考查力度加强了，有 20% 的教师认为弱化了。根据新课程教材（人教版）对实验的处理，12.5% 的教师认为实验部分弱化了，33.3%

的教师认为加强了，另有 54.2% 的教师认为新教材中只有演示实验，而没有明确提出分组实验，因此看似加强了实验，实则削弱了。有教师这样评价当前的实验：以前的学生实验是照虎画猫，现在是连虎也不见了，彻底不用画了。对于坚持做实验的学校和教师，若教学成绩没有出现大的起色，则时时受到讥讽，被戏谑为“傻子”和“傻子教学”。事实也表明，做与不做实验目前在高考试题上没有明显的体现，在高考分数上更表现不出差异。

为了培养学生的实验能力，提高学生的科学探究意识和实验探究能力，新课程的各学科均设置了一定的模块，如化学设置了“实验化学”模块，遗憾的是，全国 34 个省市只有 2 个省份在高考中有所体现：浙江必考该模块，江苏选考该模块。以实验为支撑的探究教学的实施道路任重而道远。

（三）基层学校对实验的重视程度不高

基层学校对实验不太重视，主观上认为实验可做可不做，故不注重投资建设实验室，也很少派实验人员外出培训和参观学习；认为实验尤其是探究实验会影响教学进度，不做实验，通过记背照样可以考出好成绩，而且课堂效率更高。在实验过程中，受多种因素的影响，可能会出现意想不到的情况，有时会影响到学生的答题，使实验得分率下降。如化学的“电化学”部分，做 Cu-Zn- 稀硫酸原电池实验时，不仅铜片上有气泡，锌片上也有大量的气泡产生。从目前高中所学的原电池理论知识来看，实验时应是锌片上无气泡而铜片上有大量的气泡，而且大多数试题也正是这样命制的。显然，做过实验的学生实事求是地答题反而会造成失分。

（四）教师的实验观念与教学行为相对落后

经过培训和学习，教师的教育观念已得到更新，但由于种种条件的限制，教师的行动却明显滞后，其教学行为远跟不上观念的变化和时代的步伐。

1. 教师的应试思想严重，实验教学意识淡薄

当前的高中教学应试色彩浓厚，功利思想严重，实验教学中则更甚。现在的实验视频很多，用视频实验代替实际实验，既节省时间，实验效率高，没有意外发生，又省去了实验准备、实验操作等繁多的程序。但事实表明，学生在观看视频的过程中很少出现真正做实验时的激动和好奇，看过视频实验后，学生对实

验的印象也不深刻。许多教师在教学中对做实验并不重视，因为目前高考中的实验题即使不做实验，只靠讲实验、背实验也可以应对，且教学效率高，学生得分率高。受现行高考及考核制度的影响，对暂不在高考范围内的实验探究能力，教师均不太重视，也不注重培养学生的探究意识和提高学生的科学素养。

2. 教师的探究意识和探究能力有待增强与提高

如果教师自己不会探究，如何能够引导学生进行探究？如果教师本身没有创新精神，又如何能教出有创新精神的学生？探究对教师提出了较高的要求，要求教师自己有探究意识和探究能力。通过访谈我们发现，在实际教学中，教师并没有大量开展探究教学，多数教师称不知道在教学中如何开展探究，无法做到游刃有余地开展探索教学。由于教师自己不善于探究，故对学生的探究也无法进行有效的引导。

（五）实验人员的整体素质有待提高

所调查学校实验人员的素质良莠不齐，只有少数是学校的精干力量，相当一部分则是因教学成绩不佳而退出教学一线、身体需要休养或即将退休的教师或其他人员，且部分人员专业不对口，实验岗位几乎是闲职和待岗的代名词。除了做实验的教师，很少有人光顾实验室，教师与实验人员的沟通也仅限于实验的准备工作。基层学校对实验的重视程度由此可见一斑，多数实验人员认为学校不重视实验，意味着自己也不被重用，存在一定的消极情绪，故在工作中缺乏动力，没有积极性。

目前县级中学的实验人员基本都没有接受过培训，也很少外出参观学习与交流，实验经验要靠自己在实践中摸索。上进心较强的实验人员，1～2 年内能大致熟悉实验室情况和相关实验，懒惰尤其是专业不对口的实验人员，工作数年对实验室工作还不熟悉的也大有人在。部分实验人员消极怠工，对教师要求做的演示实验和学生的分组实验以各种理由婉拒，或对要求做实验的教师冷眼相看，冷漠待之，使教师备受打击，渐渐失去对实验的兴趣。

实验人员工作不积极的主要原因有：首先，学校对实验及实验人员不重视，校领导常年不关注实验室，致使实验人员缺少工作动力。其次，缺乏针对实验人员的考核制度。现行考评制度中没有突出实验对教学的辅助作用，使实验人员与一线教师的合作颇受影响。譬如，教师要求做实验，实验人员敷衍了事，以各种理由搪塞过去，最终导致实验无法进行，这种情况随时都有可能“上演”。再者，学校对实验人员缺乏激励措施。实验人员的工作质量及对教学工作的配合度对其荣誉、奖金和发展不产生影响，这是大多数实验人员对教学工作漠不关心，对教学中的实验工作配合度不高的重要原因。多数演示实验需要教师与实验人员一起准备，有时也会导致实验人员与任课教师间产生不愉快，这种状况常令一线教师十分苦恼，也是教师不愿意做实验的原因之一，这对实施以实验为基础的探究教学十分不利。科学探究需从未知到科学假设，由预测到实验验证，再由验证到科学探究，最终得出科学结论。对于理、化、生三科以实验为基础的自然学科，离开实验，探究将无从谈起。

如何运用考核与评价制度将实验与教学有机地结合起来，使实验真正辅助教学、为教学服务是实施探究教学的一个迫切需要思考与解决的问题。

（六）探究实验教学在高中难以开展的原因

探究实验教学在县级高中难以开展，其原因主要有：

（1）实验条件所限。在教学过程中，值得探究的问题随时产生，范围十分宽泛，有的源自新授课，有的源自习题，有的产生于学生的疑问，因此无法提前准备，即使课后进行探究，也常因实验室条件简陋而无法顺利开展。

（2）缺乏学校的支持，实验人员的工作积极性不高。因为没有新课标的明确要求和强行规定，学校对教材中出现的实验不太重视，对于暂时无法进行的探究实验更是不放在心上。探究实验不是高中教学内容的必需，领导不重视，对实验人员不作任何要求与鼓励，所以探究实验也就很难得到实验人员的支持和大力相助。

（3）学生思维定式，探究意识和创新能力欠缺。有的实验人员支持学生提交实验方案和进行探究实验，然而学生受应试教育的影响，思维定式比较严重，缺乏创新意识，找不到探究题材。偶有学生想到某个实验课题，也常因实验室缺乏所需试剂和仪器而作罢。屡试不成之后，学生便渐渐失去兴趣，不再光顾实验室。

（4）教师需要引领。新课程背景下，在通过培训之后，教师的教学理念已经悄然发生了转变，但其教学行为仍然滞后，尤其是实验探究的步伐跟不上理念的变化：虽然有探究思想，但探究能力有限；虽然探究意识强烈、探究气氛浓厚，但实验操作过程中受实验条件和个人教学行为的限制，难以将探究实验推向深入。教师在实验教学中更喜欢采用自己驾轻就熟的验证式实验，直接将实验结论展示给学生，这样省时、省事。验证虽是科学探索的必经之路，但过分强调验证会使生动活泼的实验现象变成静止的预期结果，导致学生眼中只有教材所描述的现象，只要预期的现象出现实验就算成功了，长此下去，会扼杀学生的创造性，使学生对实验中的相异现象视而不见，缺乏质疑精神和创新意识。

（5）开放实验室未真正落到实处。受调研学校的教务处虽均有开放实验室的想法与计划，硬性规定实验室必须每周开放，但忽略了与教学一线的沟通，致使实验人员敷衍了事，学生要么不知开放之事，要么缺乏教师的具体引导，不能很好地运用实验室资源进行科学探究。另外，开放实验室时大多是由实验人员提出一个课题，并将实验成果摆在桌面上，学生在开放时间去参观，这可以让学生开阔眼界，但对于探究几乎起不到什么作用。偶有学生有极高的兴致去动手实验，但实验人员因害怕出现危险而不愿让学生动手。

（6）教学任务重，时间紧。高中的教学任务重，时间紧，三年的课程要两年完成，留出一年的时间备战高考，所以教学计划安排得极其紧凑。教学中稍有不慎，耽搁了教学时间，就可能导致教学进度难以按时完成，影响整体计划。实验探究费时、进程慢，有时还难以掌控，故日常教学中教师一般不采用实验探究教学。

（7）探究教学时效性差。探究教学是一种以训练学生的思维、培养学生的创新能力为主的教学方式，它不能保证学生高效地掌握知识。目前对高中生的主要考评方式仍然是纸笔测试，如何使学生考取高分依然是现在教学的主旋律，什么方法最有效，教师在教学中就会采用什么方法。灌输式教学以学生掌握知识为目的，对学生学力的关注不够，对学生能力的提升极为不利。探究式教学能激发学生的学习兴趣，培养学生的思维能力和探究能力，但短期内看不出明显的效果，尤其是学生短期内的考试成绩不一定能得到提高，只有长期坚持才能有显著的成效。从目前来看，灌输式教学或许比探究式教学更易使学生在短时间内获取高分。在教学成绩考评频繁，学生变换频率也高的高中阶段，教学中搞探究似乎是费力不讨好的事，这也是当前大多数教师不愿采用探究式教学的重要原因。

（8）高考考查方式的影响。现阶段，高考依然是一种相对公平的选拔优秀高中生的方法，考上理想的大学也是大多数中学生的奋斗目标，高考升学率依然是中学教学的生命线，是衡量学校优劣的重要评价标准。高考在，则竞争在。高考风向标变，则学校的考查方式、教学方式也会随之改变；高考对实验的考查力度加大、方式灵活，对学生思维能力和创新能力的要求提高，学校就会相应地增加对实验教学和探究教学的重视程度。反之，则虽知探究式教学对学生未来发展的重要性，学校却仍不会积极采用它。

三、支持探究学习的中学实验室条件建设与管理研究

科学技术的发展源于创新，利用探究学习实现创新能力的培养，是当前科学教育的一个重要目标。科学研究离不开实验，科学创新能力的培养离不开科学实验，这决定了科学实验是进行探究学习的主要形式，而实验室条件与管理水平决定了探究学习能否顺利开展及开展情况。目前，我国的中学尤其是县级中学在探究教学方面还处于初级阶段，虽然教师对探究教学早有耳闻，但实施的程度还远远不够，真正能够自发地实施探究教学的只是少数学校和教师，多数则处于观摩中，想尝试却又不知如何做。当前，如果没有专项资金，而让县级中学依靠自身的力量达到新课标对实验室条件建设的要求，在短时间内恐怕难以实现，因此，如何在现有的实验室条件和管理下开展探究学习，以最大限度地发掘实验室的潜能是摆在县级中学理科教师面前的一个重要课题。

（一）支持探究学习的实验室条件建设

科学探究需要较好的实验条件，县级中学虽然受经济条件的制约没有能力购买大量的实验器材，但教师可以通过自制教具、实验重组与创新进行科学探究。下面以化学为例，谈一谈如何在简陋的实验室条件下开展科学探究。

1. 建立具有特色的探究实验室

实验室应有良好的通风设备（通风橱、换气扇、抽风管道等）、多媒体投影仪、相关实验挂图等。常见的实验台主要是课桌式的，也可建成圆桌式、吧台式等，以便于学生讨论、交流与合作，实验台应配备有抽风设备、日光灯、水管、水池、试剂架、电源等。实验室挂图可以展示一些与实验有关的史实与探究问题，以营造出良好的探究氛围。

可以选取几个具有当地特色的实验课题建立探究实验室，探究内容相对固定，让学生共同体验探究过程。如检测河水的水质，测定当地饮用水的酸碱性，测定空气质量，鉴定未知物成分，鉴别多种有机物等。

2. 建设 DIY 实验室

DIY，即 Do it yourself，让学生自己设计实验，自己动手做。我们发现，学生虽不知 DIY 活动实验室，但在描述心中理想的实验室时，他们说出了按自己的想法做实验的强烈愿望，如“我们想怎么做就怎么做，我们想做什么实验就做什么实验”“我们想用的实验仪器与试剂就在手边，随用随取”等。可以根据学科特点将 DIY 实验室分区，如可将化学 DIY 实验室分为模型区、实验区、挂图区等。DIY 实验室可以帮助学生理解与掌握知识。比如，学习高二化学选修 3 的“物质结构与性质”模块，课上展示晶体模型的时间较短，学生无法近距离观看和触摸，印象不太深刻，理解得也不够透彻。课下若让学生走进 DIY 实验室，自己动手组装各种模型，则学生不仅印象深刻，而且可以真正掌握各种晶胞的结构。

3. 提倡教师自制实验教具

要加强对教师动手能力和创新能力的培养，鼓励教师在教学过程中自制简单、成本较低的实验教具。自制实验教具既可以为创新性实验服务，又可以节约资金。常见的注射器、输液带、流速控制器等均可广泛应用于化学实验设计。

自制实验教具示例 1：铜与硝酸溶液反应的实验[1]

铜与硝酸溶液的反应是高中化学中的重要反应，常规的试管实验有氮的氧化物逸出，易造成环境污染，危害师生的身体健康，我们对其作了改进。

（1）实验用品

一次性针管（去掉针头）4 支，约 15 ～ 20cm 的输液带（有流速控制器）2 节，铜片，浓硝酸，稀硝酸。

[1] 河南省首届新课程化学实验创新教学研讨会 . 安阳县二中 . 刘永红 .

（2）实验装置图

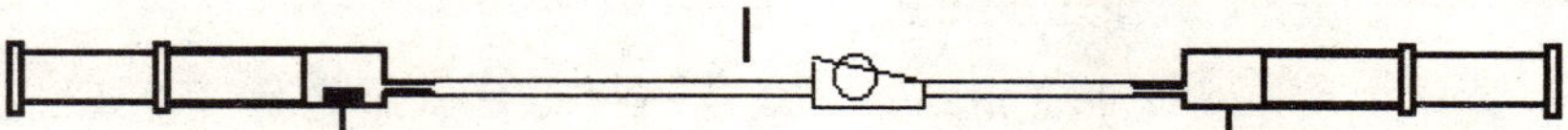

（3）实验改进

①铜与浓硝酸的反应

用约 15cm 的输液带将两支一次性针管（去掉针头）连接起来，一支针管中放入铜片，另一支中装入浓硝酸。实验时把浓硝酸挤入装有铜片的针管中，可以看到铜与浓硝酸剧烈反应，针管中充满红棕色气体且硝酸溶液由无色变为绿色，此时把硝酸溶液挤到另一支针管中，则固液分离，反应停止，可以看到输液带中充满绿色的液体。

②铜与稀硝酸的反应

取同样的装置，一支针管中放入铜片，另一支中装入稀硝酸和空气，实验时把稀硝酸挤入放铜片的针管中（留下空气），可以看到铜与稀硝酸缓慢反应，针管中慢慢充满无色的气体且硝酸溶液由无色变为蓝色。此时把硝酸挤到另一支针管中，固液分离，反应停止，输液带中充满蓝色的液体。竖立针管把空气压入无色气体中，可观察到气体由无色变为红棕色。

（4）实验优点

装置简单，操作方便，直观性强，效果好，无污染。铜与浓、稀硝酸反应相对比，现象明显，便于学生加深对知识的理解与掌握。

自制实验教具示例 2：氨气的性质实验

新课标人教版高中化学必修 1 第 4 章第 4 节“氨　硝酸　硫酸”中，关于氨气性质的描述主要有 3 个方面，其中通过实验学习的性质有 2 个：（1）氨气极易溶于水且水溶液呈碱性；（2）氨与酸反应生成铵盐。

氨气极易溶于水的性质，教材中通过喷泉实验验证。也可用如下自制装置进行实验：用矿泉水瓶集满干燥的氨气，用橡胶塞塞好，再用注射器吸取少量的滴有无色酚酞溶液的水，注入塑料瓶，瞬间就可听到“叭”的清脆响声，瓶子一下子变瘪，瓶内的溶液呈红色。此实验现象明显，简便易行，声色同现，更能激起学生的好奇心和探究欲望。

氨与酸的反应，教材中运用两根玻璃棒通过白烟实验验证。经典的白烟实验现象虽然明显，但挥发出的气体会污染环境，危害师生的身体健康。采用如下实验装置，既可改进白烟实验，避免气体外逸，又可对氨气与多种酸的反应现象进行对比。

（1）实验用品

三个带有橡胶塞的广口瓶，三个小塑料瓶盖，浓硝酸，浓硫酸，浓盐酸，浓氨水。

（2）实验步骤

将一个小塑料瓶盖口朝上置于广口瓶内，向塑料瓶盖外迅速滴入两滴某浓酸，再向塑料瓶盖内滴入两滴浓氨水，迅速盖好胶塞，观察现象。

（3）实验优点

简单易行，无气体外逸，绿色环保，试剂用量少，现象明显，便于对比浓氨水与易挥发性酸和难挥发性酸反应的现象。

4. 提倡教师进行实验重组与创新

教材中所设实验多是为了说明某种物质的某些性质，采用的多是简单明了、形象直观、现象明显的实验，但对于绿色化学所倡导的环保问题关注度不高，有很多实验会造成环境污染。鼓励教师在原有教材实验的基础上对实验进行重组、创新，既可以避免污染事件的发生，又可以提高师生的创新意识与创新能力。

创新实验示例 1：氯气的制备与性质实验[1]

人教版《普通高中课程标准实验教科书 · 高中化学 1（必修）》第 84 页，实验 4-4“氯水的漂白作用”和实验 4-5“干燥的氯气能否漂白物质”，这两个实验需要在课前制取氯气和氯水，课堂演示时，容易逸出氯气，危害师生的身体

[1] 河南省首届新课程化学实验创新教学研讨会 . 汤阴一中 . 刘汉军 .

健康，为此可以作如下改进。

（1）实验用品

浓盐酸，氯酸钾（或高锰酸钾），试管（15mm×150mm），干燥管（U形管20mm×200mm），带滴管的橡皮塞，带注射器（10mL）的橡皮塞，红色纸条（或红色布条）。

（2）实验装置图

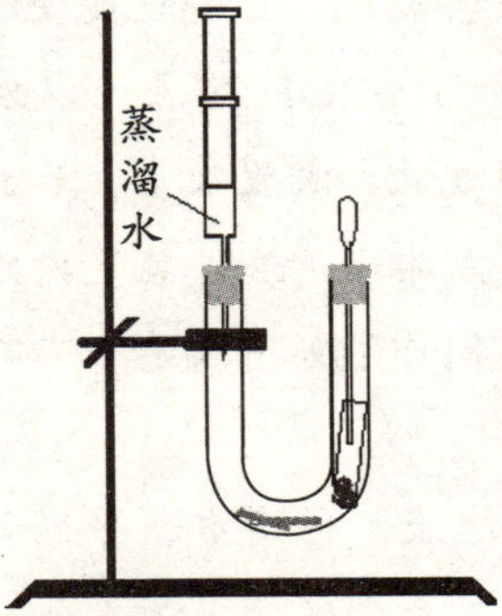

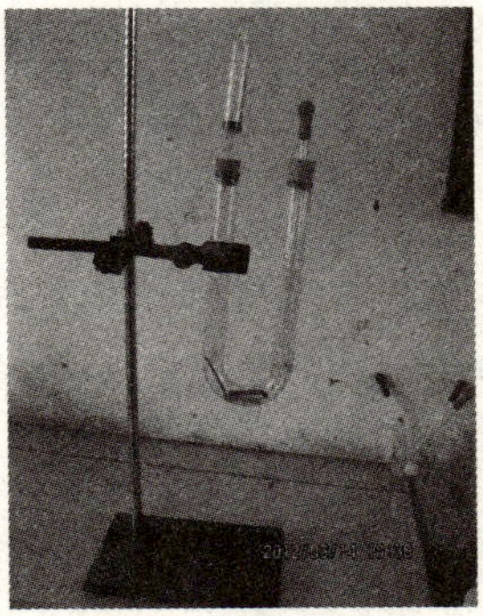

（3）实验步骤

①在试管中装入一药匙氯酸钾（或高锰酸钾），将试管放入U形管里，滴管里吸入浓盐酸后塞在U形管口，再将一段红色纸条（或红色布条）放入U形管底部；用注射器吸入10mL水，然后塞在U形管的另一端。

②实验时，逐滴向试管中加入盐酸，盐酸与氯酸钾（或高锰酸钾）反应后立即产生氯气，当氯气充满U形管时，停止加入盐酸，观察红色纸条（或红色布条）是否褪色。若不褪色，用注射器向U形管中注入少量水，使红色纸条（或红色布条）湿润，片刻后观察到红色纸条（或红色布条）褪色。

（4）装置优点

①此仪器容易制作，携带方便。

②课堂演示时，能快速产生氯气。

③实验效果明显，药品用量少，两个实验很快完成，省时。

④氯气在密闭的容器内，不会逸散，环保。

⑤注射器可注水和平衡压强，不仅使实验安全，而且便于对比观察红纸（或红布）加水前后的颜色变化。

创新实验示例 2：乙烯的制备与性质实验

人教版《普通高中课程标准实验教科书·高中化学》必修 2 第 68 页“乙烯的化学性质实验”，和选修 5 实验 3-1“乙烯的制备与性质实验”，均采用加热 95% 的乙醇同浓硫酸（体积比为 1 ：3）的混合物的方法来制备乙烯。用浓硫酸作催化剂易造成意外伤害，且浓硫酸能使乙醇部分碳化，使乙醇的利用率和乙烯的产率大大降低；生成物除乙烯外还有 SO_2、CO_2、C，另外还有挥发出的乙醇等，其中 SO_2 能与溴水或高锰酸钾溶液反应使其褪色，乙醇也能使酸性高锰酸钾溶液褪色。虽然人教版选修 5 实验 3-1 中增加了 NaOH 溶液，以吸收乙醇蒸汽和除去 SO_2、CO_2 等酸性气体，但因乙烯产率过低和装置较多，后面的实验现象有时并不明显。拆洗装置时，烧瓶内生成的炭黑难以清洗，装置内残留的 SO_2 气体逸出后易污染环境和危害身体健康。为此我们作了如下改进：

（1）实验用品

乙醇、1gAl_2O_3 粉末、酸性高锰酸钾溶液、稀溴水、异形管 1 个、具支试管 1 支、铁网载体、酒精灯 2 个、分液漏斗 1 个、玻璃尖嘴 1 个、导气管若干、滤纸条、透明胶带、火柴等。

（2）实验装置图

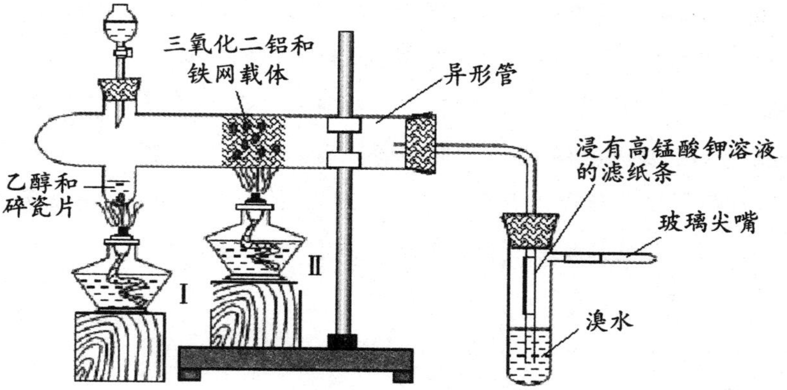

（3）实验步骤

①按装置图连接好仪器，检验装置的气密性。

②在具支试管中导气管上部的外壁用透明胶带粘上 15mm×40mm 的白色滤纸条，向滤纸条滴加几滴酸性高锰酸钾溶液。

③从异形管口部装入碎瓷片至图中异形管的弯曲处，将其横放，再将 Al_2O_3 粉末装至异形管中部的铁网载体处，向具支试管中加入 2 ～ 3mL 溴水，如图连接好装置。

④从分液漏斗处向异形管中滴加约 5mL 的乙醇。

⑤先点燃酒精灯Ⅰ，当具支试管中有气泡连续冒出时，观察溴水和浸有酸性高锰酸溶液的滤纸条颜色的变化，如果两者均不变化，说明加热挥发出的乙醇气体在该实验中对反应没有造成干扰。

⑥熄灭酒精灯Ⅰ，点燃酒精灯Ⅱ，加热 Al_2O_3，片刻后点燃酒精灯Ⅰ，发现溴水与浸有高锰酸钾溶液的滤纸条均褪色，点燃具支试管玻璃尖嘴处放出的气体，可看到火焰明亮且带有黑烟。

（4）实验优点

①用 Al_2O_3 代替浓硫酸作催化剂，无副反应，乙烯产率高，避免了 SO_2 的干扰和污染环境。

②装置简捷，现象明显，一支试管可进行多种性质实验，乙醇可随时添加，试剂用量少。

③对比点燃酒精灯Ⅰ前后的现象，说明挥发出的乙醇蒸汽在通过溴水时已被完全吸收，排除了乙醇使酸性高锰酸钾溶液褪色的可能。

④燃烧乙烯作为废气处理方式，具有验证性质与防爆的功能。

（二）支持科学探究学习的实验室管理

现有的实验室资源能否得到充分利用，能否最大限度地发挥实验对教学的辅助作用，能否对探究学习起到强有力的支撑，实验室管理起着非常重要的作用。支持探究学习的实验室管理方法有：

1. 建立健全实验室管理制度

实验室管理包括：教育行政部门对学校实验室工作的指导；学校对实验人员、实验人员对实验室的日常管理；针对实验人员的考核制度；对教学中开展实验的要求；实验人员和教师对学生在实验方面的管理等。实验室管理制度是规范实验室的最基本保障，学校应建立健全实验室管理制度，制订实验计划，严格实施过程管理与监督机制，以防实验流于形式。

2. 切实做好实验室开放工作

每学期初制订开放实验室的计划并公之于众，每次开放有确定的内容并时常更新，在开放时间学生可以进入实验室参观和进行自主实验，各兴趣小组可以在实验室进行相关实验并探讨实验中的问题。实验人员组织、管理、指导学生，积极配合实验工作。非开放日，学生可向实验人员提交实验计划书，包括实验设计、所需实验仪器与试剂等，交由实验人员审核后，再约定时间进行实验。

3. 积累科学探究素材

收集、整理能够进行科学探究的素材，并在教学中逐渐完善，以备后续使用。积累探究素材的常见途径有：

① 挖掘教材中可以探究的实验素材；

② 由教材内容拓展而来的实验探究；

③ 实验中的意外发现探究；

④ 根据现有实验进行探究设计，积累探究素材；

⑤ 根据绿色化学理念，探究实验及装置的改进；

⑥ 综合复习中挖掘可设计成综合演示实验的素材，体现“用实验提问题，用问题引知识，用探究练能力”的教学理念。

四、对中学实验室条件建设与管理的几点建议

（一）加强实验室建设，完善实验条件

建议教育部课程标准组专家针对不同级别的学校分类制定不同的实验室配备标准，同时明确配备的最低标准，经济基础薄弱的中学，应达到最低标准。提倡学校建立特色实验室和探究实验室。建议教育部门下拨资金用于实验室专项建设或令地方财政给予资金支持，进行实验室条件建设，并予以监督检查。

希望教育主管部门向基层学校提供新型仪器的相关信息，并规定实验器材的主要购置渠道，避免学校因购进劣质试剂和仪器导致实验失败或引发危险。探究实验的重复率高，对试剂的需求量较大，使用新型仪器既可以节约试剂，提高效率，又绿色环保，充满时代气息。如化学中旧式的酸式滴定管，管体与旋塞间

常用橡皮筋固定，橡皮筋容易老化，导致旋塞滑脱，实验过程中也易因操作不慎将旋塞向外拔出而造成漏液，新型的酸式滴定管，旋塞与管体之间直接用螺丝固定，避免了上述问题的发生。然而，受调研的县级中学没有一所学校使用早已面市的新型酸式滴定管。

（二）加强实验室管理

我们发现实验教学的开展是实施探究学习的重要因素，当前制约实验教学发展的瓶颈问题不是实验室资源，而是实验室的管理与评价。针对实验室的管理，现提出如下几点建议：

1. 建立实验室分级管理制，明确责任与分工

实验室由学校教务处管理，要明确实验人员与一线教师的职责，协调教学与实验方面的关系，确定实验的开出率，并对实验开展情况进行考核。实验人员的主要职责是：制订实验室规章制度与安全守则；学期初制订实验计划；确定演示实验和分组实验；对实验室内的仪器和试剂进行严格规范的管理，定期检查，及时处理变质和过期的试剂；仪器、试剂分类摆放，固定实验的仪器试剂分区放置，以便再次实验时节约准备时间。对学生实行学校——教师——班长——组长——学生的管理体制，学生进入实验室后由实验人员管理，进行实验室制度、实验安全、操作规范等方面的教育。

2. 加强对实验人员的考核

将实验人员纳入考核行列，享有与任课教师相同的待遇，以充分调动实验人员的工作积极性，发挥实验人员在实验教学中的作用。建立实验人员与一线教师自评与互评的制度，以相互监督，相互鼓励，促使实验与教学有机结合，促进一线教师与实验人员之间加强交流与合作。

3. 开放实验室，培养学生的探究意识

确定开放日，让学生走进来参观实验室，进行 DIY 实验，动手做课堂的演示实验或创新实验，真正做到开放实验室，达到开放的目的。

4. 开展科技文化艺术节，激发学生强烈的求知欲

开展科技文化艺术节，给广大师生提供展示实验成果与相互交流的机会，

开阔学生的视野，开发学生的智力，增强学生的创新意识，提高学生的创新能力，培养学生对科学的兴趣。

5. 开展学科作品展和学科竞赛，给学生展示自己的机会

学年初举办学科实验晚会，充分调动广大师生的积极性，激起学生热爱科学、探寻科学奥秘的欲望；每学期对学生的实验作品进行展览，举办学科竞赛，激发学生的学习兴趣，提高学生的自我效能感；举办实验创新设计大赛和探究实验教学竞赛，制订一定的奖励措施，鼓励教师参加比赛，让教师产生追求上进的动力，为教师的专业化发展提供成长途径。

（三）加强对实验人员的培训

课程改革初期，建议上级教育主管部门集体培训各省市的骨干实验人员，再由省市教育部门对各地市的实验人员进行具体化的专业培训，如实验的地位与作用、实验室管理、实验教学的内容与要求、实验技能、实验理论等。学校应尽量增加实验人员外出交流与学习的机会，让他们向高水平、高素质、专业化的方向发展，以建设一支与新课程相适应的高水平的实验人员队伍。实验人员应相对固定，享受与一线教师相同的待遇，让他们能安心实验室工作与研究。

（四）建设校本实验室和探究实验室

爱因斯坦曾说过："提出一个问题比解决一个问题更重要。"应试教育中的教师总是致力于帮助学生找到结论，而忽略了学生的发展与创造，忽略了学生的自主探索。苏联教育家苏霍姆林斯基说："用环境、用学生自己创造的周围情景、用丰富集体精神生活的一切东西进行教育，是教育最微妙的领域之一。"学校应结合自身的特色和实际教学情况，建立校本实验室和探究实验室。实验室环境的布置、实验活动的开展，要有利于学生的参与，以培养学生的参与意识，促进实验室的建设，使学生和实验室都得到可持续发展。

（五）加强对实验教学的考核和评价

从可持续发展的角度来看，学生思维能力、创新能力的提高比掌握知识更重要。建议高考试题在必考部分加大对实验的考查力度，尤其是体现学生实验操作能力、创新思维能力等方面的实验试题；建议增加对学生实验操作的考查，考查结果计入总分或作为高考录取的重要参考依据（类似英语听力的考查方式），也

可以采用将理、化、生三科的实验操作得分计入高中生学业水平测试成绩的方式进行考核。以河南省为例，河南省中考全省加试实验操作，分值15，计入中考总分。为了提高升学率，各初中对实验操作都特别重视，不仅平时注重实验，而且在中考前还有相应的集训，初中生的化学实验能力较以前有了很大的提高。

实验得分计入考试总分，不仅有利于提高学校对实验的重视程度，而且有利于普及实验教学，提高学生的实验能力。当然，除实验操作外，若再设有考查学生设计实验方案的能力和实践能力的笔试，将更能提高学校对实验的重视程度，更有利于培养学生的创新意识与探究能力。

（六）教材修改建议

新课程改革后，高中课程分模块进行学习，如人教版将化学实验单设为一个模块教材《实验化学》，主要内容为探究实验，对其他模块实验部分的要求较课改前有所弱化。

建议必修部分加强对实验的要求，将实验的基本操作和仪器的基本用途附在教材后，将实验拆分糅和在教材相应知识的各个部分，将相关实验与相应的知识同步放置在教材内，以实验辅助对知识的学习，这样有利于师生进行探究教学。实验与知识紧密相连，若将实验与知识联系起来，将实验穿插于知识中，将更加有利于提高学生的实验能力、分析能力、知识应用能力、推理能力和创新能力等。

建议制定课程标准的专家明确指出演示实验和学生分组实验，学生分组实验部分再设置必做和选做实验，以使各校开展实验有据可依，可以根据自己的实际情况进行选择，防止个别学校以“未明确规定”作借口，轻视实验教学。

（七）建议提高对教材中探究模块的要求

以化学为例，《实验化学》模块是以实验探究为主线的选修模块，选取生活中的实例进行探究，既能激发学生的学习兴趣，又能提高学生的探究能力。建议高考时将《实验化学》列入必考或选考范围，以加强实验教学，提高学生的实验探究能力和创新能力。

在本次调研的几所学校中，没有一所学校为教师配发《实验化学》教材，50% 的教师称不知道这本选修教材，80% 的教师没有见过这本书，更不了解该书的内容，只有 10% 的教师见过该书并了解其内容。（见附录 2）出现这种现象在某种程度上也是一种必然，因为该选修教材不属于高考命题范围。该省高考化学必考3本教材（必修1、必修2、选修4，高考共85分），选考3本教材（《化学与技术》《物质结构与性质》《有机化学基础》，3选1，占15分）。为了给学生更大的选择余地，一般学校对选考的3本教材选修2本，学生总计学习5本化学教材。高中3年时间，学习科目多，任务重，学习2本选修教材解答一道15分的试题，从时间效率上来讲的确很不经济，故很多学校并不大愿意在选修内容上投入较多的教学时间。《实验化学》模块不考，故全省没有一所学校选修。全国只有2个省（浙江、江苏）选择《实验化学》模块，其中浙江为必考，江苏为选考。新课程希望通过实验教学培养学生的探究能力的想法似乎并没有得到很好的贯彻执行。

（八）建议高考加大对实验探究的考查力度

高中以前是做验证性实验，谈不上探究，现在是连验证也省略了，教学中不做实验已成为高中理科教学的常态，做实验反被认为“怪异、另类和个性”。高考的考查体现不出做与不做实验的差别，记背实验照样得高分，使得“讲背实验”之风盛行。

我们希望高考能加大对实验探究的考查力度，使实验教学得到落实，试题能体现出做与不做实验的明显差异，从而引导教师在教学中真正做实验，而非只是进行“思维实验”和“黑板实验”。

加强实验教学，须有监管机制，而考查是最好的监督方法，将实验作为高考的必考部分与高考成绩相联系，直接影响学校的升学率，必会促进学校加大建设实验室条件的力度。在高考考查和学校重视的大环境下，经费不足、重视程度不够、师生实验意识淡薄等问题均将不复存在。

（九）建议师范教育中增加中学科学实验创新课程

建议将中学科学实验改革作为一个重要课题列入师范生必修科目。毕业后，有着强烈创新意识的师范生投入中学教学中，必将给实验教学注入新鲜血液，激活当前的实验教学。

（十）体现教育公平，实现资源共享

经过几年的新课程远程培训，现代教育理念早已深入人心，教师的教育观念也已转变，但教学方式相对落后。其中一个重要原因是教师见到的高水准的教学案例较少，尚不能将现代教育理念体现在教学中。若有大量优质资源供教师观摩学习，必将使教师教学行为的有效性和时代性大大提高。

目前网络上免费共享的资源，大都为大家所熟知，对解决当前教学中存在的问题参考价值不大。较新、较好的资源一般要收取费用，县级中学面对自身的窘况无力解决这样的问题，只能选取一两个收费较低的网站供教师下载资料。县级中学图书资源少，教师外出机会不多，接触到的外界信息也少，如果没有网络资源尽量弥补这种缺憾，市级中学和县级中学间的距离将日渐拉大。希望一些学术网站能够实现资源共享，对中学免费开放部分资源或收取较低的使用费，使县级中学有能力使用，缩小地域差别，体现教育公平，共同提高我国的教育教学质量。

五、现有实验室条件下的探究教学案例

科学探究的基本程序为：创设问题（课题）——理论探究（假说）——实践探究（佐证）——科学推断（结论）——拓展迁移（应用）。科学探究课题无处不在，实验本身、实验意外、典型试题、教学中的常规认识等均有可能成为探究课题。科学探究要防止两个极端：不探而知和百探而无一得。不探而知，即设置过于浅显的问题，没有思维容量，学生不需探究就知道结果，探究成了一种形式；百探而无一得是指设置的问题过于复杂，不明确，已经远远超出学生的认知范围和认知能力，使学生丈二和尚摸不着头脑，久探而无所获，渐失探究兴趣。

“科学实验不能没有目标，但是在实验过程中应当首先忘掉这个目标。”[1] 在教材中，部分实验没有直接给出实验结论，是教师带领学生或学生自主进行实验探究的绝佳机会。学生在未知状态下更能体现探究的原态，更易实现真正的探究，避免旧课程时期已知实验结论的探究，它虽名探究，实则验证。

目前中学教材中多以验证性实验为主，探究性实验较少。以人教版高中化学为例，统计如下：

[1] 宋心琦．有关化学实验改革的想法与建议［J］．化学教育，2001（3）．

人教版高中化学教材中的实验

教　材	实验总数	已知结论实验	未知结论实验
必修 1	36	28	8
必修 2	23	13	10
选修 3	4	3	1
选修 4	22	14	8
选修 5	22	12	10
总　计	107	70	37

由上表可知，虽然教材中能够进行探究的实验并不多，但与直接给出实验结论的旧教材相比，已经出现了非常大的可喜变化。

探究学习需要较完善的实验室条件和管理，但目前很多县级中学的条件有限，达不到高标准、高要求，无法运用先进仪器进行条件要求较高的课题探究，但教学中教师若能充分利用现有的实验室条件和自制仪器对学生进行适当的引导，依旧可以进行大量的探究学习，培养学生的探究意识，提升学生的探究能力。下面以一个典型的探究教学案例来说明。

探究教学案例：原电池

选自人教版高中化学选修 4 第四章"电化学基础"第一节"原电池"。

【导入】放映原电池的发展历史

从 1800 年第一个电池——伏打电池问世，到现在各种各样的高能电池的出现，原电池已历经 200 多年的发展历史，今天我们将在高一学习的最基本的 Cu-Zn- 稀硫酸原电池的基础上继续深入探究学习原电池及其工作原理。

【温故】Cu-Zn- 稀硫酸原电池及其工作原理

回顾原电池的构成条件：

1. 二极一液一回路；2. 自发进行的氧化还原反应。

【设问】是否所有的氧化还原反应均可以设计成原电池?

【环节 1】设计原电池

请从下列反应中选出能够设计成原电池的反应。

HCl（aq）+NaOH（aq）=NaCl（aq）+H_2O（l）$\Delta H<0$

Zn（s）+Cu^{2+}（aq）= Zn^{2+}（aq）+Cu（s）$\Delta H<0$

$Zn(s) + 2H^+(aq) = Zn^{2+}(aq) + H_2(g)\ \Delta H<0$

$C(s) + CO_2(g) = 2CO(g)\ \Delta H>0$

只有自发进行的氧化还原反应才能设计成原电池，且反应对外释放能量，常温下为放热反应。

【环节 2】体验、探究原电池

将选出的上述反应设计成原电池，根据实验台上提供的仪器和试剂组装原电池并使其工作，注意观察实验现象并如实记录。

1. 学生活动 1

分小组设计、组装原电池，记录原电池工作时的实验现象，并填写相应学案。

各小组汇报实验情况，设计的原电池主要有如下两种，且实验中发现实际现象有与预测现象不符之处。

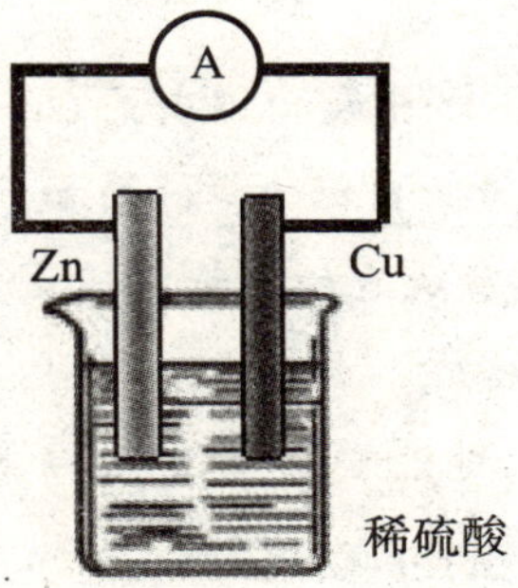

装置 1

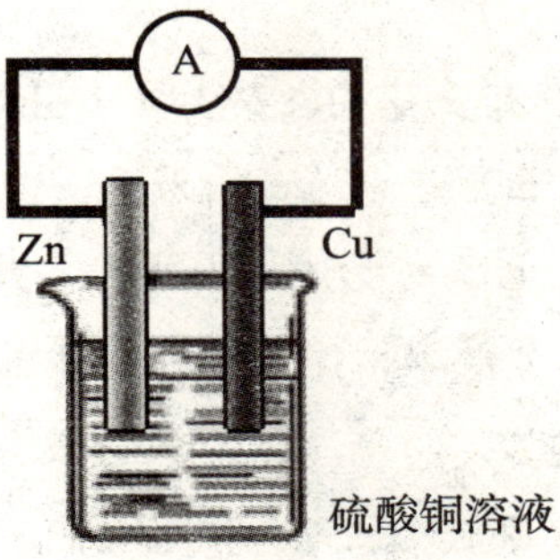

装置 2

2. 交流 1

学生汇报情况如下：

（1）原电池工作过程中溶液温度逐渐升高；

（2）装置 1 中铜片上有气泡产生，锌片上也有气泡冒出，装置 2 中铜片和锌片上均有红色物质析出；

（3）电流计指针发生偏转且随着时间的延长逐渐衰减，表明原电池工作时电流不稳且有减小趋势。

3. 探究问题 1

为何锌片上会有气体产生或红色物质生成？（学生探究在前，教师启发诱导紧跟其后）

4. 交流 2

最终共同分析可能的原因有：

（1）锌片不纯，锌片与锌片中的杂质及电解质溶液在锌片表面构成了无数微小的原电池，锌作负极失去电子，氢离子或铜离子在锌片上得到电子而产生氢气或红色的铜。

（2）锌在硫酸铜溶液（或稀硫酸）中与 Cu^{2+}（或 H^{+}）直接接触，锌失去电子，少量处于锌片周围的 Cu^{2+}（或 H^{+}）没有到达铜片上得到电子，而是在锌表面直接抢夺电子而发生还原反应生成铜（或氢气）。生成的铜与锌构成原电池，加速了锌片上铜的生成。

5. 探究问题 2

锌片上产生的铜对电流有影响吗？若有，如何影响？（学生探讨，教师升华）

6. 交流 3

有影响，当有少量铜在锌片上析出时，锌片表面构成了 $Cu-Zn-CuSO_4$ 原电池，在负极上出现了电池的自放电，且随着析出铜的量的增加，自放电速度越来越快，使得外电路的电流逐渐减小。此类原电池的自放电现象，增加了能耗，降低了电池的工作效率，使电流不稳且出现衰减。

7. 探究问题 3

如何改进该原电池装置，使电池能够产生持续稳定的电流？

8. 交流 4

使锌片与 $CuSO_4$ 溶液不直接接触，以防止电池自放电，可采用分液的方法使单液原电池变成双液原电池。

【环节 3】改进原电池

1. 师生互动，改进单液原电池

第一步，分液，单液变双液。将锌与 $CuSO_4$ 溶液分离，将铜片插入 $CuSO_4$ 溶液中。

第二步，电解质溶液的选择。为避免锌与电解质溶液反应而引起自放电，选择含有锌离子的 $ZnSO_4$ 溶液作为另一电解质溶液，将锌片插入其中。

第三步，连接导线和灵敏电流计，发现无电流通过，查找原因：未形成通路。

第四步，架盐桥。使用装有被饱和 KCl 溶液浸泡过的琼脂的 U 形管架在两溶液间，形成通路。电流计指针偏转且非常稳定。

2. 交流 5

双液原电池的工作原理

重点交流：

（1）双液电池的工作原理。

（2）为何双液原电池能产生持续稳定的电流?

（3）盐桥的作用。（传递离子，平衡电荷，构成通路）

3. 学生活动 2

让学生将前面设计的 Cu-Zn- 稀硫酸单液原电池改进为双液原电池，亲自体验两者的差异。（说明：由于没有现成的盐桥，请同学们根据实验台上的材料自制）

实验台上的仪器与试剂有:铜片、锌片、稀硫酸、硫酸锌溶液、硫酸铜溶液、饱和 KCl 溶液，灵敏电流计、小烧杯、镊子、导线、棉条、棉线、滤纸条等。

4. 交流 6

双液原电池的优点及自制盐桥的情况

（1）比较单液原电池和双液原电池的差异，并指出双液原电池的优点。

（2）自制盐桥。学生自制的盐桥有:浸泡过饱和KCl溶液的棉条、棉线、滤纸条，而且发现效果一点儿不比盐桥差。（学生非常兴奋）

5. 探究问题 4

自制盐桥还有其他创新的方法吗?

6. 启发

导线能导电，它可以使离子通过吗? 我们架在两液之间试试看?

学生纷纷预测不行，因为导线只传递电子，不传递离子，无法形成通路。

7. 学生活动 3

用导线代替盐桥，电流计指针不仅偏转而且电流相当稳定。

说明电路中的确有电流通过。（学生十分诧异）

8. 衔接

我们人类用几百年的时间研究原电池干什么? 正是为了应用它，使它更好地造福于人类。

【环节 4】应用原电池

改进后的原电池不仅能够产生持续稳定的电流，而且使用寿命大大延长。现在，原电池不仅广泛应用在日常生活中，而且应用在高科技上，如国际空间站中太阳能电池板上所用的纳米晶太阳能电池，它虽只有拇指那么大，但电流强大，使用寿命更在 20 年以上。

【思考探究】

1. 在双液原电池中用导线代替盐桥也能形成通路，导线的作用与盐桥相同吗？（提示：导线能否像 KCl 一样成为离子库，在两液间形成离子通道？导线可传递电子，但却不能使离子通过，导线的作用显然与盐桥不同）

2. 其工作原理又是什么？

“导线盐桥之谜”，到底是怎么回事？欢迎同学们课下查阅资料，继续探讨。

【教学点评】

本案例中教师运用中学实验室中最常见的试剂和仪器，进行了一节很好的探究课，将抽象的化学理论与实验巧妙地结合在一起，充分体现了化学以实验为基础的学科特点，体现了以探究为主的教学设计思路，四个教学环节环环相扣，步步深入，展现了化学源于生活、为生活服务的科学理念。整个课堂高潮迭起，尤其是自制盐桥的环节设计得非常引人入胜，将学生带入了一个全新的探究环境，让他们充分体验到了探究的快乐和成功的喜悦。“导线盐桥之谜”更激起了学生强烈的好奇心和探究欲望。

【探究后续】

学生在本节课之后对“导线盐桥”及该原电池的工作原理表现出浓厚的探究兴趣。课间学生纷纷涌向讲台，与教师共同探讨盐桥的替代品究竟可以是哪些材料的。学生试用了多种不同材料的导线，发现均可以形成闭合回路，电流计的指针都发生了偏转。有的学生突发奇想，用一只手的两根手指伸入双液，发现电流计的指针发生偏转，又用两只手的两根手指伸入双液，电流计的指针依然发生偏转，两人拉手分别在两液中各伸入一个手指，也会形成闭合回路。它们的工作原理是什么？原理相同吗？如何证明？

本节课的意外收获：这节课虽然结束了，但探究的余波仍在。有学生写出论文《原电池的“意外发现”探究》参加市级论文评选；也有学生就不同的盐桥材料构成的“原电池”继续进行着实验设计与探究，一定要探出个究竟。

本节课是在常规实验教学条件下进行的探究教学，没有用特别先进的教学仪器，却达到了非常好的探究学习效果。由此可见，虽然没有先进的仪器，但只要在教学设计方面狠下工夫，一样可以进行很好的探究教学，依然可以培养学生的探究能力。用简陋的实验室条件进行的探究教学，对学生的引领作用更强，更能激发学生的探究欲望，培养其创新能力，使他们体会到探究离他们并不远。

科学探究须以实验为基础，但并非所有的探究都要有完善的实验室条件。探究是一种观念的外在体现，探究教学是一种现代的科学的教学方式与学习方式。由上述案例不难看出，在较为简陋的实验室条件下，依然可以开展一些以实验为基础的探究学习。

参考文献

1. 中华人民共和国教育部．普通高中化学课程标准（实验）[M]. 北京：人民教育出版社，2003.

2. 普通高中课程标准实验教科书·化学[M]. 北京：人民教育出版社，2009.

3. 普通高中课程标准实验教科书·化学[M]. 山东：山东科技出版社，2009.

4. 河南省首届新课程化学实验创新教学研讨会会议资料[C]，2012.

5. 朱志江．化学新课程探究教学受阻原因例析[J]. 化学教育，2008（3）.

6. 李贵香，王秀红．新课标下山东省高中化学实验教学情况的调查与分析[J]. 化学教育，2008（7）.

7. 王金瑞．新课程下的理化生实验教学现状与对策[J]．物理教师，2007（6）.

8. 宋心琦．有关化学实验改革的想法与建议[J]. 化学教育，2001（3）.

9. 李淑丽．中学化学实验教学现状调查及思考[J]. 吉林师范大学学报（自然科学版），2011（2）.

附录 1

支持科学探究学习的实验室条件现状调查

________学科实验教师情况调查表

姓名		性别		出生年月		工作年限	
最高学历及专业		最高学位		职称			
实验室职务（填“专职”或“兼职”）				承担的实验室工作			

________科实验室条件现状调查表

1. 实验室有实验教师________人，专职________人，兼职________人；实验教师有________间办公室。

2. 实验室共有________间；准备室有________间；仪器室有________间；药品室有______间；标本室有_____间；模型室有_____间；特殊试剂室有________间；仪器柜有________个，试剂柜有________个；试剂的分类方法是________。

3. 实验室是否已按照新课程实验条件配备齐全？________（填“是”或“否”）。是否按照教学仪器研究所的《中学理科教学仪器和电教器材配备目录》进行配备？________（填“是”或“否”）。

如果尚未配齐，还缺少的仪器有（可继续增加表格行数）：

	仪器名称	未配置的原因
仪器 1		
仪器 2		

4. 实验室目前拥有固定资产__________，每年投资________元，近三年学校购买_____次实验仪器，购买时间分别是_____，购买的标准或原则是________。

本学期是否采购仪器和药品？__________，投资__________元。

学校除了按新课程标准配备仪器外，是否购买过其他仪器？__________。若购买过，主要有________。购买的初衷是____________________________。

5.（1）关于实验室基本条件，填写“有”“无”下列设备：

①通风设备________，若有，是________。

②投影仪________。③电脑________。④电视________。

⑤消防设备________，若有，是________。

（2）每个实验台配备有（配备有的打“√”）：

①仪器架　②抽风机　③电源　④水管与水池　⑤洗涤液

⑥其他________（请写）

6.（1）实验开设情况：

年级	演示实验（个）	分组实验（个）
高一上学期		
高一下学期		
高二上学期		
高二下学期		
高三上学期		

（2）教材中的实验能否开齐？________，若没开齐，无法开设的具体实验有：

年级	实验项目	无法开设的原因	备注
高一	实验 1		
	实验 2		
	实验 3		
	实验 4		
高二	实验 1		
	实验 2		
	实验 3		
	实验 4		
高三	实验 1		
	实验 2		
	实验 3		
	实验 4		

（3）分组实验规模：

高一共有________个教学班，每次分组实验共有________组，________人一组，分组的标准是________。

高二共有______个理科教学班，每次分组实验共有_______组，________人一组，分组的标准是____________。

7. 目前实验室的管理模式是什么样的？（学校对实验教师的管理，实验教师对实验室仪器设备的管理、对学生行为的管理）

8. 请谈谈你们学校的实验室支持学生进行探究学习的情况。

（1）学生是否可以进入实验室进行自由探究？平均每学期有多少学生进入实验室进行自由探究？学生探究学习的效果如何？

（2）学生在探究学习的过程中，是否充分发挥了自主性？在该过程中教师起到什么样的作用？

另请提供：

①新课程实验配备标准；

②实验室仪器配备清单；

③实验室、实验准备室图片；

④具体的实验室仪器柜、药品柜、实验桌以及其他相关图片。

附录 2

有关探究实验教学的情况调查

为了更好地了解贵校在课程改革中的理化生实验教学情况，同时也为了了解当前高中教学中的探究教学现状，从而更加有效地促进新课程改革，我们特设计了本问卷，希望以此了解您对当前实验室建设及探究教学的一些建议和要求。本问卷不记名，请您认真阅读并根据实际情况进行填写。衷心感谢您对我们工作的支持！

性别：________　年龄：________　教龄：________

职称：________　所教年级：________

所用教材版本：________（选择："人教版""鲁科版""苏教版""北师大版"）

请将符合条件的选项写在括号中。

1. 你是否将教材中的演示实验在课堂上全部完成（　　）

A. 是　　B. 否

2. 你认为目前教材中的实验对教学的帮助是（　　）

A. 很大　　B. 不太大

C. 没深入思考过，只是按照要求去做　　D. 可有可无

3. 你在教学中对演示实验的准备情况是（　　）

A. 由专职的实验教师准备，基本不用自己准备，只做课堂上的演示

B. 有实验教师，但需自己和实验教师一起准备

C. 无专职的实验教师，需自己去实验室准备

D. 无专职的实验教师，有时间时准备，偶尔做

4. 你的实验效果通常是（　　）

A. 很明显，在演示实验前多次进行预演示

B. 准备好，但很少上课前先演示一遍

C. 顺其自然，明显好，但不明显也不再重做或查找原因

D. 较明显，若不太成功则会和学生一起分析原因，并重做一遍

5. 你做演示实验采取的方式是（　　）

A. 基本自己做　　B. 基本是指导学生做

C. 一般自己做，偶尔让学生做

D. 有危险的实验自己做，大部分是学生做

6. 你认为实验对探究学习的帮助是（　　）

A. 很大　B. 较大　C. 不太大

D. 没有什么帮助，感觉实验做秀成分大

7. 你是否做过教材之外的其他实验（　　）

A. 是　　B. 否

8.（1）你们的实验室开放吗（　　）

A. 开放　　B. 不开放

（2）若开放，效率多高

A. 全天　　B. 每天且时间固定

C. 每周 1～3 次　　D. 偶尔开放

9.（1）你是否在教学中补做一些教材外的实验（　　）

A. 是的，经常　　B. 偶尔会　　C. 从没有

（2）若曾做过教材外的实验，请试举一例＿＿＿＿＿＿＿＿＿＿＿＿。

10. 探究性实验对学生学习的帮助，您的看法是（　　）

A. 很有帮助　B. 有益，但耗时过长　C. 没有多大帮助　D. 几乎没有帮助

11. 在教学中，你是否经常引导学生进行科学探究（　　）

A. 经常　B. 偶尔　C. 几乎没有

12. 引导学生进行科学探究学习，你通常以什么为依托或载体（　　）

A. 多媒体　　B. 化学实验　　C. 情境创设　　D. 生活中的知识

13. 你认为你校现有的实验室条件能否进行科学探究（　　）

A. 能　　B．只能进行部分简单实验　　C. 几乎不能

14. 你校建有科学探究实验室吗（　　）

A. 有　　B. 无

15. 你校能否完成教材中的全部演示实验（　　）

A. 能　　B. 大部分可以，个别不能　　C. 不能

16. 你进行的演示实验采用的方式主要是（　　）

A. 验证性实验　　B. 探究性实验

C. 大多数为验证性实验，偶尔用探究法

17. 现有的新课程教材对实验的处理，你认为实验部分是（　　）

A．加强了　　B．弱化了，不如旧教材中重视

C．只有演示实验，因没有明确提出分组实验，看似加强，实则削弱

18. 高考对实验部分的考查力度，你的看法是（　　）

A. 加强了　　B. 弱化了　　C. 基本不考查

19. 对实验中出现的反常现象，你通常（　　）

A. 忽视，视而不见，按教材中所写的描述和解释

B. 提出疑问，暂不探讨，继续进行教学

C. 与学生一起探究，查明原因

D. 课上不探讨，课下查资料，弄清原因

20. 你做实验时是否注意到环保问题（　　）

A. 特别注意　　B. 不太注意　　C. 不注意　　D. 注意

21. 近三年，你有无带过学生参观与学科有关的工厂或社区（　　）

A. 有　　B. 无

22. 近三年，有无进行过与学科有关的实践活动（　　）

A. 有　　B. 无

23. 近三年，你有无进行过有关学科实验知识竞赛（　　）

A. 有　　B. 无

24. 你对目前的实验室条件建设的满意度是（　　）

若不满意，主要原因是______________。

A. 很满意　　B. 基本满意　　C. 不太满意　　D. 不满意

（如果您是化学教师，请回答 25 ～ 29 题，其他学科的教师不用回答）

*25. 你是否知道《实验化学》模块（　　）

A. 知道　　B. 不知道

*26.（1）你们学校有无配发《实验化学》模块的教材（　　）

A. 有　　B. 无

（2）如果没有配发，你有无这本教材（　　）

A. 有　　B. 无

*27. 你对《实验化学》模块的内容了解程度是（　　）

A. 非常了解　　B. 了解一点　　C. 不知道这个模块

D. 只知道有本模块，但并不了解其中的内容

*28. 在演示有毒物质参与或有毒气产生的实验时，你通常（　　）

A. 在实验室有通风橱的地方　　B. 在教室里打开门窗

C. 没在意过　　D. 不做

*29. 你在做有毒物质参与或有毒气产生的实验时的防护措施是__________。

30. 请谈谈你对实验室条件和管理的看法。

31. 请畅谈你心中理想的实验室。

请谈谈你们学校的实验室用于支持学生进行探究学习的情况：

32. 学生是否可以进入实验室进行自由探究？平均每学期有多少学生会进入

实验室进行自由探究？学生探究学习的结果如何？

33. 学生在探究学习的过程中，是否充分发挥了自主性？在该过程中教师起到了什么样的作用？

34. 为了满足新课程及探究教学的需求，自己学校实验室的建设、管理、使用、仪器配备还存在哪些问题？

35. 学校在促使学生进行探究学习方面做了哪些有特色的工作？

案例二　构建探究学习实验室，培养学生的探究创新能力

宁夏六盘山高级中学

新课程突出强调学生的创新精神和实践能力，而学生创新精神和实践能力的培养需要通过具体的探究活动来实现。探究学习是以独特的类似科学研究的方式去探究并获取和应用知识的学习活动，有助于新课程目标的达成。施瓦布认为："探究学习指这样一种学习活动：儿童通过自主地参与知识的获得过程，掌握研究自然所必需的探究能力，同时形成认识自然的基础——科学概念，进而培养探索世界的积极态度。"那么，如何引导学生的探究学习？如何给学生提供恰当的资料、创造适当的情境来进行探究性活动，以培养学生的创新能力呢？

物理、化学、生物等自然学科有一个共同之处，那就是"以实验为基础"。就化学学科而言，虽然世界各国高中化学课程的指导思想和教材内容的呈现方式各有特点，但似乎都将"通过实验学化学"作为学习方式。如德国北莱茵—威斯特法伦州对从 11 年级起的化学课程明确提出：（1）面向实验问题训练学生的化学实验技能；（2）让学生掌握化学科学研究的方法……英国的科学课程将科学探究作为学生学习的核心内容，它包括科学思想、科学证据的本质和重要性以及调查研究的主要技能（如制订计划、获得和提出证据、思考和评估证据等）。

开展以实验为主的多种探究活动，可以使学生体验科学研究的过程，激发学生的学习兴趣，强化学生的探究意识，促进学生学习方式的转变，培养学生的创新精神和实践能力。作为一个平台，探究实验室正是培养学生科学探究方法的技术支持和基础保障。

一、探究实验室的建设情况

（一）具体设计和安排

1. 投入资金完善物理、化学、生物实验室的设施，使其满足学生探究活动的要求。

2. 用一年的时间，投入资金建设机器人、通用技术、地理学科的探究实验室。

3. 完善实验室的各项规章制度，配备专职的实验室工作人员，并对他们进行全方位的培训。

4. 探索在课堂上进行科学探究实验教学的有效方法。

5. 开放探究学习实验室，拟定科学探究校本课程框架，编写校本教材。

（二）探究学习实验室的硬件建设方案

1. 我校现有：化学实验室/探究室 6 个（水源、排风设备配备到桌），仪器室 2 个，准备室（含实验员室）1 个，药品室 1 个，危险药品室 1 个；物理实验室/探究室 6 个（配电到桌），仪器室 2 个，准备室（含实验员室）1 个；生物实验室/探究室 6 个（配电到桌），仪器室 2 个，准备室（含实验员室）1 个，生物标本室 1 个，培养室 1 个。以上实验室均按照国家一级一类标准配置。我们对照教育部 2006 年发布的《中小学理科实验室装备规范》和宁夏教育厅 2007 年制定的《宁夏普通高级中学教育技术装备标准》，对物理、化学、生物实验室的设施、器材、药品等进行了全面的核查，不符合标准的全部予以更换、维修和补充，配齐了高中教学需要的所有仪器和药品。学校还多方筹措资金，在教师演示台上配备了计算机（接互联网）、大屏幕投影机、视频展示台等设施，构建了基于传感器的数字化物理、化学探究实验室。

2. 学校新建了地理、通用技术、机器人等探究实验室。地理探究实验室主要由旋转天体星象仪、地球运行仪、中国立体地形模型、世界立体地形模型、典型地形地貌模型、室内地理模型等组成。通用技术探究实验室内置激光切割机、数控机床等设备，具有独立加工和制作作品的条件。机器人实验室购置了组装机器人的配件、编程的计算机等设备。

3. 建设数字化实验室。学校投入资金建设了物理、化学数字化探究实验室。数字化探究实验室是一种应用最先进的实用技术和教育理念，集数据采集和分析于一体的实验系统。将传感技术应用于探究性学习，既体现了新一轮基础教育改革的思想和理念，又符合学生学习的认知规律。

（三）实验室的软件建设方案

探究实验室由主管教学的副校长分管，由教务处副主任具体管理。专职实验室工作人员的学历均在本科以上，他们都要能做到四懂三熟悉（对所管仪器懂性能、懂用途、懂操作、懂维修保养，熟悉实验教学进度、熟悉实验、熟悉教学仪器管理使用规章制度）。实验教师熟知实验教学内容和教学需求，承担少量教学任务，指导任课教师采用现象明显的操作方法演示实验，并且共同交流，以得到最优的实验教学方案。实验教师每学期初都制订出详细的演示实验和学生分组实验计划，并在教学过程中严格实施，期末将实验完成情况汇总报教务处存档，作为教师教学工作业绩考核的依据之一。各学科的实验开出率都达到了100%。学校还结合现代教育技术的发展和实验室工作的需要，制订了《实验员岗位职责》《实验室的安全与防护》《危险品管理使用制度》《学生实验守则》《教学仪器损坏、丢失赔偿制度》《教学仪器借用制度》《化学实验安全操作流程》《仪器设备（药品、标本）采购制度》等规章制度，制订了切实可行的实验室工作人员的培训计划，并落实到人，保证了实验教学和各项实验活动的顺利开展。

二、对探究实验室的使用及反馈

（一）对探究实验室的使用情况

在新课程实施过程中，有些教师在实验探究课上往往完全让学生自己操作，既无方案也无计划，学生的实验台上摆了一大堆仪器或试剂瓶，原计划十几分钟的实验，往往要用半小时甚至更多时间，问他们得到了什么结论，也往往得不到准确的答复。实验探究课采取什么样的教学方法？如何进行课堂调控并顺利完成教学任务？这些是摆在理科教师面前的难题。为此，在课题组成员的引领下，我校对物理、化学、生物等学科的任课教师进行了课题研究动员，以备课组为单位，认真学习了新的课程标准，对集体备课、听课、评课等科学探究实验教学教研活动进行了安排。

1. 把实验室当作课堂，进行探究学习实验课，或把实验室平移到教室进行探究学习

许多需做实验的课都安排在实验室上，一些演示实验也由教师创新为学生的分组实验。在多次的实践过程中，我们总结出了探究学习的教学程序：分组设计实验探究方案——全班交流筛选实验探究方案——分组选择一个实验探究方

案——分组实施实验探究方案——全班交流实验探究结果——教师评价。

学生在教师有序的引导下，自主完成实验探究，摈弃了传统课堂教学中学生的被动验证性实验，学生通过预测实验结果、设计实验方法、实施实验方案，亲身体验了知识的发生、发展过程，学会了发现问题、分析问题、解决问题，得到了科学探究的思想方法，教学效果十分明显。

我校物理教师王建国执教的“全反射”一课充分体现了探究学习的教学程序。[该节课在2011年第六届全国中学物理教学改革与创新（讲课与评课）大赛中荣获高中组一等奖]下面就具体介绍一下该课：

主要教学过程表

教学环节	教学内容	教师活动	学生活动	资源使用
1. 魔术表演	在一空试管内放入豆子，开口向上，将其倾斜着放入一个盛满清水的烧杯中，从烧杯正上方观察，发现豆子不见了，谓之“水中藏豆”	教师先进行魔术表演，引发学生的浓厚兴趣，再向试管内加水做实验，而后组织学生进行实验，导入新课	分组进行实验，观察，叙述现象（不仅豆子不见了，而且试管浸入水中的那部分非常明亮，好像镀了一层银）	烧杯，试管，豆子，投影仪
2. 理论探究，提出猜想	已知半圆形玻璃砖的折射率为1.5，当光线分别以30度和60度的入射角从玻璃射向空气时，完成折射和反射光路图	组织并参与学生的探究过程，启发学生思考：入射角为60度时，按照计算结果，折射光线不存在，光是否全部被反射了？	让两名学生上讲台板演，其他学生各自独立计算并作图。他们会发现入射角为60度时，折射角不存在。他们一定会产生疑问：折射光线到哪儿去了？让他们提出猜想	科学计算器
3. 实验探究，验证猜想	用激光笔和半圆形玻璃砖进行课本图13.7-1的全反射现象实验	教师组织学生进行实验，用激光笔和半圆形玻璃砖演示课本图13.7-1的全反射现象，让学生说一说观察到的现象并且得出结论	分组实验，观察入射角从0逐渐增大的过程中，反射光线和入射光线的变化，发现全反射现象，并总结规律	多媒体教学设备，激光笔，半圆形玻璃砖

（续表）

教学环节	教学内容	教师活动	学生活动	资源使用
4. 实验总结	全反射现象和发生全反射现象的条件	指定两名同学阐述上述实验现象，让其他同学进一步补充完整	小组选派代表归纳总结上述实验现象，不足之处其他同学可进一步补充说明，归纳总结出什么是全反射现象及其发生的条件	多媒体设备
5. 临界角公式的推导	当光从某种介质射向空气或真空时，发生全反射的临界角与介质的折射率的关系	启发学生根据折射率的定义和光路的可逆推导临界角公式	在教师的启发引导下思考、讨论和推导	
6. 魔术揭秘	用全反射知识解释小试管的实验现象	到此，教师引导学生解释“水中藏豆”的原理	学生相互讨论、解释“银色”小试管之谜	
7. 全反射现象应用举例	（1）水流导光实验——彩色喷泉	演示水流导光实验，让学生解释，并启发学生联想到彩色喷泉。展示彩色喷泉的图片	观察水流导光实验，尝试解释并设想应用，联想到生活中的应用之一——彩色喷泉，观看图片	多媒体设备
	（2）弯曲玻璃棒导光实验，光纤原理，简单介绍光纤之父高锟、内窥镜、光纤通信，进行光纤传像及传声演示	演示弯曲玻璃棒导光，指导学生解释该现象，指出这就是光导纤维导光的原理，简介光纤之父高锟，进行光纤传像及传声演示	观察演示实验，用全反射解释该现象，听高锟的故事，感受高锟的创新思维对社会的巨大贡献，看光缆图片，观察光导纤维的应用演示	弯曲玻璃棒，激光笔，光导纤维应用演示器，图片视频

2. 开放实验室

我们根据学生的需要，在探究实验室里开设了丰富多样的校本选修课程。生物学科的“生物活体实验”“植物栽培”“叶脉标本制作”等课程，让学生亲近大自然，形成了在实验中发现问题、解决问题的习惯，提高了创新能力和动手操作能力；化学学科的“生活中的化学”“化学实验仪器改进”“课本化学实验拓展”“课外趣味化学实验”等课程，让学生通过观察、分析和讨论，提高实验技能，发展思维能力，培养科学素养；物理学科的“生活与物理”“物理创新实验设计”“多媒体与物理实验教学相结合”等课程，以“关注生活，勇于探究，学以致用，促进发展”为宗旨，以生活为对象，以物理探究为方法，积极引导学生从物理的角度了解生活，探究生活，从而使学生热爱生活，“太阳能创意小车模型制作”“机器人组装及编程”等课程，大大激发了学生关注科技、不断创新、动手实践的热情。

为了满足学生对实验操作训练的渴望，每周一至周五的课外活动时间，实验室全部开放，学生可以拿着自己拟定的实验计划或实验设计方案到实验室，给指导老师修改完善后，优化实验设计，并亲自动手操作，最终验证自己的实验设想。学生的实验操作技能和探究意识得到了提高。

例如，我校高二年级的杨岩、杜瑜在老师的指导下创新设计了“多功能试管”。[该教具获得第八届（天煌杯）全国优秀自制教具评选活动（宁夏赛区）一等奖，并被推荐参加全国比赛]与以往的装置相比，它的操作简单、方便、安全，环保、无污染，药品实际用量少，反应现象更明显，可以进行一系列实验。

探究教学案例：多功能试管的创新性使用

（1）CO_2 性质实验

①原理

A. 通过石蕊变红可以证明 CO_2 是酸性氧化物。

B. CO_2 能使澄清的石灰水变浑浊。

C. 通过试纸变色的顺序可以证明 CO_2 的密度大于空气的密度。

D. CO_2 不燃烧也不支持燃烧。

所涉及的化学方程式：

A. $CaCO_3+2HCl$（稀）$= CaCl_2+CO_2\uparrow +H_2O$

B. $Ca(OH)_2+CO_2 = CaCO_3\downarrow +H_2O$

C. $H_2O+CO_2 = H_2CO_3$

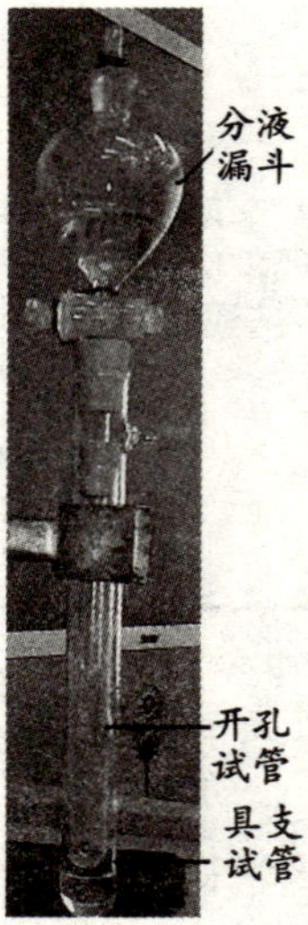

实验装置图

②操作

向外管注入 1 ～ 2mL 澄清石灰水，在距内管气孔上下约 1.5cm 处各缠绕一条湿润的蓝色石蕊试纸。向内管中加入石灰石，向分液漏斗中加入稀盐酸，连接好内外管，打开分液漏斗。生成的 CO_2 从中部气孔排出，随后石灰水变浑浊，接着内管气孔下部的石蕊试纸先变红，上部的石蕊试纸后变红；

用点燃的小木条靠近支管口，小木条熄灭。

③分析使用多功能试管做此实验的好处

可以一次性完成 CO_2 的制取及 CO_2 性质的检验。

（2）铜与浓硝酸的反应

①原理

反应涉及的化学方程式：

A. $Cu+4HNO_3$（浓）$= Cu(NO_3)_2+2NO_2\uparrow +2H_2O$

B. $2NaOH+3NO_2 = 2NaNO_3+NO+H_2O$

C. $2NaOH+NO_2+NO = 2NaNO_2+H_2O$

②操作

向外管加入 2～3mL 的浓硫酸，在支口处连接一段长 5cm 的乳胶管，并在乳胶管内部虚塞用 NaOH 溶液润湿的棉花。在内管中加入铜片，在分液漏斗中加入浓硝酸。将内管和外管连接好，打开分液漏斗，反应开始。

注：如果需要收集 NO_2 气体可以将乳胶管内的棉花去掉，用排气法收集。

③分析用多功能试管做此实验的好处

用浓硫酸代替氢氧化钠溶液在外管底部吸收 NO_2 的效果更好，反应从始至终没有有害气体外溢。

（3）木炭与浓硝酸的反应

① 原理

反应涉及的化学方程式：

A. $C+4HNO_3$（浓）$= 4NO_2\uparrow +CO_2+2H_2O$

B. $2NaOH+3NO_2 = 2NaNO_3+NO+H_2O$

C. $2NaOH+NO_2+NO = 2NaNO_2+H_2O$

②操作

向外管加入 2～3mL 饱和氢氧化钠溶液，在支口处连接一段长 5cm 的乳胶管，并在乳胶管内部虚塞用 NaOH 溶液润湿的棉花。另取一支试管加入浓硝酸并加热至沸腾后倒入分液漏斗中，再用镊子夹一块木炭点燃后快速放入内管中，连接好内管和外管，打开分液漏斗，反应开始。

③分析使用多功能试管做此实验的好处

用氢氧化钠溶液在外管底部和支口处吸收 NO_2 和 NO，使实验安全、环保。

（4）硫化氢气体与二氧化硫的反应

①原理

反应涉及的化学方程式：

A. $FeS+2HCl = FeCl_2+H_2S\uparrow$

B. $Na_2SO_3+2HCl = 2NaCl+H_2O+SO_2\uparrow$

C. $2H_2S+SO_2 = 3S\downarrow +2H_2O$

D. $2NaOH+H_2S = Na_2S+2H_2O$

E. $2NaOH+SO_2 = Na_2SO_3+H_2O$

②操作

向外管加入适量的硫化亚铁（固体），在支口处连接一段长 5cm 的乳胶管，并在乳胶管内部虚塞用 NaOH 溶液润湿的棉花。在内管中加入亚硫酸钠（固体），在分液漏斗中加入提前加热过的盐酸，打开分液漏斗让盐酸从小孔流入外管。

注：管壁上附着的硫单质可用 CS_2（或热的浓 NaOH 溶液）洗涤清除。

③分析用多功能试管做此实验的好处

多功能试管可将联众气体在同一体系中制取出来并直接反应，反应从始至终无有害气体的外溢。

（5）硫化氢气体与氯气的反应

①原理

反应涉及的化学方程式：

A. $FeS+2HCl = FeCl_2+H_2S\uparrow$

B. $2KMnO_4+16HCl$（浓）$= 2KCl+2MnCl_2+5Cl_2\uparrow +8H_2O$

C. $Cl_2+H_2S = 2HCl+S$

D. $2NaOH+H_2S = Na_2S+2H_2O$

E. $2NaOH+Cl_2 = NaCl+NaClO+H_2O$

②操作

向外管加入适量的硫化亚铁（固体）和水，在支口处连接一段长 5cm 的乳胶管，并在乳胶管内部虚塞用 NaOH 溶液润湿的棉花。在内管中加入高锰酸钾（固体），在分液漏斗中加入浓盐酸，打开分液漏斗让浓盐酸流入内管且从小口流入外管。

注：管壁上附着的硫单质可用 CS_2（或热的浓 NaOH 溶液）洗涤清除。

③分析用多功能试管做此实验的好处

多功能试管可将联众气体在同一体系中制取出来并直接反应。反应从始至终没有有害气体的外溢，环保、安全。

（6）氨气与氯化氢气体的化合反应

①原理

所涉及的化学方程式：

A. $HCl+NH_3 = NH_4Cl$

B. $NH_3+H_2O = NH_3 \cdot H_2O$

C. $NH_3 \cdot H_2O+HCl = NH_4Cl+H_2O$

②操作

在外管注入 2mL 浓氨水，在支口处连接一段 5cm 长的乳胶管，内部虚塞用水润湿的棉花，向分液漏斗中加入 1mL 浓盐酸，把内外管连接好后，打开分液漏斗，让浓盐酸通过分液漏斗流入内管中，轻微震荡。氨气和氯化氢气体挥发出来在管内直接反应。

③分析用多功能试管做此实验的好处

与以往的实验相比，此方法的实验现象更加明显。

（7）快速制取氨气

①原理

所涉及的化学方程式：

$NaOH+NH_4Cl = NaCl+NH_3\uparrow +H_2O$

②操作

向外管加入 5g 左右固体氢氧化钠，向分液漏斗中加入氯化铵饱和溶液（或浓氨水），打开分液漏斗让氯化铵饱和溶液（或浓氨水）流入内管并从小孔流到外管。

③分析用多功能试管做此实验的好处

快捷，安全，高效。

（8）快速制取氯化氢气体

①原理

浓硫酸难挥发，盐酸易挥发；浓硫酸稀释放热，使得盐酸中的HCl挥发。

②操作

向外管加入适量浓硫酸，向分液漏斗中加入浓盐酸，连接好内外管，打开分液漏斗，让浓盐酸通过分液漏斗流入内管并从小孔流入外管中，轻微振荡。

③分析用多功能试管做此实验的好处

反应在相对独立的体系中进行，防止了酸的外溅，安全，方便。

3. 构建数字化实验室

高中的很多实验都是定量的或者半定量的，利用传感技术能让学生直观地观测实验过程以及数据的变化。用数字说明化学问题，更有说服力，更能体现理科的魅力。通过传感技术的应用，化学实验不仅可以在实验室进行，还可以在户外等场所随时随地进行。一些在传统实验室无法进行的实验也可顺利进行，一些难以理解的科学概念和原理，借助于传感技术也会变得容易认知，为拓宽教学内容体系提供了巨大支撑。

下面介绍我校化学实验教师王会玲提供的关于离子反应的实验：稀硫酸与氢氧化钡溶液反应实质的研究。

（1）实验程序1：教师指导演示操作

【实验目的】通过观察电流表指针的偏转及溶液颜色的变化认识反应实质。

【实验原理】$Ba^{2+} + 2OH^- + 2H^+ + SO_4^{2-} = BaSO_4\downarrow + 2H_2O$

该反应属于酸碱中和反应，生成难溶性盐和水。

【实验过程】将两根碳棒插入滴有酚酞溶液的氢氧化钡溶液中，用导线与电流表（15V）、电池组（3V）连接形成闭合回路，然后向氢氧化钡溶液中逐滴滴加硫酸溶液。观察溶液颜色的变化及电流表指针的变化。

【实验结果】溶液由红色逐渐变为无色，电流表指针有小幅度不稳定偏转。

（2）实验程序2：学生分析该实验的缺点

生：只能看到溶液颜色的变化，电流计指针的变化幅度太小且变化很快，无法观察。

生：不能同时观察溶液变化和电流计指针变化。

生：有没有合适的电流计？我想记录电流计的数据。

生：用pH试纸（有人提议用pH计）测溶液的酸碱性更好。

生：连一小灯泡观察其明暗程度，比用电流计好。

生：反应前后溶液密度有没有变化？

（3）实验程序3：教师介绍数字化探究实验方法

【实验原理】数字化探究实验系统也称手持技术，主要由传感器（温度、电流、电压、pH、色度等）、数据采集器、计算机等硬件设施以及实验数据处理程序等软件构成。

【实验试剂】0.01mol/L的Ba（OH）$_2$溶液、0.2mol/L的H_2SO_4溶液、酚酞溶液。

【实验仪器】计算机、数据采集器、电导率传感器、微电流传感器、常温传感器、pH传感器、磁力搅拌器、酸式滴定管、电池组（3V）、导线、碳棒。

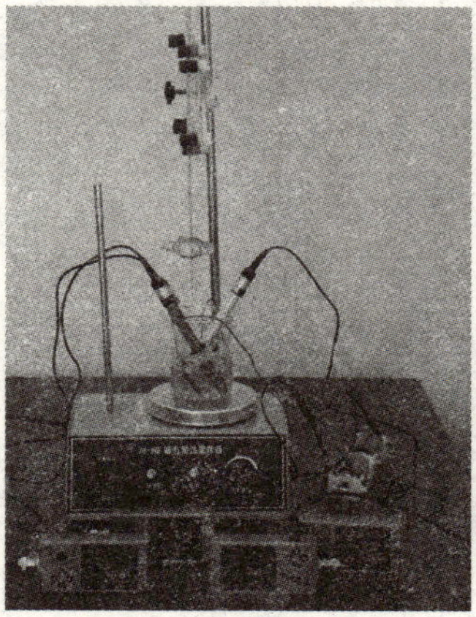
图1　实验装置图

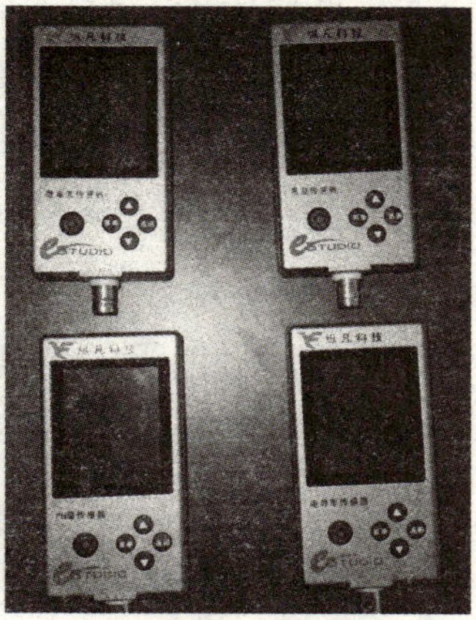
图2　四种传感器

【实验步骤】

①用量筒量取0.01mol/L的Ba（OH）$_2$溶液20mL，倒入100mL的小烧杯中，

滴入 2～3 滴酚酞溶液。往烧杯中放入一颗磁子，将烧杯放在磁力搅拌器上，用 50mL 酸式滴定管盛装 0.2mol/L 的 H_2SO_4 溶液。

②连接计算机与数据采集器，并打开计算机的“数字化实验室”页面。

③将选用的传感器插入 $Ba(OH)_2$ 溶液中，启动磁力搅拌器。

④启动数据采集，开始向 $Ba(OH)_2$ 溶液中滴加 H_2SO_4 溶液，控制滴加速度（使液体呈线状流出）。

⑤溶液颜色变为无色时，注意观察数值，如果接近不变，停止滴加及数据采集。保存数据文件并对图表进行简单处理。

（4）实验程序 4：学生设计实验方案

小组 1：离子浓度与导电能力有关系吗?

小组 2：能否测出整个反应过程中的电流，获得离子浓度与电流的关系。

小组 3：离子浓度与温度的变化关系是什么?

小组 4：该反应是中和反应，测其 pH，可知反应程度。

（5）实验程序 5：师生共同探讨合理的实验方案

①电解质溶液导电的原因是溶液中存在自由移动的离子。电导率的大小与溶液中离子的浓度有关。

②电源的电压一定时，电路中的电流大小与电解质溶液中的离子浓度有关。

③从能量变化角度考虑，化学反应总会伴随着能量的变化。

④溶液的酸碱性可由 pH 来反映。

（6）实验程序 6：学生进行实验探究

学生需要反复练习整个操作过程。

（7）实验程序 7：学生汇报探究结果

小组 1 获得下列图像：

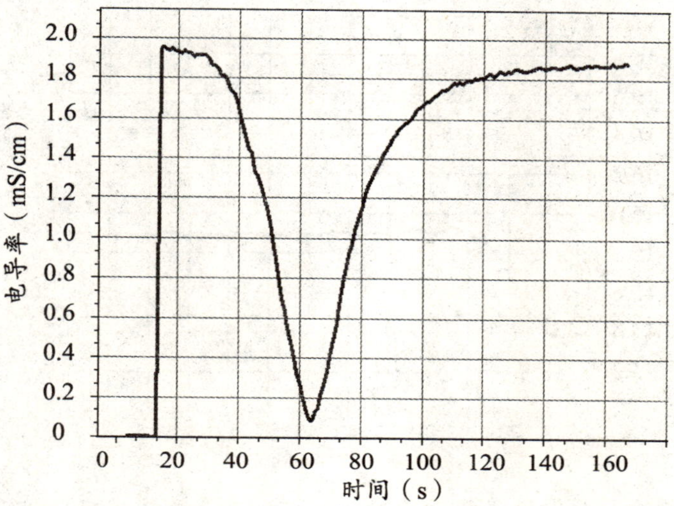

结论：通过图像很清楚地看出随着不断向氢氧化钡溶液中滴加硫酸，电导率先变小，变为最小后接着增大。

小组 2 获得下列图像：

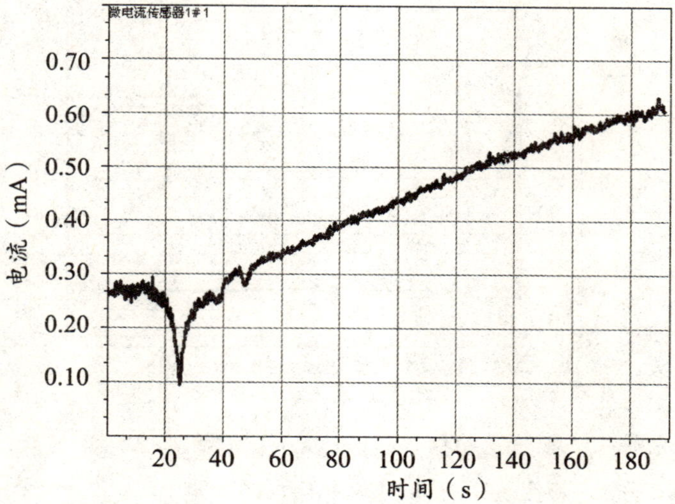

结论：电路中的电流先减小至最小，又逐渐增大；并且由此图像得出，起始电流小于 0.29mA。

小组 3 获得下列图像：

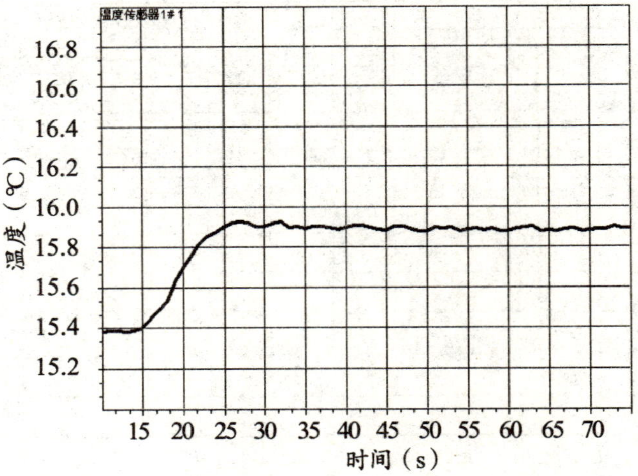

结论：反应的同时伴随着能量的变化，该反应是放热反应。该温度的变化值小于0.6℃。

小组4获得下列图像：

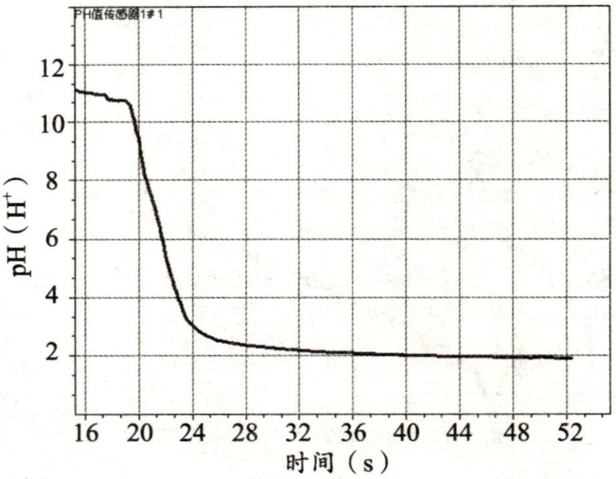

结论：随着滴入硫酸的量的增加，pH减小，并且产生滴定突跃。

（8）实验程序8：师生共同分析实验中存在的问题

能否同时完成该反应过程中电导率、电流、温度、pH的数据分析？

（9）实验程序9：实验方案拓展

将电导率传感器、微电流传感器、常温传感器、pH传感器一起插入溶液中，进行实验，获得下列图像：

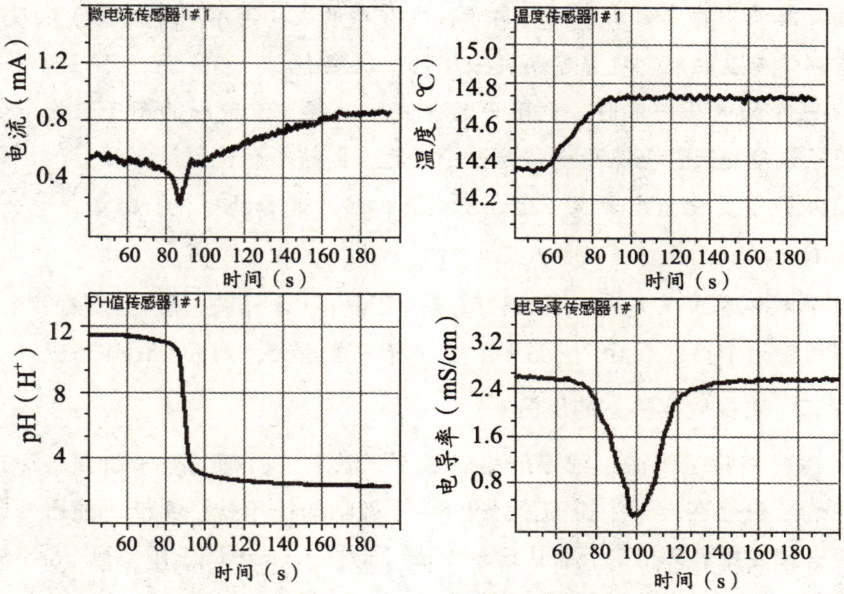

图像处理：将上面四组图叠放在同一图表中，获得如下效果：

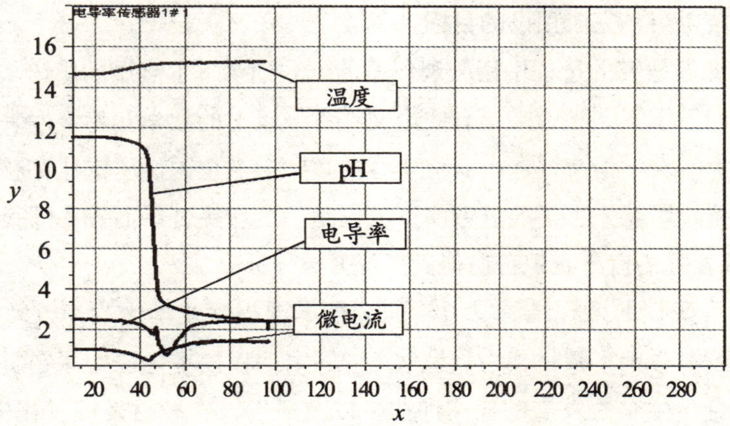

通过对上述图像的比较，不难发现：氢氧化钡与硫酸恰好完全反应时（在同一时刻），电导率降为最低、电流变为最小、温度升为最高、pH发生突跃。（注：通过多次实验，电导率的最低点总是滞后8秒左右，百思不得其解，有待进一步探索）

实验结论：

①从离子浓度的角度考虑，反应的实质是离子浓度降低。电解质溶液导电

的原因是溶液中存在自由移动的离子，电导率的大小与溶液中的离子浓度有关：溶液中离子浓度越大，电导率越大；反之，则越小。

②电源的电压一定时，电路中的电流与电解质溶液中的离子浓度有关：溶液中离子浓度越大，电路中电流越大；反之，则越小。

③从能量变化角度考虑，化学反应总伴随着能量的变化。随着反应的进行，温度逐渐升高，该反应是放热反应。

④从酸碱性角度考虑，溶液的酸碱性可由pH来反映。随着硫酸的加入，溶液由碱性变为中性，最后变为酸性。氢离子浓度增大，则pH减小。

（二）对探究实验室的反馈

1.探究实验室营造了浓厚的科研氛围，激发了教师的教学研究兴趣，他们更加明确了自己在教学中扮演的“角色”：教师的作用就是在活动前讲明实验的目的，合理安排各环节的教学内容和时间，最后引导学生得出结论，对个别实验失败的小组，在课下帮他们分析原因。在学生探究时，教师在各小组之间巡回指导，点拨但不包办，解惑但不给予结论。经过这样的研究，教师基本上都能做到在课堂上收放得当，完成预设的目标。

教师在课题研究的过程中用微观叙事的方式记录下了点滴的感悟与收获，并撰写了大量的教学案例和论文，有些论文在省级以上的教学刊物上发表，有些论文在省级以上的教学论文评选中获奖。有的教师参加全国优质课比赛获奖。有的教师说：不搞科研就失去了前进方向，仅仅是一个埋头苦干而效率却很低的“教书匠”。全校教师的科研意识普遍得到了提升。

2.优化了我校的课程结构。科学探究校本课程深受学生欢迎，教师们都大显身手，积极编写校本教材，为我校实施“国家课程校本化”的课题研究，构建多样化的适合学生个性发展的校本课程，以及研发校本教材发挥了积极的作用。目前，已编写完成的校本教材有《环保课堂》《生活中的化学》《实验化学》《化学实验仪器制作与创新设计》。

3.通过探究实验活动，学生的实验操作技能有了很大提高。在2011年全区高中学业水平测试实验考查中，我校学生的合格率达到100%。学生的创新意识和探究精神也得到了增强，基本学会了科学探究的基本方法。2011年5月，我校举办了第一届科技节，学生们踊跃参加，展示了校本课程的成果，有化学学科的喷泉实验、蔗糖焰火、土豆电池，有生物学科的解剖青蛙、自己培育的生态瓶中的小动物、自己制作的植物标本，还有根据力学原理用废旧报纸和纸板制作的纸桥等。在2012年元旦文艺汇演上，40名参加校本课程的学生代表表演了节目：校本课程展示——《多彩的世界》。学生将改装的仪器、自制的植物标本、会变色的花等搬到了舞台上，深深地吸引了台下观看的学生，也大大激发了他们进行实验探究的兴趣。

在丁华老师的指导下，我校的杜鹏程同学进行了“银川市湿地植物对水体氮磷去除效果的研究”，该研究项目于2011年8月在第26届全国青少年科技创新大赛中荣获三等奖，并获得“中鸣科技专项奖”。在第11届中国青少年机器人竞赛（宁夏赛区）中，我校虽然是第一次参赛，但也获得佳绩：丁强、马国强同学荣获“机器人游宁夏”高中组一等奖，赵宁宁、李亚刚同学荣获“机器人足球比赛”高中组二等奖。

在2012年3月份举行的第8届（天煌杯）全国优秀自制教具评选活动（宁夏赛区）中，我校教师和学生的获奖呈“井喷”趋势。

第八届（天煌杯）全国优秀自制教具评选活动中我校师生获奖情况

作品名称	作者	学科	获奖等次
手动共振演示仪	孙宇科老师	通用技术	一等奖并推荐
壳体结构的受力情况演示实验	马海艳老师	通用技术	二等奖
氯气性质实验装置	王会玲老师	化学	一等奖并推荐
多功能小台灯	苏瑞同学	通用技术	二等奖
换向器作用生态仪	李晓亚同学	通用技术	一等奖
多功能试管	杨岩、杜瑜同学	化学	一等奖并推荐
卤素单质氧化性比较实验装置改进	穆得虎同学	化学	一等奖
验证铜和稀硝酸反应的简易装置	杨洋同学	化学	二等奖
探究浓硝酸与碳的反应	杨彦云同学	化学	二等奖
验证铜与稀硝酸反应的简易装置	杨洋同学	化学	二等奖
氢氧化铁的制备	邓肖、王宁华同学	化学	二等奖
氢氧化铁的制备	寇鹏飞、李海婷同学	化学	二等奖
卤素单质氧化性强弱的比较	兰志发同学	化学	二等奖
验证铜和稀硝酸反应产物的实验设计	吴潇、李凌昊、孙彦丽同学	化学	三等奖
二氧化硫性质检验及倒吸实验	李小虎同学	化学	三等奖

（三）尚存在的问题及建议

虽然宁夏是我国实施高中新课程的第一批四个实验区之一，但是与发达省份相比，还有很大的差距。

1. 由于建设时间短，我校的地理探究实验室现在仅仅停留在学生参观学习、开拓视野的阶段，还没有开展真正意义上的探究学习，这是我们下一步的重点工作。

2. 在研究过程中，我们经常会遇到经费不足、缺乏实验器材的困惑，一方面我们希望得到同行的指点，另一方面我们也要珍惜器材和药品，发动学生寻找替代品，保证实验教学的顺利进行。

3. 在研究过程中，我们也遇到了因教育理念落后而制约教育观念的创新和科研能力的提高的现象，因此迫切需要教育界专家的关注、指导和引领，我们将不胜感激，也将会不懈努力！

案例三　自制教具的实践与思考

湖北省谷城县庙滩二中

农村初中的实验室大都是在普及九年义务教育阶段突击建设的，许多实验仪器只是按教科书的要求配置，不能满足学生探究学习的需要。目前许多农村学校因经费短缺，无力添置仪器，影响了探究学习的开展。为了克服实验条件不足给探究学习带来的窘境，我们发扬“坛坛罐罐当仪器，拼拼凑凑做实验”的勤俭办实验的精神，鼓励实验教师搜集实验材料和代用品，回收实验中的剩余药品和材料，进行反复使用，或者选用废旧材料及日常生活用品等易得物品，自己设计、自己动手制作教学仪器。这不仅是缓解农村中学经费紧张的一种方法，也是推动创新教育的一种有效方式。现略举几例与大家分享。

一、寻找生活替代品，让实验随时可做

在实验教学中，因缺少仪器或用原来的装置做效果差、不容易做成的实验，实验教师或学生都会想方设法自制或改进实验装置，争取好实验，提高教学效果和实验成功率。选用废旧材料和日常生活用品等用于实验，不仅节约了资源，更培养了学生的创新精神。

经过几年的教学实践，我们发现许多实验仪器都可以用生活用品或者废品替代，如表 1、表 2 所示。

表 1　可以替代实验仪器的废品

序号	生活中的替代品	实验仪器	备注
1	青霉素小药瓶	试管、集气瓶、烧杯、锥形瓶、广口瓶、试剂瓶、烧瓶	废弃物品
2	片剂药板	井穴板、试管	废弃物品
3	自行车气门芯（饮料吸管、圆珠笔芯等）	胶管、导管	废弃物品
4	矿泉水瓶	烧杯	废弃物品

（续表）

序号	生活中的替代品	实验仪器	备注
5	小酒杯	蒸发皿	废弃物品
6	一次性塑料碗或冰激凌盒	水槽	废弃物品
7	一次性输液管	导管	废弃物品
8	一次性注射器（各种型号）	滴管、量筒、漏斗等（各种型号）	废弃物品
9	鞋盒	药品、仪器储备橱箱	废弃物品
10	眼药水瓶	滴管、漏斗	废弃物品

表 2　可以替代实验药品的生活用品或者废品

序号	实验替代品	被替代的药品	备注
1	化肥	NH_4Cl / NH_4HCO_3	购买
2	电池	Zn/Cu/NH_4Cl/ 碳棒 /MnO_2	废弃物品
3	火柴	木条、红磷、$KClO_3$	购买
4	药用硫磺	S	购买
5	灯泡钨丝	W	废弃物品
6	食盐	NaCl	购买
7	白醋	CH_3COOH	购买
8	牙膏壳（香烟锡箔）	Sn	废弃物品
9	铁钉 / 细铁丝 / 清洁球	Fe	废弃物品
10	铝导线	Al	废弃物品
11	金属保险丝	P	废弃物品
12	石灰石 / 大理石 / 鸡蛋壳	$CaCO_3$	采集
13	食用菜油	植物油	购买
14	蔗糖	白糖	购买
15	蜡烛	石蜡	购买
16	医用双氧水	H_2O_2	购买
17	纯碱 / 小苏打	Na_2CO_3/$NaHCO_3$	购买
18	植物花蕊	指示剂	自制
19	生石灰	氧化钙	购买
20	熟石灰	氢氧化钙	购买

寻找实验替代品的好处还有：第一，让学生对科学有一种亲近感，感觉科

学并不神秘，就在自己身旁；第二，有利于调动学生的学习积极性，激发他们进行实验探究的热情，增强他们的实验操作能力；第三，用生活替代品进行实验，可以重现生活情景，让学生认识到科学与生活间的联系，感到生活中处处有科学；第四，替代品都是价格低廉的，随时随地都可取用，能节约费用。

二、加强软件建设，全面培养学生

以参加教育部重点课题“中小学科学探究学习与创新人才培养实验研究”的子课题“支持探究学习的实验条件建设与管理研究”为重要契机，我校成立了以校长为总负责人，由理化生各科科任教师组成的课题研究小组。在开展课题研究的过程中，课题小组积极组织理化生教师参加省、市、县各级教研室组织的各类关于探究学习理论的培训，学习有关探究学习的理论文章，加深了他们对探究学习教学理念的认同程度和理解程度。同时，在课题研究过程中，我校鼓励教师们参加和观摩各种优质课、示范课、培训课、研讨课，这些课例中，不乏优秀的课堂探究学习案例，大大提高了教师在课堂上指导探究学习的技能。

为了寻找更加丰富的探究素材，一方面我校教师根据教材提供的情境素材，挖掘探究实验内容，提出更深层次的问题，引导学生进行实验探究，另一方面，鼓励学生结合生活中的现象，提出研究问题，在教师的指导下开展探究学习。

在探究实验室的建设过程中，我校十分重视研究资料的收集和整理，目前已经汇编了多本内容丰富的探究案例集。其中，教师层面的有《教师实验探究案例集》《教师探究论文集》等，学生层面的有《学生实验探究报告集》《学生论文集》《学生自制实验仪器汇集》等。

环境氛围对学生有潜移默化的影响，对学生有启迪和教育作用。鉴于此，我校非常重视实验室的环境文化建设，本着“低投入，高收效”的原则，营造了高标准的实验室教学环境：每个实验室的台椅、窗帘等都充分考虑了颜色的搭配，在墙上悬挂相关名人的画像或名言等，让师生每次进入实验室都能在环境的熏陶下自觉学习、操作、探索、求知。

三、开展实验创新，让实验不再难做

开展探究学习不能为探究而探究，而应侧重于为适合探究的单元、课题找到问题的切入点，还可以侧重于实验仪器和药品的改进，更可以侧重于实验设计的创新和仪器的创新。

教师应和学生一道担负起探究的重任，应该身先士率，身体力行。一个有着钻研精神的教师，其创新意识与创新实践会对学生产生潜移默化的影响。本着方案易行、操作简单、直观简洁、现象明显的革新原则，我校胡家耀、胡世周老师通过多年的摸索和实践,对许多演示实验进行了大胆的改进。胡家耀老师的《空气中氧气含量的测定实验改进》《粉尘爆炸实验装置的改进》和胡世周老师的《植物水分运输的实验改进》分别在襄阳市实验创新大赛中获得一等奖。

人教版、鲁教版、沪教版等中学科学教科书中，对化学反应中的吸热和放热现象都有表述。但初中教科书中只有放热反应实验，没有吸热反应实验，且放热反应只能用手触摸感受，现象不明显，只能满足少数学生的学习需要；高中教科书中选用 $Ba(OH)_2 \cdot 8H_2O$ 与 NH_4Cl 的反应作为吸热反应的研究对象，该实验采用小烧杯盛装药品，导致的污染问题未能得到有效处理。胡家耀老师截去一次性输液管滴斗下端的滴管，把滴管剩余部分制成了温度变化感应球；将温度感应球从橡胶塞较细端插入，并和 U 形管连接好，用蜡密封；将铁丝制成搅拌棒，棒柄从橡胶塞较细端插入，同时从橡胶塞较粗端插入绑有气球的玻璃管，所插入的仪器尽量密封；用滴管向 U 形管内加注准备好的有色液体，调节好液面（如图 1）。

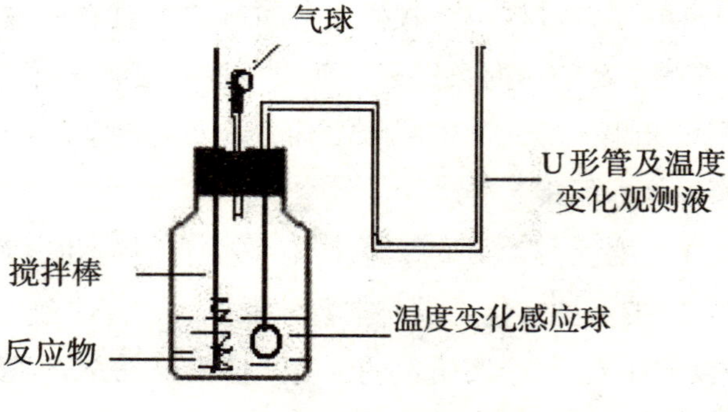

图 1　化学反应吸、放热检测装置

该实验用广口瓶作反应容器，在瓶口上方安装了一个气球与广口瓶内相通，可以避免气体冲塞现象。采用 U 形管和输液管的滴斗作为吸热和放热检验装置，既安全，取材又方便。在做演示实验时，也可以去掉输液管的滴斗，在 U 形管中装入酚酞溶液，通过左右端液面的变化反映该反应吸收热量，同时还可以检验和吸收氧气，有效防止氨气污染环境。该装置能有效地反映化学反应及物质溶解时的吸热和放热现象，让学生在学习物质溶解或化学反应的吸热和放热时得心应手，不再有畏难情绪。

四、自制教学仪器，引领学生创新

水的电解实验主要有3个方面的教学功能：①通过电解水产生氢气和氧气的事实，引导学生认识水是由氢元素和氧元素构成的；②从生成氢气和氧气的体积比为2∶1的实验结果，得出每个水分子是由2个氢原子和1个氧原子构成的；③引导学生认识化学反应的实质是分子的化分和原子的重新组合。因此，教学本实验时，必须成功地检验出水电解后得到的是氢气和氧气，且氢气和氧气的体积比为2∶1。但长期以来，教师按教科书上图示的方法操作，往往得不到理想的实验效果：一方面气体检验的操作不方便，实验现象不明显；另一方面正负极气体体积比不等于1∶2，而只能靠教师讲解。同时，按教科书的图示进行实验，向试管内加入含有NaOH的电解液及电解后进行气体产物检验时，手要直接与含有NaOH的电解液接触，导致手被腐蚀，如果戴橡皮手套，操作又极不方便，即使有的学校用霍夫曼电解仪，也同样有很多不便（新教科书将霍夫曼电解仪换掉了）。另外，很多实验室没有配备教科书中所用的装置，需要教师们自己设计研制。

针对上述问题，我们利用身边的废弃物（3支废弃的注射器）设计了新的电解水装置，如图2所示。该装置不仅操作方便、简单，而且避免了手与电解液的直接接触，使实验过程更安全，实验现象更明显，能帮助教师轻松地引导学生从化学反应的事实中认识水的组成，推导水分子的构成，为书写水电解后生成氢气和氧气的化学方程式提供有力的支持。除此之外，我们还设计了“万能拼图”，即将实验装置图复印后在背部贴上软磁条，教学中根据需要进行拼装组合，使实验教学、实验复习课更直观。

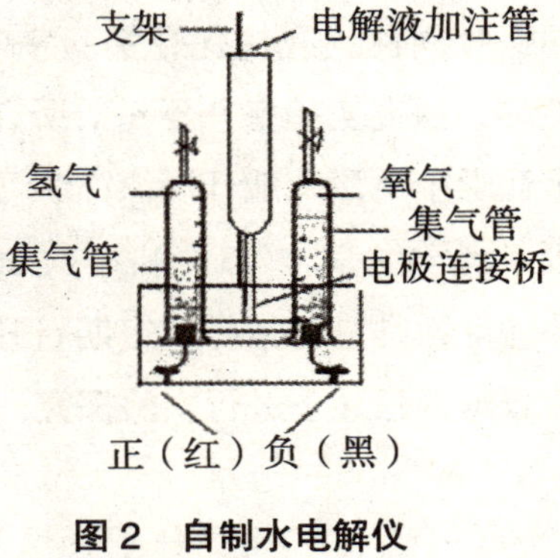

图2　自制水电解仪

五、加强管理，保障实验室的正常运行

我校十分重视实验室的管理工作。生化探究实验室有一名专职实验员，负责实验室的日常管理工作，平时利用实验室开展实验教学的过程中，任课教师与实验员积极主动地配合，共同维护实验教学的正常进行。

为了让探究实验室的管理有章可循，我校制订了《实验室管理制度》《实验员职责》《实验室规则》《××中学理化生实验室使用与管理办法》等规章制度，并悬挂在实验室和保管室的显著位置，要求实验员及相关人员严格遵守。

在仪器、药品等的管理方面，我校将所有仪器分类存放，定橱、定位，并贴有存储卡，做完实验，实验员及时对使用过的仪器进行检查、保养。另外，实验室还设立了账册，在使用实验室的过程中要做到账账相符、账物相符。我校还根据自身的特点及实际情况，设计了《实验计划》《仪器购置记录》《演示、分组实验通知单》《分组实验记录》《仪器损坏记录》《仪器维修记录》《借物记录》等一整套表格，用于实验室平时的管理。

此外，我校积极整理在期中、期末、统考、升学、竞赛等各类考试中有关实验的试题、试卷分析等资料。对于教师和学生自制的教具、改进的实验装置，也都专门存放，在每届新生面前进行展示，并告诉他们实验室就是他们施展创新才能的场所。我校将这些宝贵的经验收集起来并撰写了相关的论文，按学年分类归档，给以后的实验教学与研究留下了宝贵的资料。

在完成教学任务之后，为了进一步支持学生的课外探究学习，体现实验室的探究内涵，我校探究实验室对学生开放。但是，考虑到安全以及学习的有效性等，探究实验室并不是对所有学生无条件开放，而是有计划有目的地开放。为了让学生更深入地开展探究学习，学校成立了学生专题探究实验中心小组，每个班 5 名学生参加，6 个班一共 30 名学生。把这 30 名学生分成 3 个小组，由专门的任课教师进行指导，定期召开会议，布置任务，学生自主设计实验方案，然后在教师的指导下进行实验探究。

六、收获与启示

1. 自制教具，促进了教师的专业化发展

自制教具，广泛开展探究式教学，使大家认识到了教师不仅是科学知识的传授者，更是科学的倡导者、环境保护的积极实施者。教师应让科学知识从试题、试卷上变成与生活息息相关的内容，从笔墨纸砚变成学生亲自动手的活动内容，让学生对科学知识和科学方法产生浓厚的兴趣。现在我校教师在备课和授课上，更加注重自制教具和实验创新，处处渗透着创新的思想。2011 年 9 月，全县初中化学“探究性学习”研讨会暨阶段性成果交流会在谷伯中学举行，胡家耀老师代表课题组作了报告《指导学生实施探究学习，促进学生科学素质的提高》，引起了与会教师的强烈反响，受到高度赞扬。同时，胡家耀老师也由一名普通教师成长为襄阳市的名教师、市县讲师团的成员，多次为本地区的教师主讲培训课。

2. 实验创新激发了学生对科学的兴趣

实验仪器和实验教学的创新，促进了探究式教学的开展和学生各方面能力的发展，无论是教师还是学生，创新意识都大大增强。学生的学习态度明显改善，科学精神得到培养，学习方法和学习效果均发生了显著的改化。特别是参加了课题研究实验班的学生，他们基本养成了主动学习、自主探究、独立思考、分工协作的良好学习习惯。

在 2009 年 4 月和 2011 年 4 月举行的全市青少年科技创新大赛成果展示会上，我校从学生探究的几十个典型案例中选取的 4 个专题——《探究眼镜框上的绿色物质之谜》《研究“影响电流做功因素”实验的改进》《调查汉江水质，做母亲河的小卫士》和《探究蜡烛火焰熄灭之谜》，经过现场演示、评委质疑等环节，最后获得好评。不少学生写下了感慨：“学校实验室就像一个巨大的超市，我们在这里尽情地探究，享受无限的乐趣！”“科学有路，实验为主。科学无涯，实验探究。”“在实验中我了解了科学，在探究中我懂得了科学。我要用探究棒撬开科学之门！”

3. 研制出了一批低值易耗实验仪器，丰富了课题研究的内涵

在理解演示实验原理的基础上，课题组教师大胆创新，自制了一批低值易耗教具，这样既可有效缓解学校仪器紧张的状况，让实验教学顺利进行，又可以

培养师生的创新思维和实践能力，是激发学生学习兴趣的一种有效手段。新教材对实验的要求提高了，更加重视对学生动手能力的培养，教师要对新教材的相关实验做配套准备，鼓励学生创造性地完成实验，对于学生自制的仪器、自己收集的药品，经审察，如果安全可靠，可以允许学生带入实验室，并在老师的指导下完成实验。这样可以充分调动学生做实验的积极性，培养学生动手动脑的能力，而且，自制教具还可以丰富实验教学资源。

案例四　北京市第二中学环境科学检测中心的建设

北京市第二中学

一、建设背景

新时代的教育理念提倡人才在创新中发展，在实践中探索，北京二中作为示范高中，走在前列责无旁贷。新课程标准特别强调培养学生的科学素养，要求让学生掌握科学探究的方法，发展创新思维的能力，养成实事求是的科学态度。化学是一门以实验为基础的自然科学。我国著名化学家戴安邦指出："只传授化学知识和技术的化学教育是片面的，全面的化学教育要求既传授化学知识和技巧，又训练科学方法与思维，还培养科学精神和品德。学生在化学实验中是学习的主体，在教师指导下进行实验，用实验解决化学问题，使各项智力皆得到发展。"这要求我们除了进行课堂实验教学外，还要倡导学生配合课内学习，在课外开展力所能及的化学小实验和解释生活、生产中的某些化学现象的活动。对于北京二中这样一所传统优良、资源丰厚的名校，更需要建立一些特色实验室来满足这种需求。

我们拟建设的环境科学检测中心，研究对象为对人类有害的各种物质，主要是大气、水、食品、化妆品等中所含的污染物，力求通过对各种污染物的测量及对其影响因素的调查等，提高学生的科学素养。它的建立，将有利于开展选修课和研究性学习。组织学生开展对各种污染物的监测以及调查影响污染物的因素等活动，能让学生了解科学研究的严密性并体验科学研究的全过程，培养他们实事求是的科学态度，激发他们不断探究的兴趣，提高他们的科学素养，还可以培养他们运用化学原理积极思维，逐步提高分析问题和解决问题的能力。

二、预期效益

1. 环境与每个人的身心健康密不可分，对各种污染物的研究可以让学生从小树立良好的环保意识。

2. 现代教育需要研究型教师，以培养学生的科学素养。高学历的教师队伍具备一定的研究能力，对各种污染物的研究既能让教师的科研能力得以发挥，又能培养学生的实践能力和科学素养。

3. 此项目可做成科技教育校本教材，可以推广到东城区乃至全北京市的各个中小学。

4. 数据库可为社区市民提供小范围的环境（水、大气）、食品、化妆品等质量的查询服务，同时也可以为社会特殊群体提供与环境有关的健康咨询服务。

三、工作内容

工作主要分为两个阶段：

第一阶段：

① 利用我校现有设施和拟引进的设施带领学生开展各种污染物的监测工作。

② 组织学生查阅资料了解影响各种污染物含量的因素。

③ 带领学生实地调查当地影响各种污染物含量的因素。

④ 结合得到的各种污染物的检测数据和影响污染物含量的因素等调查结果，研究有效的防治方法和改善措施。

⑤ 此项目可以形成成熟的科技教育校本教材，可作为展示北京二中教育新理念的窗口向全市推广。

第二阶段：

① 利用便携仪器对社会特殊群体（如学生、交警、出租车司机等）的生活、工作环境开展跟踪监测，研究环境与人体健康（特殊人群）的关系。为特殊人群的健康提出一些建议。

② 学生持续开展此项环境监测活动，得到的大量数据可以建成数据库，为社区市民提供小范围的环境质量查询服务，也可以为特殊人群提供与环境有关的健康咨询服务。

四、实施条件

北京二中是一所历史悠久的名校，也是北京市首批高中示范校，学校具有较完备的软、硬件基础，可以为开展科研活动提供保障。

（一）基础条件

现有的化学实验室有二氧化碳、甲醛等气体检测传感器，相关教师曾经带领学生开展过一些环境监测工作，如二氧化碳、甲醛的监测工作等。

（二）人员条件

学校有高素质的教师队伍，他们中的大多数拥有硕士、博士学历，并受过专业科研训练，这为此项目的顺利开展提供了人力保证。

此项目的参与人员主要为北京二中的在职化学、地理、计算机教师，其中博士 1 人、硕士（含同等学力）10 余人。另外，根据需要可以与国家气象局、清华大学、北京大学、北京师范大学等机构和高校合作，请相关专家指导。

项目实施负责人员：杨晓琳。

五、建设目标及内容

建设总目标：

检测中心建成以后，能够利用紫外—可见分光光度计、原子吸收分光光度计测量各种微量物质的浓度；可以分别独立开设各种选修课和进行研究性学习，还可以用于课堂教学，对课堂内容进行适当延伸，提高学生的科学素养，体现新课程的精神；力争将此实验室建成开放式实验室，常年循环开课，所测结果建成数据库，向社区和有关部门提供水质、化妆品、食品等的质量报告；让部分有志于从事科学研究的同学和教师开展科研活动；将建设网站，并将测量结果整理成气象数据库、水质数据库、食品化妆品数据库等，作为重要的数据资源提供给社区和有关部门。拟建设的实验室共 7 间，包括：综合实验室（1 间），紫外—可见分光光度计实验室（1 间），原子吸收分光光度室（1 间），研讨室（1 间），室外环境检测室（1 间），室内环境检测室（1 间），食品 / 日用品检测室（1 间）。

（一）综合实验室

1. 综合实验室的功能

（1）主要是综合实验、设计实验和研究实验的操作场所。

（2）也可以为其他实验室提供服务，前期实验准备均在此完成，然后到其他实验室做检测。

（3）配有两个通风橱，可以作一般的探究室使用，也可以进行有毒物质的性质研究。

2. 环境设计

（1）面积：20 平方米左右。

（2）照明：自然光及辅助照明，安装窗帘。

（3）通风条件：采用自然通风及排气扇强制排气，装备有两个通风橱。

（4）噪声控制：室内环境噪声应低于 55 分贝。

（5）温度：室内温度以不高于 30℃为宜，室温过高宜采用空调降温。

（6）装饰：墙体至少打磨三遍，找平，然后用环保漆至少刷三遍，墙体颜色以米黄色为主体，地面配浅灰色地胶，三面配展板。

（7）供水指标：供水水压不低于 2×10^5Pa。

（8）供电指标：执行教育部《中小学理科实验室装备规范》标准。

（9）安全条件：配备防火、防盗等安全设备。

（10）环保：所用材料均符合相关标准中的限量值，尽量避免甲醛、苯、氡等有害气体和放射性污染产生。

（11）准备室里设有两个独立的通风橱，方便进行有毒物质的性质研究。

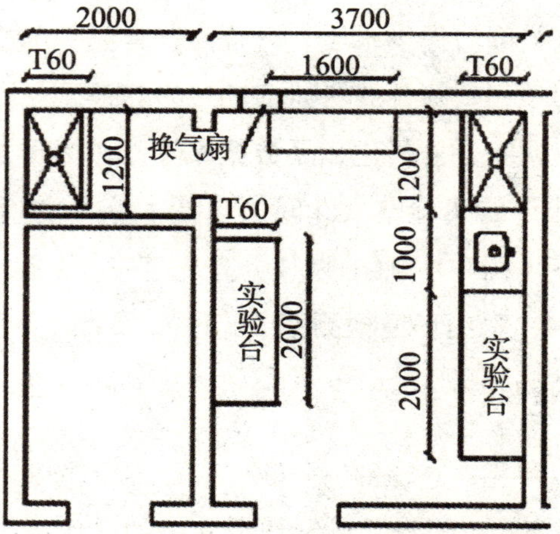

综合实验室示意图

3. 综合实验室设备目录

序号	设备名称	规格要求	数量	单位
1	实验台	750W × 850H	1	张
2	边台	1500mm × 500mm × 850mm	1	张
3	水箱柜	1000mm × 750mm × 850mm	1	张
4	全钢通风橱	1200mm × 750mm × 2400mm	2	套
5	斜流风机	3 #	2	套
6	PP 水槽及三联水嘴	550mm × 450mm × 300mm	2	套
7	开关及控制系统	符合施工规范	2	套
8	通风管道	∮ 200mm 优质 PVC 管道	2	米
9	电源插座	3C 认证产品	8	个
10	给排水管道安装	符合施工规范	1	套
11	插座引线安装	符合施工规范	8	套
12	换气扇及控制开关	符合施工规范	1	套
13	网络信息口		2	个
14	椅子	可升降	4	张
15	电子分析天平	精度 0.0001g	1	台
16	笔记本电脑		3	台
17	超声波清洗器		1	台
18	仪器、药品		1	批

（二）紫外—可见分光光度计实验室

1. 实验室的功能

此实验室对教师、学生的基础知识要求很高。它可用于测量水、大气中的各种常见污染物，甚至可以测量一些化妆品、食品里的微量元素，目前它主要用于水质分析。该实验室也用于教学，一方面中学涉及显色反应的实验很多，另一方面新课程也要求学生对先进仪器有所了解。还可利用该实验室开设各种选修课，进行研究性学习，部分有志于从事科学研究的同学和教师也可以在此开展科研活动。

2. 环境设计

（1）面积：15 平方米左右。

（2）照明：自然光及辅助照明，安装窗帘。

（3）通风条件：采用自然通风及排气扇强制排气。

（4）噪声控制：室内环境噪声应低于 55 分贝。

（5）温度：室内温度以不高于 30℃为宜，室温过高宜采用空调降温。

（6）装饰：墙体至少打磨三遍，找平，然后用环保漆至少刷三遍，墙体颜色以米黄色为主体，地面配浅灰色地胶，三面配展板。

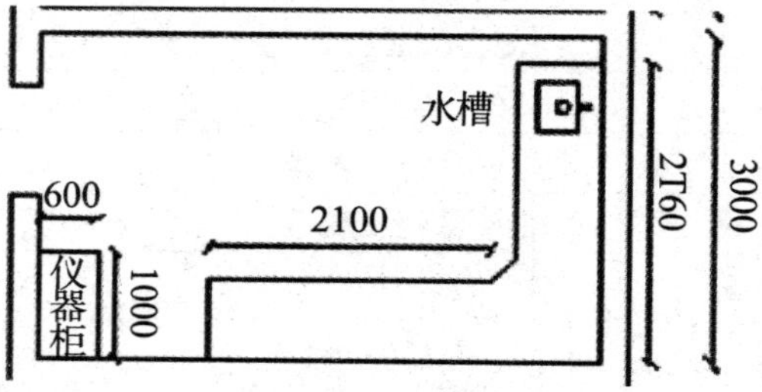

紫外—可见分光光度计实验室示意图

（7）供水指标：供水水压不低于 2×10^5Pa。

（8）供电指标：执行教育部《中小学理科实验室装备规范》标准。

（9）安全条件：配备防火、防盗等安全设备。

（10）环保：所用材料均符合相关标准中的限量值，尽量避免甲醛、苯、氡等有害气体和放射性污染产生。

3. 设备目录

序号	设备名称	规格要求	数量	单位
1	边台（含角柜）	750W × 850H	1	套
2	仪器柜（组合）	1000mm × 500mm × 2000mm	1	个
3	PP 水槽	550mm × 450mm × 300mm	1	套
4	三联水嘴	要求同实验室（一）	1	套
5	给排水管道安装	要求同实验室（一）	1	套
6	电源插座	要求同实验室（一）	8	个
7	插座引线安装	要求同实验室（一）	8	套

（续表）

序号	设备名称	规格要求	数量	单位
8	换气扇及控制开关	要求同实验室（一）	1	套
9	椅子	可升降	4	张
10	紫外—可见分光光度计		1	套
11	多参数分光光度计		1	套
12	计算机		1	台
13	打印机	HP LaserJet 1020 Plus	1	台

（三）原子吸收分光光度室

1. 原子吸收分光光度室的功能

此实验室对教师、学生的基础知识要求很高。可以进行重金属的微量及痕量检测，能够测量水中各种常见重金属离子的浓度，甚至可以测量一些化妆品、食品里重金属离子的浓度。可利用该实验室开设各种选修课和进行研究性学习，让学生对先进仪器有所了解，有志于从事科学研究的同学和教师可以在此开展科研活动。

2. 环境设计

（1）面积：15 平方米左右。

（2）照明：自然光及辅助照明，安装窗帘。

（3）通风条件：排气扇强制排气。

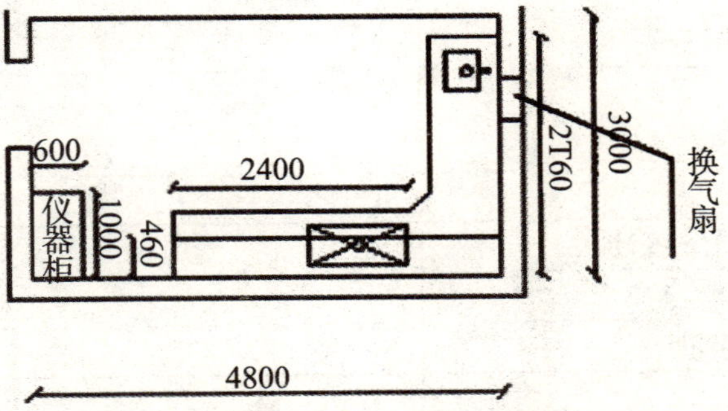

原子吸收分光光度室示意图

（4）噪声控制：室内环境噪声应低于 55 分贝。

（5）温度：室内温度以不高于 30℃为宜，室温过高宜采用空调降温。

（6）装饰：墙体至少打磨三遍，找平，然后用环保漆至少刷三遍，墙体颜色以米黄色为主，地面配浅灰色地胶，三面配展板。

（7）供水指标：供水水压不低于 2×10^5Pa。

（8）供电要求：主机、计算机、打印机电源为单相交流 220V、50Hz、500V·A；空气压缩机电源为单相交流 220V、50Hz、240V·A；石墨炉电源为单相交流 220V、50Hz、12000V·A；接地线；主机与空气压缩机电源要分开。

（9）安全条件：配备防火、防盗等安全设备。

（10）环保：所用材料均符合相关标准中的限量值，尽量避免甲醛、苯、氡等有害气体和放射性污染产生。

3. 原子吸收分光光度室设备目录

序号	设备名称	规格要求	数量	单位
1	边台（含角柜）	750W × 850H	1	组
2	仪器柜（组合）	1000mm × 500mm × 2000mm	1	个
3	吊柜（组合）	3000mm × 450mm × 600mm	1	组
4	PP 水槽	550mm × 450mm × 300mm	1	套
5	三联水嘴		1	套
6	给排水管道安装		1	套
7	吸风罩	1000mm × 400mm × 250mm	1	套
8	斜流风机	3 #	1	套
9	开关及控制系统		1	套
10	通风管道	∮ 200mm	2	米
11	换气扇及控制开关		1	套
12	电源插座	五孔	8	个
13	插座引线安装		8	套
14	椅子	可升降	4	张
15	原子吸收分光光度计		1	套
16	稳压电源系统		1	套
17	单元素标准溶液		1	批
18	元素灯		1	批
19	计算机		1	台
20	打印机		1	台

（四）研讨室

1. 研讨室的功能

研讨室主要是研究活动过程中讨论和交流的场所，以及整个检测中心的资料室及档案库。

2. 环境设计

（1）面积：15 平方米左右。

（2）照明：自然光及辅助照明，安装窗帘。

（3）通风条件：采用自然通风及强制排气。

（4）噪声控制：室内环境噪声应低于 40 分贝。

（5）温度：室内温度以不高于 30℃为宜，室温过高宜采用空调降温。

（6）装饰：墙体至少打磨三遍，找平，然后用环保漆至少刷三遍，墙体颜色以米黄色为主体，地面配浅灰色地胶，三面配展板。

（7）供水指标：无供水系统。

（8）供电指标：执行教育部《中小学理科实验室装备规范》标准。

（9）安全条件：配备防火、防盗等安全设备。

（10）环保：所用材料均符合相关标准中的限量值，尽量避免甲醛、苯、氡等有害气体和放射性污染产生。

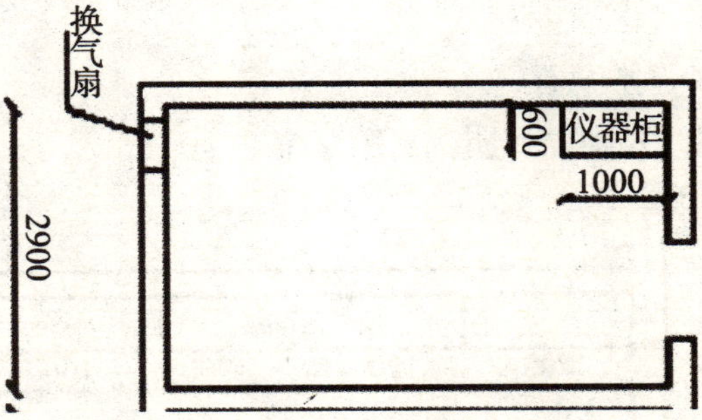

研讨室示意图

3. 研讨室设备目录

序号	设备名称	规格要求	数量	单位
1	仪器柜（组合）	1000mm × 500mm × 2000mm	1	组
2	网络信息口		2	个
3	电源插座	配二、三孔电源插座	2	对
4	电源	执行教育部《中小学理科实验室装备规范》标准	1	套
5	投影机	3M EX20D 及屏幕	1	台
6	椅子	可升降	8	张
7	会议桌	1.2m × 2m	1	套

（五）室外环境检测室

1. 室外环境检测室的功能

此实验室配备了宏观环境检测仪器（数字式气象站、汽车尾气检测仪、粉尘连续测试、二氧化碳传感器、氧气传感器、环境水质检测套装等）。此实验室可以为学生进一步研究环境状况提供必需的设备支持，可以在此开设与室外环境相关的各种选修课和进行研究性学习。测量结果可用于向学校、社区提供气象日报，或者建设气象网站，将测量结果整理成数据库，作为重要的数据资源提供给社区和有关部门。

2. 环境设计

（1）面积：15 平方米左右。

（2）照明：自然光及辅助照明，安装窗帘。

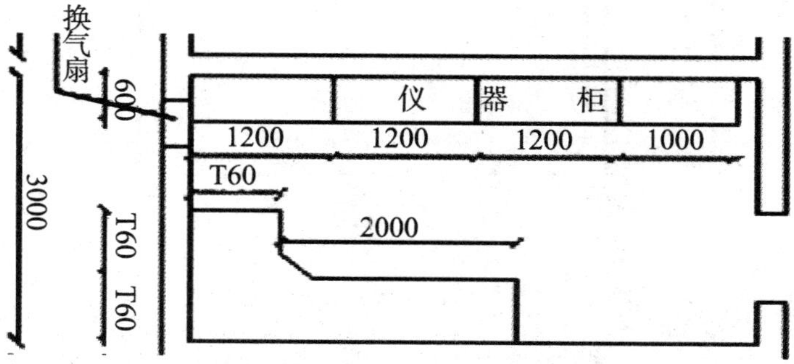

室外环境检测室示意图

（3）通风条件：采用自然通风及排气扇强制排气。

（4）噪声控制：室内环境噪声应低于 55 分贝。

（5）温度：室内温度以不高于 30℃为宜，室温过高宜采用空调降温。

（6）装饰：墙体至少打磨三遍，找平，然后用环保漆至少刷三遍，墙体颜色以米黄色为主，地面配浅灰色地胶，三面配展板。

（7）供水指标：无供水系统。

（8）供电指标：执行教育部《中小学理科实验室装备规范》标准。

（9）安全条件：配备防火、防盗等安全设备。

（10）环保：所用材料均符合相关标准中的限量值，尽量避免甲醛、苯、氡等有害气体和放射性污染产生。

3. 室外环境检测室设备目录

序号	设备名称	规格要求	数量	单位	备注
1	实验台	750W × 850H	1	张	防酸碱理化板料面，L 形设计
2	仪器柜		2	组	
3	网络信息口		2	个	
4	电源插座	配二、三孔电源插座	2	对	
5	电源	执行教育部《中小学理科实验室装备规范》标准	1	套	
6	椅子	可升降	4	张	
7	数字式气象站	6 组数据	1	套	
8	汽车尾气检测仪	3 组分析	1	套	
9	粉尘连续测试仪	PC-3A	1	套	
10	氧气传感器		2	套	
11	CO_2 传感器		2	套	
12	空气泵		1	套	
13	环境水质检测套装		1	套	

（六）室内环境检测室

1. 室内环境检测室的功能

人每天有 80% 左右的时间在室内环境中活动，室内环境安全与否，直接关系到人类自身的健康，室内环境污染已经成为国家、政府、企业和消费者关注的一大热点问题。本实验室重点从室内环境检测入手，帮助学生理解和掌握一些检测手段，认识室内环境污染带来的危害，从而普及室内环境知识，提高学生对室内环境的认知度。

2. 环境设计

（1）面积：15 平方米左右。

（2）照明：自然光及辅助照明，安装窗帘。

（3）通风条件：采用自然通风及排气扇强制排气。

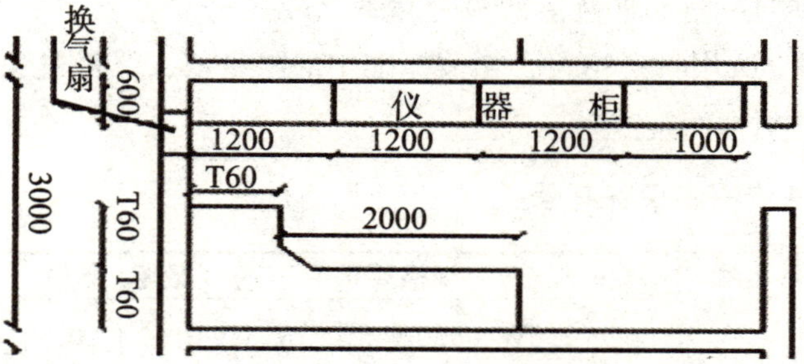

室内环境检测室示意图

（4）噪声控制：室内环境噪声应低于 55 分贝。

（5）温度：室内温度以不高于 30℃为宜，室温过高宜采用空调降温。

（6）装饰：墙体至少打磨三遍，找平，然后用环保漆至少刷三遍，墙体颜色以米黄色为主体，地面配浅灰色地胶，三面配展板。

（7）供水指标：无供水系统。

（8）供电指标：执行教育部《中小学理科实验室装备规范》标准。

（9）安全条件：配备防火、防盗等安全设备。

（10）环保：所用材料均符合相关标准中的限量值，尽量避免甲醛、苯、氡等有害气体和放射性污染产生。

3. 室内环境检测室设备目录

序号	设备名称	规格要求	数量	单位
1	边台（含角柜）	750W × 850H	1	组
2	仪器柜（组合）	1000mm × 500mm × 2000mm	1	个
3	仪器柜（组合）	1200mm × 500mm × 2000mm	3	个

（续表）

序号	设备名称	规格要求	数量	单位
4	电源插座	五孔	4	个
5	插座引线安装		4	套
6	换气扇及控制开关		1	套
7	气体检测套装		1	套
8	数字式声级计		1	台
9	大气采样器	QC-2C	1	台
10	五合一气体检测仪		1	台
11	传感器		6	套

（七）食品/日用品检测室

1. 食品／日用品检测室的功能

食品和日用品直接关系到人们的切身利益，社会关注度极高，此检测室可简易、快速测量食品中残留农药、亚硝酸盐、亚硫酸盐、蛋白质、甲醛、吊白块的浓度，也可检测日用品中各种元素的含量，可用于开设各种选修课和进行研究性学习，提高学生的科学素养。此实验室常年循环开课，可以将所测结果建成数据库，向社区和有关部门提供相关食品的质量报告。

2. 环境设计

（1）面积：15 平方米左右。

（2）照明：自然光及辅助照明，安装窗帘。

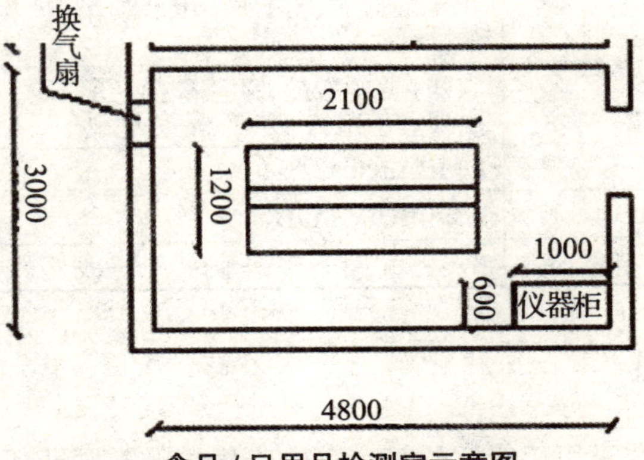

食品／日用品检测室示意图

（3）通风条件：采用自然通风及排气扇强制排气。

（4）噪声控制：室内环境噪声应低于 55 分贝。

（5）温度：室内温度以不高于 30℃为宜，室温过高宜采用空调降温。

（6）装饰：墙体至少打磨三遍，找平，然后用环保漆至少刷三遍，墙体颜色以米黄色为主体，地面配浅灰色地胶，三面配展板。

（7）供水指标：无供水系统。

（8）供电指标：执行教育部《中小学理科实验室装备规范》标准。

（9）安全条件：配备防火、防盗等安全设备。

（10）环保：所用材料均符合相关标准中的限量值，尽量避免甲醛、苯、氡等有害气体和放射性污染产生。

3. 食品／日用品检测室设备目录

序号	设备名称	规格要求	数量	单位
1	中央实验台	2400mm × 1200mm × 850mm	1	张
2	中央台试剂架	2400mm × 220mm × 470mm	1	个
3	仪器柜（组合）	1000mm × 500mm × 2000mm	1	个
4	电源插座	五孔	8	个
5	插座引线安装		8	套
6	换气扇及控制开关		1	套
7	椅子	可升降	4	张
8	pH 计	0 ～ 14	1	台
9	六合一食品安全快速检测仪	测量食品中残留农药、亚硝酸盐、亚硫酸盐、蛋白质、甲醛、吊白块的浓度	1	台
10	检测试剂	农残、亚硝酸盐、亚硫酸盐、蛋白质、甲醛、吊白块	1	批
11	数码显微镜	DMBA300-C	1	台
12	冰箱	新飞 BCD-159D	1	台
13	微波炉		1	台

六、软件建设

北京二中属于北京市市级示范校，有一支优秀的教师队伍，他们中的大多数拥有硕士或博士学历。负责在环境科学检测中心开设选修课的教师主要为在职化学、地理、计算机教师，其中博士1人、硕士（含同等学力）10余人。这些教师都受过专业的科研训练，为环境科学检测中心内选修课和研究性学习的顺利进行提供了很好的人力保证。同时，我校还与国家气象局、清华大学、北京大学、北京师范大学等部门和高校合作，必要的时候，及时寻求相关领域专家的指导。

环境科学检测中心实验室的文化建设，实验台、仪器柜等的设计和布局，都与高校和研究机构的相似，体现着浓厚的学术氛围。

七、实验室的管理

我校安排了两位专职实验室管理员，共同对化学实验室和环境科学检测中心进行管理。为便于管理，我校制订了一系列规章制度。如《实验室仪器、药品管理制度》对仪器、药品的存放、使用等作了具体规定；《实验室使用规则》明确了实验室使用过程中应该遵守的规定，学生首次进入实验室时在教师的带领下进行学习。

我校设计制作了《实验通知单》《实验室使用登记表》《自选实验申请单》《损坏仪器赔偿单》等表格，用于实验室日常的使用管理。凡教师做演示实验及学生做分组实验，教师都应将《实验通知单》提前交给实验室管理员，由实验室管理员按要求准备仪器、药品。每次实验课后，任课教师、课代表都需要按要求填写《实验室使用登记表》，经实验室管理员检查后方可离开。若学生在研究性学习中或是自主探究学习中需要使用实验室，可自行设计实验方案，并填写《自选实验申请单》，将实验目的、实验用品、实验步骤或装置图用简洁的语言、图画阐述清楚，并提交给任课教师审批，任课教师提出建设性意见后，学生对实验方案进行修改、完善，之后将申请单交给实验室管理员，预约实验时间，由实验室管理员准备实验用品，学生开展自由实验。若学生在实验过程中损坏了实验仪器，由实验室管理员指导学生填写《损坏仪器赔偿单》，对实验仪器进行赔偿。

八、实验室的使用和反馈

环境科学检测中心自建成以来就积极投入使用，目前已经形成了以“环境检测”为主题的特色校本选修课程，常年循环开课。在比较精密、专业的仪器的支持下，很多往常在中学阶段难以开展的探究实验得以顺利进行。学生的探究性学习活动在环境科学检测中心中开展得有声有色，先进的仪器提供了精确度较高的定量检测，为学生选择真实、有意义的环境检测类探究题目创造了极大的可能，能让学生亲身感受到科学研究的严谨，亲身体验到科学研究的全过程。通过选修课的学习以及自主探究，学生的环境保护意识有了较大的提升。师生在该检测中心获得了大量检测数据，学校已经建成了自己的数据库，可以为社区和相关部门提供小范围的空气、水、食品、化妆品等的质量查询服务。除此之外，对某些问题感兴趣的学生和教师，在与选修课、研究性学习不冲突的情况下，可以进入实验室开展科学探究。

总之，环境科学检测中心为选修课、研究性学习、科学探究活动提供了硬件保障，为教师的教学和学生的探究学习提供了良好的实践平台。

案例五　高中数字化探究实验室的建设及数字实验的开发

山东师范大学附属中学

做实验是进行物理、化学和生物等的教学的主要手段，是培养学生的实验技能和科学素养的必要方法。随着新一轮教学改革的大力推进和信息技术在各个角落的渗透，加大实验室的硬件和软件建设，促进信息技术与理化生课程的整合便成为一种必然。山东师大附中在2008年完成了物理和生化两个数字化探究实验室的建设，并逐步投入使用，这对于培养学生的探究能力和创新能力起到了重要作用。下面从建设背景、建设的基本理念、建设的具体情况、使用情况、反馈和存在的问题及建议等五个方面来进行阐述。

一、数字化探究实验室的建设背景

做实验是进行物理、化学和生物等的教学的主要手段，是培养学生实验技能和科学素养的必要方法，是让学生养成良好心理品质的重要途径，是三个学科教学内容的重要组成部分。如今，学校的教育技术装备发生了天翻地覆的变化，实验条件得到了改善，实验方法得到了优化，但是，在实际教学过程中，由于不重视实验教学等诸多原因，导致呈现给学生的实验现象离生活越来越远，学生在实验过程中动手的机会越来越少，失去了体验探究过程的乐趣，他们天生的好奇心和原生的创造动机受到了压制。随着新一轮教学改革的大力推进和信息技术在人类社会各个角落的渗透，加大实验室的硬件和软件建设，促进信息技术与理化生课程的整合便成为一种必然，在这种大背景下，山东师大附中在2008年完成了物理和生化两个数字化探究实验室的建设，并逐步投入使用，在使用过程中不断完善。

二、数字化探究实验室建设的基本理念

在综合研究国内外探究实验室建设的基础上，我们确立了以下数字化探究

实验室的建设理念：

（1）以培养学生动手动脑的能力，促进学生团结协作意识的发展，开发学生的创造性思维，提高学生解决问题的能力为目的。

（2）用具有前瞻性的眼光和务实的理念来建设基于普通实验室但高于普通实验室的数字化探究实验室。

（3）尽可能采用反映现代科技水平的最新产品，为探究教学提供过硬的硬件基础。

（4）尽可能加强教师与技术力量的有效沟通，大力开发数字化探究实验室的软件建设，努力做到人尽其才，物尽其用。

（5）创造良好的实验室使用环境，努力促进其在更大范围内及更高效率的使用。

三、数字化探究实验室建设的具体情况

（一）具体的设计和安排

（1）建设内容：物理数字化探究实验室一个、生物化学数字化探究实验室一个。

（2）资金投入：

① 实验室内部装修土建工程资金投入：214869.60 元。

② 数字实验产品资金投入：970169.00 元。

（3）人员组织：成立了以学校分管基建的副校长为组长、总务处主任为副组长的 10 人数字化探究实验室建设工程领导小组。

（4）日程安排：

① 招标：2008 年 8 月 3 日招标。

② 施工：2008 年 8 月 4 日～2008 年 8 月 28 日。

③ 验收：2008 年 9 月，学校组织各学科教研组长对数字实验设备进行试用，领导小组对基建设备进行验收，形成验收报告。

（二）探究实验室的硬件建设方案

目前，我校建有物理数字化探究实验室和生化数字化探究实验室各一个，内设教师讲台1张，内置交换机、VCD、实物展台、电源总控台各1个，另有电子白板1个，投影机、音箱等多媒体设备，电动磁性黑板1个，学生桌8张，每桌配一台电脑，可调节高低的学生凳64个，生化数字化探究实验室除以上设备外，每桌还配有电子显微镜1台。

根据《山东省普通高中探究实验室配置标准（试行）》，我校通过政府招标的方式于2008年购入一些探究设备，清单如下：

生化产品清单

序号	货物名称	单价（元）	数量	总价（元）
1	USB 连接器	1350	10个	13500
2	GLX 图形数据采集器	4510	10套	45100
3	快速响应温度探头（3组）	780	10×3个	7800
4	pH 传感器	2392	10个	23920
5	电流 / 电压传感器	1015	10个	10150
6	水质传感器（含有电导率测量）	6315	10个	63150
7	色度计传感器	2676	10个	26760
8	不锈钢温度探头	372	10×2个	3720
9	光传感器	700	10个	7000
10	重量传感器	5253	10个	52530
11	溶解氧传感器	3066	1个	3066
12	呼吸传感器	2260	1个	2260
13	EKG（心电图）传感器	2075	1个	2075
14	CO_2 传感器	5583	10个	55830
15	肺活量传感器	1846	1个	1846
16	氧气传感器	4435	10个	44350
17	混浊度传感器	3228	10个	32280
18	教师端数字显微镜	13766	1个	13766
19	学生端数字显微镜	7855	9个	70695

物理产品清单

序号	货物名称	单价（元）	数量	总价（元）
1	GLX 图形数据采集器	4510	11 套	49610
2	快速响应温度探头(包含于 1 中)	0	22 个	0
3	声音传感器（包含于 1 中）	0	11 个	0
4	电压探头（包含于 1 中）	0	11 个	0
5	电压 / 电流传感器	1015	11 个	11165
6	光电门传感器	900	11 个	9900
7	光门端头	600	11 个	6600
8	力传感器	1675	22 个	36850
9	运动传感器	1230	11 个	13530
10	光传感器	700	11 个	7700
11	绝对压强传感器	980	11 个	10780
12	磁场传感器	950	11 个	10450
13	加速度 / 高度传感器	2777	11 个	30547
14	旋转运动传感器	3087	11 个	33957
15	电荷传感器	1534	11 个	16874
16	1.2m 动力学轨道系统	3420	11 套	37620
17	带夹子的超级滑轮	445	11 个	4895
18	细线	186	11 根	2046
19	角度指示器	280	11 个	3080
20	自由落体栅栏	280	11 个	3080
21	向心力仪	4200	11 个	46200
22	光门支架（一对）	308	11 对	3388
23	小车用栅栏（一对）	280	11 对	3080
24	碰撞支架	1228	11 个	13508
25	向心力摆	1525	11 个	16775
26	理想气体定律针筒	1000	11 个	11000
27	绝对零度球	2148	11 个	23628
28	延长线	308	11 根	3388
29	光学干涉	7000	11 个	77000

2010 年，应广大教师的要求，我校进一步加大投入，计划再建一个生物探究实验室和一个物理探究实验室，实验室正在筹备建设中，所需实验探究设备已经在 2010 年通过政府招标购入，清单如下：

朗威® DISLab6.5 生物标准配置

No.	名称	型号	技术性能参数	数量	单价（元）	总价（元）
1	数据采集器	LW6001	四通道并行采集，不区分数字与模拟通道；与计算机 USB 接口通讯，最大通讯速率 40K；无须外接电源；可接插移动采集模块，可野外使用	9 台	3800	34200
2	高温传感器	LW6163	量程：0 ～ 1200℃；分度：1℃。不锈钢探针，可测高温物体或火焰的温度	9 只	350	3150
3	pH 传感器	LW6161	量程：0 ～ 14；分度：0.01	9 只	650	5850
4	电导率传感器	LW6162	量程：0 ～ 20mS/cm；分度：0.001mS/cm	9 只	680	6120
5	色度计传感器	LW6164	量程：透光率 0 ～ 100%；分度：0.1%	9 只	1800	16200
6	微电流传感器	LW6113	量程：-1 ～ +1μA；分度：0.01μA	9 只	430	3870
7	电压传感器	LW6119	量程：-20 ～ +20V；分度：0.01V	9 只	380	3420
8	温度传感器	LW6121	量程：-20 ～ +130℃；分度：0.1℃。不锈钢探针，可测各种物体或溶液的温度	9 只	420	3780
9	双量程光照度传感器	LW6142	量程：0 ～ 5000l ～ 50000 lx，分度：1 lx、10 lx	9 只	600	5400
10	氧气传感器	LW6171	量程：0 ～ 100%；分度：0.1%	9 只	1680	15120
11	溶解氧传感器	LW6172	量程：0 ～ 20mg/L；分度：0.1mg/L	9 只	1960	17640
12	二氧化碳传感器	LW6173	量程：0 ～ 5000ppm；分度：1ppm	9 只	2980	26820
13	湿度传感器	LW6174	量程：0 ～ 100%；分度：0.1%	9 只	390	3510
14	心电图传感器	LW6175	量程：-5 ～ +5mV，用于生成 EKG 曲线，能清晰地显示出人体 P 波、QRS 波、T 波与 U 波，可通过 RR 间期计算出心率	9 只	1520	13680

（续表）

No.	名称	型号	技术性能参数	数量	单价（元）	总价（元）
15	相对压强传感器	LW6125	量程：-20～+20kPa；分度：0.01kPa。可用于测量气体的相对压强	9只	920	8280
16	附件	LW6200	含USB通讯线1条、传感器线4条、转接器4只、技术资料等	9套	150	1350
17	软件	LW6401	光盘存储	9张	赠送	赠送
18	合计	168390元				

朗威® DISLab6.5 物理标准配置

No.	名称	型号	技术参数	数量	单价（元）	总价（元）
1	数据采集器	LW6001	四通道并行采集，不区分数字与模拟通道；与计算机USB接口通讯，最大采样率40K；无须外接电源；可接插移动采集模块，供野外使用	15台	3800	57000
2	电流传感器	LW6118	量程：-2～+2A；分度：0.01A	15只	450	6750
3	微电流传感器	LW6113	量程：-1～+1μA；分度：0.01μA	15只	430	6450
4	电压传感器	LW6119	量程：-20～+20V；分度：0.01V	15只	380	5700
5	磁传感器A	LW6114	量程：-15～+15 mT；分度：0.01 mT	15只	450	6750
6	力传感器A	LW6101	量程：-20～+20N；分度：0.01N。可用于测拉力（显示正值）和压力（显示负值）	30只	450	13500
7	分体式位移传感器	LW6102	由发射器和接收器构成。发射器由电池供电，易与现有实验装置（运动小车、弹簧振子等）组合；接收器与采集器连接，量程：0～200cm，分度：1mm。无测量盲区	15套	900	13500
8	光电门传感器	LW6103	分度10μS；用于测量挡光片（U型、I型）的挡光时间	30只	400	12000
9	声波传感器	LW6131	能测量声音的波形，研究声音的频率、周期、振幅等特征；频率量程：20Hz～20kHz	15只	360	5400

（续表）

No.	名称	型号	技术参数	数量	单价（元）	总价（元）
10	温度传感器	LW6121	量程：-20～+130℃；分度：0.1℃。不锈钢探针，可测各种物体或溶液的温度	15只	420	6300
11	压强传感器A	LW6122	量程：0～300kPa；分度：0.1kPa。可用于直接测量气体的绝对压强；配件：20mL注射器	15只	820	12300
12	附件	LW6200	含USB通讯线1条、传感器线4条、转接器4只、技术资料等	15套	150	2250
13	软件	LW6401	光盘存储，含物理专用软件和通用软件	15张	赠送	赠送
14	多用力学轨道	LW5301	标准配置：含1.2m铝合金轨道一条、轨道小车两台、弹簧两根、100g配重片三块、挡光片四片（宽度分别为2cm、4cm、6cm、8cm），座架、挂架及支架一宗，策动源一套	15套	880	13200
15	斜面上力的分解实验器	LW6306	由座架、可调斜面和内置式力传感器、环型物块构成。不需另配传感器	2套	560	1120
16	向心力实验器	LW5302	由主梁架、底座、砝码、旋臂、连接装置、紧固件构成。自由旋转，不需电机驱动	2套	760	1520
17	机械能守恒实验器	LW5304	含主板、副板、圆柱型摆、固定臂、测平器、螺栓等。能够完成动能势能转化实验（定性+定量）	2套	380	760
18	平抛运动实验器	LW6307	由座架、立杆、弓型滑道、光电门支架、内置式接触传感器、小球、标尺游标等组成。与光电门传感器配合，可测量平抛运动小球的初速度、运行时间与水平距离	2套	620	1240
19	环形线圈	LW5309	高灵敏度、无源、塑壳封装、带屏蔽，与微电流传感器配合，可测得切割地磁场产生的感生电流，也可测得不同电器的电磁辐射强度	2套	180	360
20	螺线管	LW5308	可接学生电源，塑壳封装，产生匀强磁场	2套	90	180
21	多向转接头	LW5310	双向交叉，孔内径适应于标准铁架台	2套	40	80

（续表）

No.	名称	型号	技术参数	数量	单价（元）	总价（元）
22	远红外加热器	LW5311	220V 交流供电，功率 80W；圆筒型远红外辐射加热炉芯，便于对加热体均匀加热。可完成查理定律、晶体熔解和凝固、比热容等高精度热学定量实验	2 套	600	1200
23	金属热膨胀实验器	LW6326	由底座、金属丝和拉杆组成。与力传感器配合使用	2 套	370	740
24	浮力定律实验器	LW6327	由专用物块、容器、转接器、水平杆和升降台组成。与力传感器配合使用	2 套	460	920
25	玻璃导电实验器	LW6328	由底座、专用实验板组成，与微电流传感器配合使用	2 套	290	580
26	温差电流实验器	LW6329	由底座、不同材料的金属框组成，与微电流传感器配合使用	2 套	260	520
27	热辐射实验器	LW6330	由底座、专用实验板组成，与微电流传感器配合使用	2 套	380	760
28	朗威®天籁声学教学软件 V1.0	LW6410	由声波采集、波形展示和频谱分析功能构成，可通过外接话筒、音频发生器和调用声库三种方式获取声波。能够完成声学三要素、声速测量、声波合成与共鸣、声纹分析等实验	2 套	700	1400
29	模块组合机器人 V1.0	LW4325	由传感器（声光电）、控制器、多种执行器构成	1 套	800	800
30	地磁场发电机	LW6332	由专用底座、矩形线圈、连接轴承组成，线圈可自由旋转，与微电流传感器配合使用，测量线圈旋转时产生的交流电	2 套	450	900
31	力学探究仪（牛顿第二定律专用）	LW6339	由水平底板、垫块、中旋转基板、三斜面、轨道、缓冲挡板组成，配合小车与附件，无需拉动小车即可实现小车在恒力作用下运动	2 套	360	720
32	EXB 系列电学实验板 V2.0	LW6337	共 23 块，设有标准接插孔及开关。可完成 30 多个电学实验	2 套	1150	2300

（续表）

No.	名称	型号	技术参数	数量	单价（元）	总价（元）
33	逻辑电路实验器 V2.0	LW6338	由与、或、非三种门电路，八种开关电路，三种显示模块，三种连接器，电源，信号采集器和软件等 23 个组件构成，可完成复杂的数字电路、自动控制、逻辑电路实验，可通过软件显示输入输出电平随时间变化的曲线，便于数据分析	2 套	1160	2320
34	摩擦做功实验器	LW6340	由铜管、支架、摩擦绳组成，与温度传感器配合使用，可完成摩擦做功使温度升高实验	2 套	150	300
35	摩擦力实验器	LW6341	由轨道、摩擦台底座、多种摩擦块、电机组成，与力传感器配合使用，可实现摩擦物体做匀速直线运动	2 套	680	1360
36	安培力实验器	LW6342	由强力磁性底座、矩形线框、挂钩、支架组成，配合电流传感器和微力传感器使用，研究安培力与导线长度和供电电流的关系	2 套	780	1560
合计		182740 元				

（三）探究实验室的软件建设

自数字化探究实验室建成以来，我校分别对物理、化学和生物教师进行了数字化探究实验室的使用培训，同时还组织部分教师录制了一套关于认识和使用传感器等器材的培训视频，以便教师熟练使用这些器材。另外，我校鼓励教师从教科书中挖掘能用传感器探究的问题。目前，在优质课或研究课中，教师多次利用该探究实验室完成探究实验教学，取得了良好的效果。在这个过程中，上优质课或研究课的教师训练了探究实验教学的技能，其他观摩教师一方面提高了对探究教学理念的认同，另一方面相当于受到了探究实验教学方法的培训。

目前，通过对优质课或研究课的开发，教师们不断积累经验，逐步具备了指导探究学习的综合素质，同时还开发出了一系列数字化探究实验室支持的探究实验内容（见下表）。

数字化探究实验室支持的化学探究实验活动汇总表

实验编号	实验主题
实验 1	化学反应热
实验 2	液体的汽化热
实验 3	酸、碱、盐的比较
实验 4	电解质的电导率——电解质与非电解质的比较
实验 5	复分解反应（离子反应）的实质研究
实验 6	强电解质与弱电解质
实验 7	浓度对强电解质导电能力的影响
实验 8	浓度对弱电解质导电能力的影响
实验 9	酸碱中和滴定
实验 10	醋酸电离平衡常数的测定
实验 11	盐的水解
实验 12	液体与胶体的比较
实验 13	三氯化铁溶液浓度的测定（色度计）
实验 14	氯化钠溶液浓度的测定（1）
实验 15	Na^+ 浓度的测定
实验 16	浓度对化学反应速率的影响（1）
实验 17	浓度对化学反应速率的影响（压强传感器）
实验 18	反应条件对双氧水分解速率的影响
实验 19	碳酸钠、碳酸氢钠与盐酸的反应
实验 20	分子间作用力存在的测定及对熔、沸点的影响

在文化建设方面，探究实验室主要通过对整体布局、学生实验桌的形状和分布的人性化设计，如将学生的实验桌设计成椭圆形，呈岛型分布，以营造一种小压力的、良好的合作学习探究气氛。

四、探究实验室的管理

目前我校的实验室管理工作由学校教务处负责，在实验室的日常工作管理方面，有 6 名专职实验员负责管理学校的 11 间科学实验室（包括普通理化生实验室 9 间，物理、生化探究实验室各 1 间）。6 位实验员中，4 位拥有本科学历，2 位拥有大专学历。

对数字化物理、生化探究实验室，我校又分别安排了一名实验员负责专门管理。在技能方面，该实验员能够熟练使用传感器，在实验教学过程中，该实验员一方面为学生准备所需的实验器材及药品，另一方面协助教师解决实验过程中出现的问题，同时，及时总结备案，并随时协助教师制作或调整实验方案，做到不计得失，服务到位。

探究实验室的所有仪器设备单独就近在一室放置，其管理以及实验的安排协调由实验员专门负责。

数字化探究实验室制订了独立的学生行为规范管理条例，针对具体的实验写明了注意事项。

目前，该数字化生化探究实验室主要是对以教师引导为主的课堂探究活动开放，学生在教师的带领下进入实验室，并在教师的引导下，利用数字实验仪器进行探究学习。

五、数字化探究实验室的使用及反馈

（一）探究实验室的使用情况

山东师大附中的教学研究一直走在全省乃至全国的前列，物理、化学、生物的教学研究与改革更是开展得轰轰烈烈，在数字化探究实验室建设之前，我们与朗威的合作已有多年，数字化实验器材有利于探究教学已经成为教师们的共识。在教学中，教师们创造性地使用数字化器材，不断研制和开发新型仪器，以满足教学需要。如物理学科的王方明老师在省优质课比赛中荣获一等奖，他在课堂中使用的力的平行四边形演示仪由常规仪器改进而成，有良好的可操作性、连续性、准确性、直观性等，获得了大家的广泛称赞；在 2011 年 4 月中国教育学会化学教学专业委员会第十四次学术年会上，化学学科的杨平老师在观摩课“分子间作用力与物质性质”中开发的数字对比实验，将抽象的、难以感知的分子间作用力转化为数字图像进行分析和定量比较，获得了成功。

（二）实验室的软件建设方案

实验室投入使用以来，我们制订了一系列管理和运行办法。

（1）数字化探究实验室学生守则

① 严禁大声喧哗、吵闹。

② 严禁把水或食品带入实验室，严禁随地吐痰或乱丢废纸。

③ 按指定的座位就座，严禁串位，严禁随意动用电脑和各种器材。

④ 实验开始时，学生应在教师的指导下查点仪器等是否齐全，严禁随意调换，如发现问题，及时报告并如实填写实验记录单。

⑤ 实验时，要爱护仪器，由于违反操作规程而损坏、丢失仪器，学生必须赔偿。

⑥ 实验结束，学生要将仪器整理整齐，如实填写实验记录单，保持桌面及室内的整洁，经任课教师和实验室教师检查以后才能离开。

⑦ 教师须在每一次实验前向学生宣讲本守则，严格要求，明确责任。

（2）分组实验课程表

分组实验课程表

年级________ 学科________ 填表人________ 时间________

实验题目____

	一	二	三	四	五
第一节					
第二节					
第三节					
第四节					
第五节					
第六节					
第七节					
第八节					

说明：请于每次分组实验前填好此表交给实验室老师，以便于实验室提前为您做好服务工作，每个班的座次表也要在实验前交给实验室老师，以便对实验中出现的问题明确责任。

（3）学生分组实验记录单

学生分组实验记录单

班级：________ 实验台号：________ 上课时间：____年____月____日

实验名称		组长	
组员			
实验仪器	实验开始检查	实验结束检查	
任课教师和实验室教师及组长验收完毕签字			

说明：

① 实验前认真检查，有问题一定注明并报告给实验室老师。

② 实验过程操作要规范，严禁从其他实验台拿取物品，操作过程中发现问题要及时报告。

③ 完成实验后小组长监督本组同学认真整理好各项实验用品，将桌面整理整洁，凳子摆放整齐，小组长等待教师检查后方可离开。

④ 如有仪器丢失或被恶意破坏，追究相应责任人，若找不到相关责任人，由相应小组集体承担责任。

⑤ 教师至少提前5分钟结束实验，指导同学认真整理并验收。

我们从实验教师中抽调了骨干力量来专人负责探究实验室的管理和使用，其他教师大力配合。这些管理者一方面要合理规范地管理相关实验器材，另一方面要积极参加相应的学习和培训，以能够在实验教学中担负起相应的指导和协助工作，另外还要随时协调教师与技术力量的配合，确保实验教学的顺利完成。

自探究实验室建成运行以来，我们分别对物理、化学和生物教师进行了培训，物理组还对传感器等相关器材的认识和使用录制了视频。在优质课或研究课中，教师们多次利用该实验室或相关的器材完成实验教学，取得了良好的效果，另外还开设了相关的校本课程。有学校领导班子的支持，有广大教师的积极认可和参与，相信在创新人才的培养中，探究实验室会与时俱进，发挥更大的作用。

（三）探究实验活动开发汇总

1. 化学学科

实验 1	化学反应热
实验 2	液体的汽化热
实验 3	酸、碱、盐的比较
实验 4	电解质的电导率——电解质与非电解质的比较
实验 5	复分解反应（离子反应）的实质研究
实验 6	强电解质与弱电解质
实验 7	浓度对强电解质导电能力的影响
实验 8	浓度对弱电解质导电能力的影响
实验 9	酸碱中和滴定
实验 10	醋酸电离平衡常数的测定
实验 11	盐的水解
实验 12	液体与胶体的比较
实验 13	三氯化铁溶液浓度的测定（色度计）
实验 14	氯化钠溶液浓度的测定（1）
实验 15	Na^+ 浓度的测定
实验 16	浓度对化学反应速率的影响（1）
实验 17	浓度对化学反应速率的影响（压强传感器）
实验 18	反应条件对双氧水分解速率的影响
实验 19	碳酸钠、碳酸氢钠与盐酸的反应
实验 20	分子间作用力存在的测定及对熔、沸点的影响

2. 物理学科

实验 1	测定位移、速度、加速度
实验 1-1	斜面匀加速度
实验 2	使用运动传感器研究自由落体运动
实验 3	利用光电门传感器研究自由落体运动
实验 4	探究牛顿第二定律（F 与 a 的关系）
实验 4-1	牛顿第二定律（m 与 a 的关系）
实验 5	牛顿第三定律
实验 6	机械能守恒——单摆
实验 7	机械能守恒（斜轨法）

（续表）

实验 8	机械能守恒（球下落）
实验 9	验证波义耳定律
实验 10	验证查理定律
实验 11	闭合电路的欧姆定律
实验 12	通电螺线管的磁感应强度
实验 13	静摩擦力与滑动摩擦力
实验 14	滑动摩擦力的研究
实验 15	研究向心力与哪些因素有关
实验 16	平抛运动的初速度与落地时间的关系
实验 17	变力下的动能定理
实验 18	研究回路中感应电动势大小与磁通量变化的关系

3. 生物学科

实验 1	酵母菌的有氧呼吸与无氧呼吸
实验 2	水生植物的光合作用与呼吸作用
实验 3	植物的光合作用与呼吸作用
实验 4	酶的专一性（氧气传感器）
实验 5	植物的蒸腾作用（湿度传感器）
实验 6	植物的蒸腾作用（相对压强传感器）
实验 7	动物的呼吸（鱼）
实验 8	动物的呼吸（龟）
实验 9	温度对恒温动物呼吸作用的影响
实验 10	温度对变温动物呼吸作用的影响
实验 11	酶的高效性（氧气传感器）
实验 12	酶的高效性（绝对压强传感器）
实验 13	酸碱度对酶催化反应速率的影响
实验 14	温度对酶催化反应速率的影响
实验 15	温度对酵母菌呼吸作用的影响
实验 16	温度对植物呼吸作用的影响
实验 17	水质监测
实验 18	种子的萌发
实验 19	土壤酸碱度测定

以上是部分常规实验的传统设计，在实际的教学研究中，教师们并不拘泥

于传统，而是根据实际的教学需要重新组合或自行研发教具，脚踏实地地在教学中进行着创新人才的培养，并得到了同行与专家的一致好评。

（四）探究实验室的使用调查、反馈

数字化探究实验室被称为附中最“豪华”的实验室，因为该实验室有先进而完备的信息设备，有便于合作交流的大型实验台，有现代化的实验仪器，有以前只能靠想象而现在一目了然的实验现象和结果，虽然刚开始使用时大家不那么容易上手，但是用过了都感觉不过瘾，因为用的机会太少。目前，在数字化探究实验室内，教师们已经完成了一批基于数字实验的创新课堂。

六、尚存在的问题及建议

与普通实验室相比，数字化探究实验室的资金投入要高出好多倍，但是在大部分时间里它却和普通实验室一样处于闲置状态，我们在教室里轰轰烈烈地抓成绩，对实验的重视程度却远远不够，更谈不上到数字化探究实验室搞探究学习了。对此，我们有以下几点建议：

1. 抽调骨干教师研究、开发实验，只有学校领导班子重视实验，才能给教师提供更好的研究氛围和实际支持。

2. 建立由学科教师与实验室人员组成的攻关团队，有任务，有计划，加强学习和交流，有步骤地把数字化实验和探究性学习结合好。

3. 学习知识重要，把知识转化为技术也重要。教师应在教授知识的同时培养学生的技术意识，让他们把所学知识应用到开发与利用技术中。

附录 1

验证机械能守恒定律的实验教学设计

本实验属验证性学生分组实验，是利用小车在光滑轨道上下滑验证机械能守恒定律，学生要掌握实验方法和技巧、实验数据的采集与处理，讨论实验结果，分析实验误差，不仅要从理论上了解机械能守恒定律，还要通过实际观测从感性上增加认识，深化对机械能守恒定律的理解。

本实验在数字化探究实验室内完成，利用运动传感器测量小车的位置随时间变化的规律，计算出各个位置的速度，然后得出各个位置的动能和重力势能，比较后得出动能与重力势能之和保持不变，从而验证小车沿光滑斜面下滑时机械能守恒。与采用自由落体运动来验证机械能守恒定律的传统实验相比，我们采用的数字实验精确度高，可控性强，便于操作，形象直观，快捷高效，操作方式也符合学生的心理特点和行为习惯。学生也可以利用数字实验来验证物体在自由落体运动过程中的机械能守恒，对下落物体的选择面很广，数字实验室的优越性得到了非常好的体现。

【教学目标】

1. 知识与技能

（1）理解实验的设计思路，明确实验中需要测量的物理量。

（2）知道实验中对选取测量点的有关要求，会根据实验中的要求进行设定。

（3）能正确进行实验操作，能够根据实验数据得出实验结论。

（4）能熟练掌握数字实验的操作方法，进行相关设置。

（5）能定性地分析产生实验误差的原因，并会采取相应的措施减小实验误差。

2. 过程与方法

（1）通过验证机械能守恒定律，体验验证过程与物理的研究方法。

（2）通过在数字化探究实验室做实验，加深对数字实验特点的理解。

3. 情感态度与价值观

（1）通过亲自实践，培养学生的观察和实践能力，培养学生实事求是的态度和正确的科学观。

（2）通过对比传统实验和数字实验，使学生了解数字实验的优越性，培养学生接受新科技的能力。

【教学重难点】

1. 验证机械能守恒定律的实验原理。

2. 对实验误差的分析及如何减小实验误差。

【教学方法】

探究、讲授、讨论、学生分组实验。

【教学用具】

多媒体课件（配套设备）、PASCO探究实验室系统（包括数据采集器、运动传感器、轨道、小车、铁架台、角度测量仪、附件等）、电源。

【教学过程】

1. 复习和引入

师：上节课我们学习了机械能守恒定律，掌握了机械能守恒定律的条件和公式。这节课我们通过实验来验证一下机械能守恒定律。

师：我们学过的哪些运动过程满足机械能守恒定律?

生：自由落体运动、物体沿光滑斜面下滑运动、多物体组成的系统机械能守恒等。

师：前面我们在这个数字实验室里做过一些实验，根据你对本实验室的了解，上述哪些例子方便用实验来验证呢?

生：自由落体运动，物体沿光滑斜面下滑运动。

师：请某位同学分析一下物体沿光滑斜面下滑运动实验方案的可行性。

生：轨道足够光滑；运动传感器可以测位置，计算速度和动能。

师：运动传感器是利用超声波测量距离来描述位置的，能非常精确地测出小车的位置随时间变化的规律。请同学们讨论一下利用小车在倾斜轨道上运动来验证机械能守恒定律的实验方案。

生：计算时要设置动能、势能、机械能，动能 $E_k=\frac{1}{2}mv^2$，势能 $E_p=mg(s-x)\sin\theta$，机械能 $E=E_k+E_p$。

生：还要测量轨道倾角。

师：下面大家根据我们刚才的讨论进行实验。

2. 学生实验

（1）实验介绍

①实验目的：验证机械能守恒定律。

②实验原理：本实验验证简单情形下的机械能守恒——物体沿光滑轨道下滑。

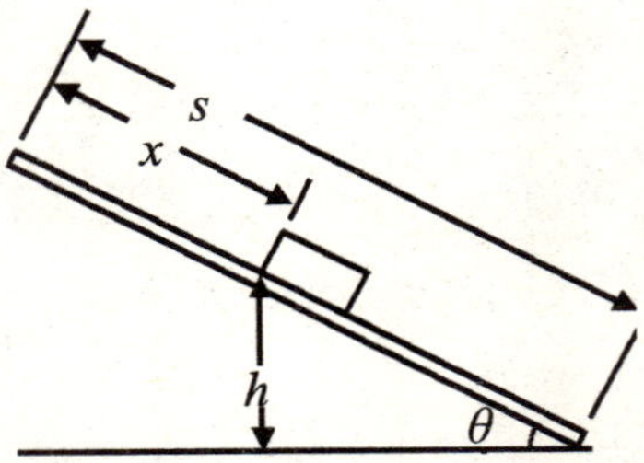

运动传感器在测量距离时设定了延迟启动（即设定起始高度）和自动停止（即结束位置），容易得出动能 $E_k=\frac{1}{2}mv^2$，并得出动能－时间图像，选测量结束时小车位置所在平面为重力势能的零势能面，重力势能 $E_p=mg(s-x)\sin\theta$，机械能 $E=E_k+E_p$，并得出势能－时间图像，小车在下滑过程中动能与重力势能之和保持不变，即机械能守恒。

（2）实验步骤

①安装仪器。

②打开 PASCO 探究实验室系统软件，进行设置。注意所有符号要在英文输入法下输入。小车质量 $m=0.25$kg。

A. 把采样率设置为 100Hz 或 200Hz。

B. 延迟启动设置为 0.2m 或 0.3m，自动停止设置为 0.8m 或 0.9m。

C. 打开计算器，新建函数“动能＝0.5×0.25×v×v”，点击“接受”，把变量定义为“速度”，属性里面的变量更改为“动能”，点击“接受”。

D. 新建函数“势能 = 0.25×9.8×（0.9−x）×sin（θ）”（s = 0.9m），点击“接受”，把变量定义为“位置”，属性里面的变量更改为“动能”，注意把“弧度”改为“度”，点击“接受”。

E. 新建函数“机械能 = 动能 + 势能”，点击“接受”，把变量分别定义为“动能”和“势能”，属性里面的变量更改为“机械能”，点击“接受”。

③释放小车，进行测量。

④把动能、势能、机械能放到一个表格里进行比较。

⑤改变轨道倾角或小车质量，重复上述步骤。

⑥分析结论，误差分析。

⑦整理器材，放回原处。

（3）数据处理和分析

①实验结论

在实验误差允许的范围内，小车在沿光滑斜面下滑的过程中动能与重力势能之和保持不变，所以，总的机械能守恒。

②误差分析

空气阻力，轨道及小车阻力，角度测量误差，震动。

3. 注意事项

（1）本实验中的阻力（轨道阻力、空气阻力）是客观存在的，只有当小车的质量比较大、斜面足够光滑时，才能确保阻力足够小，近于满足机械能守恒的条件。

（2）如果我们得到的机械能在误差许可的范围内有一些减小，是正常的，因为有阻力作负功；反之，则说明实验有问题。

（3）进行设置时，输入法应该为英文。

（4）本实验所用小车的质量为 0.25kg，每个配重质量 0.25kg。

（5）重力加速度取 $9.8m/s^2$。

4. 课堂小结

本节课我们利用 PASCO 探究实验室系统，通过小车在光滑轨道上下滑验证了机械能守恒定律，与传统实验对比，数字实验精确度高，可控性强，便于操作，形象直观，快捷高效。

5. 作业布置

（1）到班级邮箱下载实验报告，完成后发回班级邮箱。

（2）完成《导学案》的实验报告，比较传统实验与数字实验的优缺点。

（3）根据数字实验室的现有条件，思考能否设计其他实验方案来验证机械能守恒定律。

【教学后记】

本实验采用的是数字实验，新的实验装备需要新的思维方法，思维方法是解决问题的关键，是物理教学的根本。实验教学中要让学生大胆设想、创设方案，然后勇于实践，验证或否定自己的方案，在实践中培养能力。本节课学生活动开展得比较好，课堂气氛活跃，学生动手动脑，思维活跃，并且不受课前讨论的限制，使数字实验发挥了更大的效用。本节课提高了学生的思维水平和动手能力，拓宽了学生的视野。

不足之处是对学生的限制较多，教师对学生不放心，总想一步步引导学生按照自己事前设定好的方案进行思考。教师应该更放开一些，少一些限制，多一些放心。

附录 2

“弱电解质电离和盐类水解的关系”数字实验课教学设计

【学前分析】

弱电解质的电离和盐类的水解是理论性较强的知识，教材中对它们基本定位在定性分析上。经过理论学习，学生已经知道：弱电解质在水中部分电离，在一定条件下建立电离平衡，电离程度不同，溶液酸碱性不同；某些盐的离子在水中发生水解，在一定条件下建立水解平衡，导致溶液呈一定酸碱性，水解程度不同，溶液酸碱性不同。

【教学目标】

通过数字实验，使学生对弱电解质的电离程度和盐类的水解程度有直观的感受和定量的认识，并通过实验数据认识两者间的关系。

【教学方法】

分组实验，交流研讨。

【教学过程】

1. 引入

通过前面的学习，同学们已经知道了弱酸弱碱在水中部分电离，一定条件下建立电离平衡，电离程度不同，溶液酸碱性不同；某些盐的离子在水中发生水解，一定条件下建立水解平衡，导致溶液呈一定的酸碱性，水解程度不同，溶液酸碱性不同。本节课我们就通过几个实验探究一下盐类的水解程度和弱电解质的电离程度有怎样的关系。

2. 介绍

我们选取了弱酸醋酸、弱碱一水合氨及五种能水解的盐——氯化铵、醋酸钠、亚硝酸钠、醋酸铵、碳酸钠，为了更具有可比性，它们的浓度都是0.1mol/L的，我们将通过手持技术测定这些溶液的pH，比较它们电离或水解的程度，分析它们之间的关系。

3. 演示

pH传感器的使用方法，提示基本操作注意事项。

4. 分组实验

（1）连接好电源、数据处理器和传感器。

（2）取待测液约80mL于小烧杯。

（3）用洗瓶中的蒸馏水清洗pH传感器。

（4）用胶头滴管取待测液润洗pH传感器。

（5）将传感器浸入待测液，数据稳定时记录数据。

（6）重复（3）、（4）、（5）步，测定三次，分别记为pH_1、pH_2、pH_3，取数据平均值。

（7）将传感器浸入小烧杯中的蒸馏水，备用。

5. 汇报实验

待测液 0.1mol/L	蒸馏水	CH_3COOH	$NH_3 \cdot H_2O$	NH_4Cl	CH_3COONa	$NaNO_2$	CH_3COONH_4	Na_2CO_3
pH								

6. 交流研讨

（1）交流研讨 1

① 根据水的 pH 计算水的离子积常数 K_w。

② 根据 CH_3COOH 和 $NH_3 \cdot H_2O$ 的 pH 分别计算它们的电离平衡常数。

③ 结论

计算得知，相同条件下 K（CH_3COOH）______ K（$NH_3 \cdot H_2O$），说明电离程度 CH_3COOH______$NH_3 \cdot H_2O$；室温下，亚硝酸 HNO_2 的电离平衡常数 $K=10^{-3.34}$，H_2CO_3 的电离平衡常数 $K_1=10^{-6.38}$，$K_2=10^{-10.25}$，说明相同条件下，电离程度的强弱为 HNO_2______CH_3COOH______H_2CO_3______HCO_3^-。

④归纳总结

弱电解质电离程度：

$CH_3COOH<NH_3 \cdot H_2O$，$HNO_2>CH_3COOH>H_2CO_3>HCO_3^-$

（2）交流研讨 2

①通过以上结论，分析 CH_3COONa、$NaNO_2$ 溶液碱性差异。

②通过以上结论，分析 CH_3COONH_4 溶液酸碱性的原因。

③通过以上结论，分析 Na_2CO_3、$NaHCO_3$ 溶液碱性差异。

④预测 0.1mol/L 的 $NaHCO_3$ 比 0.1mol/LCH_3COONa 溶液的 pH 高还是低?

⑤归纳总结

盐类水解程度：

$CH_3COO^- > NH_4^+$，$NO_2^-<CH_3COO^-<HCO_3^-<CO_3^{3-}$

弱酸弱碱的电离程度越小，对应离子的水解程度越大，即越弱越水解。

⑥误差分析

数据是我们探究的依据，误差会直接影响我们得出的结论。造成误差的因素有哪些？如何尽量避免误差?

化学是以实验为基础的学科，实验可以验证结论的正误，也可以探究新的结论。实验必然有误差，只要我们合理设计实验方案，规范操作过程，尽量减少误差，实验就能为我们的探究带来方便。

附录 3

“观察植物细胞的有丝分裂”教学设计

一、设计理念

我国科学教育改革的趋势是以培养学生的科学素养为宗旨，强调对科学知识及其本质的理解，重视体验科学知识的产生过程以及对科学、技术与社会之间关系的理解。《普通高中生物课程标准》提出高中生物学教学要着重提高学生的生物科学素养，尤其是发展学生的科学探究能力；我国在近年出台的关于教育改革及发展的纲要中都强调了要培养学生的创新精神和实践能力。探究教学是最能响应改革和发展要求的教学方式之一，支持探究教学顺利开展的因素包括理论研究、教师资源、实验室资源等。

数字化实验设备具有传统实验室设备没有的优点，例如，实时、准确、综合、直观，能比较有效地降低实验和学习的难度，能有效地实施探究式教学，激发学生的学习兴趣，能把定性实验转化为定量实验……因此，数字化实验的应用有着广阔的发展前景。

本节实验课让学生通过小组分工合作，观察洋葱根尖纵切片细胞，制作大蒜根尖细胞有丝分裂装片，利用数码显微镜拍出细胞有丝分裂的照片，在数字显微图像处理系统的帮助下与大家共享显微镜下的微观世界，同时学会清晰地描述细胞特点，根据细胞中染色体的特点推断植物细胞有丝分裂的过程，由此明白植物细胞通过有丝分裂实现遗传物质精确的平均分配，使学生充分体验在数字化实验设备支持下的科学研究的过程，从而明白科学研究要有探索精神、理性思维和技术手段三种基本要素。

二、教材分析

1. 教材选择

本节课以普通高中课程标准实验教科书《生物必修·分子与细胞》（中国地图出版社）为主要依据，内容选自该书第四章“细胞的生命周期”中的探究活动“观察植物细胞的有丝分裂”。

2. 内容分析

本节教材的内容是观察植物细胞的有丝分裂。

高等植物细胞的有丝分裂常见于根尖、芽尖等分生区细胞。由于各细胞的分裂是独立进行的，因此在同一分生组织中可以看到处于不同分裂时期的细胞。通过动手制作植物细胞有丝分裂的装片，并且通过熟练使用显微镜，在规定的时间内找到处于各个不同时期的细胞，能帮助学生更好地理解有丝分裂中遗传物质精确的平均分配的生物学意义。

三、学情分析

1. 知识基础

有丝分裂的概念、过程、结果、意义是进行实验操作的知识基础。

2. 能力基础

熟练使用数码显微镜、数字显微图像处理系统、计算机。

3. 情感态度与价值观基础

学生应该知道在科学研究中只有通过不懈的努力，依靠坚韧不拔的毅力，并且经历多次失败才能成功。然而，知道和真正体验到是两个不同的感受水平，所以要让学生亲身去感受。

四、教学目标

1. 知识目标

（1）高倍显微镜下辨别洋葱根尖纵切片细胞有丝分裂各个时期的细胞图。

（2）辨别、描述大蒜细胞有丝分裂各个时期染色体的特点。

2. 能力目标

（1）制作大蒜根尖细胞有丝分裂装片。

（2）熟练使用数码显微镜。

（3）使用数字显微图像处理系统对观察图像进行拍照、标记、上传。

3. 情感态度与价值观目标

（1）观察植物细胞有丝分裂各个时期的特点。

（2）体验制作植物细胞有丝分裂装片的科学研究过程。

（3）认识到科学研究需要探索精神、理性思维和技术手段三个要素。

五、教学重点与难点

1. 教学重点

（1）大蒜根尖细胞有丝分裂装片的制作。

（2）描述植物细胞有丝分裂各个时期细胞染色体的特点。

2. 教学难点

（1）大蒜根尖细胞有丝分裂装片的制作。

（2）描述植物细胞有丝分裂各个时期细胞染色体的特点。

六、教学准备

1. 教学方法设计

小组合作学习法、观察法、讨论法、讲授法等。

2. 教学媒体设计

PPT 课件，数码显微镜，数字显微图像处理系统，计算机。

3. 教学材料准备

预习学案、实验报告。

大蒜；载玻片，盖玻片，玻璃皿，剪刀，镊子，滴管；质量分数为 15％的盐酸溶液，体积分数为 95％的酒精，质量浓度为 0.01g/mL 的醋酸洋红液。

七、教学流程

复习实验原理、步骤	→ 巩固预习效果
↓ 提出本节课的具体任务	→ 明确具体学习目标
↓ 就任务的三点说明	→ 提醒学生注意事项
↓ 学生进行实验操作、教师分组指导	→ 体验科学研究的过程
↓ 学生提交实验成果、交流分析	→ 分享实验过程中的体会
↓ 评价学生活动、总结科研要素	→ 画龙点睛、加深印象
↓ 布置课后任务：完成实验报告	→ 就实验中产生的新疑惑与教师书面交流

八、教学过程

教学过程	学生活动	设计意图
指导学生分成9个实验小组，每组3人。	在实验台旁坐好。	为小组合作学习做好准备。
数字显微图像处理系统（教师端）屏幕显示教师PPT课件。 1. 提出课题：观察植物细胞的有丝分裂。	观看、思考。	明确核心目标。
2. 提出问题： （1）本节实验的原理是什么？ （2）实验的6个步骤是什么？	回忆、思考预习学案中的内容，并回答问题。	为实验操作做铺垫。
3. 提出任务： （1）请拍出高倍显微镜下洋葱根尖纵切片细胞的照片，并提交。 （2）制作大蒜根尖细胞有丝分裂装片。 （3）观察细胞的有丝分裂过程，选择你认为最好的细胞照片，标记，提交，并以小组为单位描述细胞特点。 （4）尝试谈谈实验操作的心得。（成功的经验，失败的原因，尚有的疑惑等）	阅读，明确任务。	学生在实验室中的注意力主要集中在对实验的操作上，简短明确的任务要求才能抓住学生的兴奋点。

（续表）

教学过程	学生活动	设计意图
4. 提出三点注意事项： （1）拍出照片后用自己名字命名，尽快上交。 （2）实验的时间是30分钟，请同学们注意有效分工，合理地安排时间。 （3）注意安全，所有实验物品轻拿轻放；载玻片、盖玻片等物品不要伤手。	聆听，思考。	为三维教学目标的完成做进一步的铺垫。
宣布可以开始做实验。	分工，开始操作。	明确开始实验，便于计时。
观察学生活动；分组指导，引导学生正确地进行实验操作；与学生一同分析实验中遇到的问题，启发学生将理论知识与实践相结合；记录学生提交照片的时间，为下一个教学环节做准备；发放实验报告。	观察洋葱根尖纵切片细胞有丝分裂图像，标记，拍照；制作大蒜根尖细胞有丝分裂装片；观察大蒜根尖细胞有丝分裂图像，标记，拍照；随时记录实验过程中发生的事情；上传照片。	让学生进一步熟悉显微镜的使用；培养学生的实验操作、小组合作、表达交流的能力，让学生体验科学研究的过程，进一步明确分工，调动每个学生参与的积极性；为下个教学环节准备充足的材料。
提醒学生剩余时间，督促其完成任务。		便于实验计时。
查收学生提交照片的质量。		为描述、交流细胞照片做准备。
时间到，实验结束。	停止实验、议论、评价。	
数字显微图像处理系统（教师端）屏幕显示每个小组提交的照片，共同欣赏有丝分裂各个时期的细胞，请各小组的同学评价本小组所拍摄照片的情况。	走到讲台上，利用屏幕、广播系统给大家描述细胞特点及实验成败的原因。	锻炼学生的表达交流、分析推理、概括总结的能力。
提醒小组其他成员有没有补充。	补充说明装片制作过程的心得体会。	培养团队意识。
请学生提出实验过程中仍然存在的疑问。	提出实验过程中的疑问。	培养学生勇于质疑的精神。
问其他同学能不能解释。	发表自己的意见，试着解释疑问。	培养学生勤于思考、大胆推理的品质。

（续表）

教学过程	学生活动	设计意图
总结：实验的方法、步骤、时间，以及同学们对实验的改进，体现了一种探索精神；显微镜下看到的有丝分裂过程是真实的证据，同学们对细胞中的染色体状态进行了描述、分析，从而推断出遗传物质必然被精确地平均分配，基于证据上的推理是一种理性思维；没有显微镜我们无法进入微观世界，没有这套数字实验设备我们不能同时欣赏美丽的照片，因此科学研究还需要技术手段的支持。希望同学们把这些能力融入你的生命中，让它们和你一起成长。	聆听，思考，感悟。	使学生认识到从事科学研究需要树立探索精神、擅长理性思维、掌握技术手段，从而达成情感态度和价值观的教学目标。

九、教学反思

我校数字化探究实验室的建设在2009年完成，建成的时间不短，但是使用率却很低。造成这种现象的原因有很多，其中，教师需要花大力气去学习使用和实验课的课前准备任务繁重，是最重要的两个原因。从长远来看，我们的教学需要先进的实验设备的支持，数字化探究实验室的普及是一种大趋势，这就需要教师们有意识地、积极地学习新的理论和新的技术，以适应教学中的更高要求。

本节实验课是“观察植物细胞的有丝分裂”，运用的数字化教学设备主要是数码显微镜、计算机、数字显微图像处理系统。这节课我准备了两个星期，其中有70%的时间花在对这套系统的熟悉与使用，以及对一些常见问题的处理上。熟悉了这套应用系统后，我渐渐体会到高科技给教学带来的变革，也感到它将来必会成为我们教学中不可缺少的支撑。就本节课而言，数字化实验设备带来的优势主要体现在：显微镜下的微观世界能同时呈现在大家面前，比以往教师只能通过一台一台显微镜来指导学生要加方便、清晰、准确，同时，教师通过对学生电脑的控制，能更好地把自己的教学意图传达给学生，抓住学生的兴奋点，大大提高课堂效率。

从本节课的设计思路来说，我认为最重要的一点是——“教室思维向实验室思维的转变”。教室思维主要体现在课堂的主导者是教师，教师的讲授多；而实验室思维主要体现在课堂的主角是学生，学生的活动多，与教师单独交流沟通的机会增加，教师更重要的作用是对学生的活动成果给予评价，通过理论与实践的结合，使学生对知识理解得更加深刻。下面，我结合本节课的内容，从7个方面阐述实验室思维的具体表现：

（1）课前准备：比起教室内的授课，在实验室内做实验需要准备很多教学用具。且不说实验需要的各种各样的实验用具，单是在“备教师、备学生”上就要花大工夫、下大力气。以“备学生”为例来说，最主要的就是了解学生的实际水平，即学生现有的知识水平、显微镜操作水平、对数字显微图像处理系统的使用水平。知识水平通过教师制订的学案来检测达标；后两者则需要学生通过实践来练习，有时候甚至需要练习很多遍学生才能熟练掌握。

（2）明确任务：学生进入实验室后会非常好奇，他们的注意力早就被实验台上的物品所吸引了，因此他们的注意力最多只会集中5分钟。所以，明确任务是必不可少的，对任务的表述一定要简明扼要、符合教学目标、切实可行。

（3）充分指导：学生在实际操作中会遇到各种各样的问题，有些通过小组成员之间的交流沟通可以解决，而有些不能。而且，在长期讲授式课堂中，学生养成的习惯就是有问题问老师，因此，教师要尽可能及时对每个学生进行指导。所以，我认为，正规的实验课应该至少有两位教师，一位授课教师，一位指导教师，否则，指导学生的目标就难以达到。面对面的指导，更加有利于教师了解学生掌握知识的具体情况，增进师生之间的交流沟通和感情。

（4）全体参与：教师要通过各种预设活动充分调动每个学生的积极性，使每个学生都参与到实践活动中来。这需要教师了解学生的“最近发展区”，尽量缩短学生现有水平和目标之间的差距。本节课我通过让学生在规定的时间内完成规定的任务，通过让学生用自己的名字命名照片来激发学生的学习热情，同时发给学生实验报告，让他们可以随时记录实验过程中的问题等，使每个学生不会成为旁观者，而成为积极主动的参与者。

（5）教师素质：很显然，实验课对教师的综合素质提出了更高的要求，这个要求主要体现在对学生的实验结果进行总结评价，以及对学生实验能力的培养上。评价必须准确，必须言之有物，不能泛泛而谈，不能一概而论，且评价的语言不能课前准备，因为学生的情况是不能预测的，这就需要教师在平时的教学中进行长期的积累。由此，在实验课中，教师对课堂和学生的掌控能力可以得到全面体现。

（6）课堂评价：实验课的课堂评价主要体现在对学生活动的评价上。课程标准对学生小组整体评价的指标主要是：小组活动目标、分工协作、资源共享、互动情况、学习报告质量。对小组成员的评价指标主要是：沟通协作技能、任务完成情况。就本节课来说，学生的目标明确，在半个小时的时间内完成洋葱根尖纵切片细胞照片的拍摄和大蒜根尖细胞有丝分裂装片的制作和拍摄，必须要分工明确、共同合作。在完成的过程中有讨论有共享有互动，每个学生都很认真，虽然实验不一定能取得理想的实验成果，而这恰恰是科学研究中常常出现的情况。在评价中，教师一定要突出总结科学研究所需的要素，也就是要重视情感、态度与价值观教学目标的落实，这是实验课的又一个重要核心。

（7）技术手段：先进的数字化教学设备的确能大大提高教学效率，但同时使教学过程越来越依赖这样的技术手段。因此，在教学过程中，一定要确保各种教学仪器和设备正常运行，同时制订应急教学方案，即使突发意外情况，也可以保证教学过程正常进行。

案例六　中学物理 DIY 创新实验室建设与实践案例

上海市莘格高级中学

2007 年秋季，上海市高一年级全面使用市“二期课改”新教材。图文并茂、信息丰富的物理新教材是富有趣味同时又富有挑战的一个物理知识宝库。在新教材中，许多重要的物理知识、概念规律一改直接告知结论的传统方式，而是以“探索研究”“自主活动”“拓展联想”的方式引导学生自主学习和探究，让学生能够在自主学习和探究的过程中感悟科学研究的方法，获取科学结论，从而提高科学素养，培养科学创新的意识和能力。

新教材提出了学科教学的新理念和新要求。在教学实践中落实新理念、实现新要求，除了需要具备与时俱进的教育理念的教师外，还必须有相应的教学设备、实验器材、探究平台作为物质基础。然而，我校已有的传统实验设备和器材一方面与新教材的内容和要求并非完全匹配，另一方面在功效和性能方面也难以承担让学生进行科学探究的教学任务。为了解决教学改革中出现的新问题、新矛盾，2008 年秋季，我们针对新教材使用一年来的困惑和思考，通过教学研讨，提出了开放实验室，为学生提供自主学习和探究的平台。为了凸现这一全新的实验室在组织形式、项目内容与功能定位上的特殊性，也考虑到易于为学生喜闻乐见，我们决定将其命名为“物理 DIY 实验室”。其中，DIY 三个英文字母取自“Do it yourself！”（“自己动手做”）中三个英文单词的首字母。

这个实验室最初是基于学科本位的，是在新教材的启发下、为了有效地完成物理学科的教学任务而创建的。《国家中长期教育改革和发展规划纲要（2010—2020 年）》和《上海市中长期教育改革和发展规划纲要》关于推动本市高中教育“高质量、多样化、有特色、可选择”发展的文件精神，使我们对物理 DIY 实验室的功能和价值有了全新的认识和定位。随着物理 DIY 实验室软、硬件条件在教学实践中的不断完善和丰富，特别是教师认识水平与教育理想的不断提高，我们最终将其重新命名为“物理 DIY 创新实验室”。

一、创建物理 DIY 创新实验室的价值与意义

（一）物理DIY创新实验室的创建理念与目标

1. 创建理念

物理 DIY 创新实验室的创建理念是学校办学理念的具体体现和落实途径之一。上海市莘格高级中学是上海市闵行区实验性示范性高中，自 2002 年建校以来，学校依据“科文并举，立人成材”的办学思想，实施“立人教育”。学校的培养目标是：通过莘格三年的教育，把莘格学生培养成为志存高远，身心健康，品行端正，科学精神与人文情怀兼备，民族精神与国际情怀相融，有创意、会动手的莘格人。物理 DIY 创新实验室的建设目标是：以“学生自己动手做”为特征的实践平台，以培养学生的创新精神和实践能力为宗旨。

我们之所以把“有创意、会动手”作为莘格人的特质，是因为：这里的创意是指让学生具有“新颖性和创造性的想法”，它是创新意识和创新潜能培养和积累的必要阶段，是创新的基础阶段；而会动手则是实践的基础阶段，既是让学生学会生存的基本素质，更是使学生新颖性的和创造性的想法转化为现实的必要条件。

2. 创建目标

物理 DIY 创新实验室的建设以适应学生的自主学习和探究为目标，以培养学生的创新意识与创新能力为价值取向。物理 DIY 创新实验室一方面可以为学生的实验、制作提供物质条件的保证；另一方面可以通过开放实验室，为学生经历科学探究过程、体验科学研究方法、感悟科学精神提供实践的平台和空间，引导学生的学习从课本走向实验，从课内走向课外，从理论走向实践，最终促进学生终身学习能力、实践能力和创新能力的形成和提高。

（二）物理DIY创新实验室的功能与特色

1. 功能

物理 DIY 创新实验室的功能定位：以培养学生的创新精神和实践能力为宗旨，以“学生自己动手做”为特征的实践平台；它关注的是学生自主学习的经历，崇尚的是学生独特的创意以及自己动手、团队合作的体验；追求的是在实践中创

新，在创新中成长的教育价值。

2. 特色

物理 DIY 创新实验室经过两年多的实践和发展，迄今已拥有实验室和制作室各一间，面积共约 150 平方米。物理 DIY 创新实验室设置了包括自创类、项目革新类、传统类以及展示类 DIY 物理校本实验项目 70 余件（套），涵盖了力、热、光、电磁等物理各大分支学科领域；物理 DIY 创新制作室配置了台虎钳、电烙铁、各种测量仪表等常规工具。

为了促进学生学习方式的改变，为学生的自主探究提供有效的工具，扩大科学探究的范畴，我们改变了传统实验项目和器材一统天下的常规物理实验室格局，在物理 DIY 创新实验室中引入 DIS 数字信息实验技术，为学生的自主探究提供现代实验技术手段的支持，使信息实验技术从学习对象转变为学习工具，从而在内容与形式上改变了学生自主探究学习的方式，实现了传统和现代实验资源并存、设备和功能优势互补的新格局。

（三）物理DIY创新实验室在创新人才培养中的意义

1. 政策引领

《国家中长期教育改革和发展规划纲要（2010—2020 年）》多次强调创新及创新人才培养的战略意义："中国未来发展、中华民族伟大复兴，关键靠人才，基础在教育。""把育人为本作为教育工作的根本要求。""努力培养造就数以亿计的高素质劳动者、数以千万计的专门人才和一大批拔尖创新人才。""面向全体学生、促进学生全面发展，着力提高学生服务国家服务人民的社会责任感、勇于探索的创新精神和善于解决问题的实践能力。""促进办学体制多样化，扩大优质资源。推进培养模式多样化，满足不同潜质学生的发展需要。探索发现和培养创新人才的途径。鼓励普通高中办出特色。"

2. 培养创新人才的基地和保证

莘格中学"立人教育"的目标，主要是通过课程的开发与实施来实现的。为贯彻《国家中长期教育改革和发展规划纲要（2010—2020 年）》、上海市"二期课改"精神，学校以"科文并举，立人成材"的办学思想为指导，依据上海市课程方案，进一步加强课程建设，完成新一轮发展实验项目，为实现"立人教育"构建了丰富的、富有学校特色和学科特点的探究性学习资源。

物理 DIY 创新实验室作为学校校本课程体系“DIY 学园”的重要组成部分，在创新人才培养中具有以下重要意义：

（1）深化了与学校三类课程的整合，提高了物理学科的教学质量，为提高学生的科学素养打下了坚实的基础，为培养学生的科学精神、创新意识和动手实践能力提供了学科学习和科学课题研究的平台和基地，为创新人才的培养奠定了基础。

（2）物理 DIY 创新实验室有利于实现课程标准的培养目标，可以有效实现莘格中学的培养目标：“目标明、品行正、身心健、基础实、有创意、会动手。”

（3）物理 DIY 创新实验课程坚守人本意识，以立人为根本，努力摆脱教育的功利思想，唤醒学生的生命，塑造学生的健全人格。通过物理 DIY 创新实验课程的实施，学校形成了优质、独特、相对稳定的“立人教育”办学气质和教育风格，进一步打造了“立人教育”特色模式，立足于人的全面发展与终身发展，立足于人的可持续发展，充分关注学生人格与能力的健康成长与和谐发展，为学生的成长、成人、成功提供知识和能力准备。

二、物理 DIY 创新实验室的资源建设和课程实施

（一）物理DIY创新实验室的资源建设

学校的一切行为都属于大课程范畴。物理 DIY 创新实验室只有与学校开设的各类课程进行有机结合，才可能具有鲜活的生命力，才可能实现其特殊的教育教学功能和价值。经过两年多的教学实践，物理 DIY 创新实验室与三类校本课程有机渗透和整合，初步形成了以物理 DIY 创新实验室为基地的特色校本课程体系。

1. 课程设置

（1）基础型校本课程

基础型校本课程，即面向全体学生的 DIY 物理创新实验科技小制作，属于限定性课程。针对基础型课程的目标和要求，我们利用学生实验实施基本能力和规范操作教育，确保基础型课程学生分组实验的有效实施，必要时，我们还根据

教学需要，结合新教材的“自主活动”和“STS”（科学—技术—社会）等栏目，利用物理 DIY 创新实验室给学生的自主活动体验提供机会。

（2）拓展型校本课程

拓展型校本课程是实现学生个性发展的重要阵地。物理 DIY 创新实验室为学有专长的学生提供了进一步发展的空间，有助于提高拓展型课程的执行和实施质量。

① 限定性拓展型课程

一类是物理 DIY 创新实验体验，另一类便是每年一度的科技节。

② 自主性拓展型课程

自主性拓展型课程由以下几种课程形式组成：

A. 物理 DIY 创新实验项目探究；

B. 学科拓展；

C. 物理 DIY 实验社团；

D. 科学课题研究方法与创造发明。

（3）研究型校本课程

研究型校本课程是学生运用研究型学习方式，发现和提出问题，探究和解决问题，培养自主与创新精神、研究与实践能力、合作与发展意识的课程。物理 DIY 创新实验室为课题研究小组的同学提供了实验平台，丰富了研究型校本课程的内容和形式，有助于培养学生的创新思维、实验能力以及团结合作的精神。

研究型课程由以下几种课程形式组成：

① 限定性研究型课程——“科学课题研究方法与创造发明”

② 自主性研究型课程——“科学课题研究”

在第一学期普及科学课题研究方法的基础上，第二学期由学生自主开发课题，并在教师的组织下进行课题研究和项目设计，目前已建立起三个年级的研究型课程系列。高一年级：教师带领学生进行课题研究与项目设计；高二年级：学生自主开展学科课题研究，教师进行辅导；高三年级：教师指导学生进行学科课题研究，进一步提升研究型课程的质量。

2. 课程特点

基于物理 DIY 创新实验室的课程开发和设置体现了新课程理念的以下特点：

（1）在课程目标上注重提高全体学生的科学素养；

（2）在课程结构上重视基础性、自主性、创新性；

（3）在课程内容上体现时代性、多样性、选择性；

（4）在课程实施上注重自主学习，提倡教学和探究方式多样化。

3. 物理 DIY 创新实验室的资源配置

（1）硬件设施

莘格中学物理 DIY 创新实验室的仪器设备主要来自教师和学生在三类课程的教学实践中的不断创新和自主开发。仪器设备有的来自学生的科学课题研究，有的是对现有实验器材的重组和构建，使其具有了全新的实验功能。

物理 DIY 创新实验室

为了体现《国家中长期教育改革和发展规划纲要（2010—2020）》中“鼓励学生利用信息手段主动学习、自主学习，增强运用信息技术分析解决问题能力”的精神，创新实验室配备了 8 台安装有 DIS 数字信息实验系统软件的计算机，在数据采集器、物理传感器等相关配套设施的支持下可以进行 DIS 数字信息物理实验项目的研究。这些计算机连通了互联网，可以为学生的自主课题研究提供信息搜集和检索服务，必要时还可以播放各种科普教育的多媒体课件，真正实现个性化的自主学习。

（2）实验室的文化建设

早在物理 DIY 创新实验室的初创阶段，我们就为每一项自主实验量身定做了一套规范化的铭牌。铭牌的内容包括：该实验的操作步骤，实验原理，该实验所涉及的知识在《上海市中学物理课程标准（试行稿）》规定的基础型、拓展型、研究型三类课程中的要求定位，为每一位探究者提供规范的操作程序提示和科学理论知识的支撑。

在创新实验室入口处有一段发人深省的引言：

“你想利用自己的身体发电吗?

你知道‘满招损，谦受益’在物理实验中是如何体现的吗?

两个完全相同的物体同时下落，快慢一定相同吗?

……

请你走进 DIY 物理实验室——‘Do it yourself！’

在这里，你将通过自己的双手，找到奥秘的答案！

在这里，你将走向科学的殿堂！”

物理 DIY 创新实验室墙壁文化

创新实验室里醒目地张贴着同学们耳熟能详的著名科学家的画像。科学家们潜心于研究、专注于实验的科学态度和追求真理的科学精神，使每一位进入创新实验室的学生和教师都经历着心灵的洗礼和情感的教育；而悬挂在另一侧墙壁上的我校科技精英在各类科技竞赛现场的照片，又时时激励着一批又一批新的科技爱好者走进充满乐趣的创新实验室，走向神圣而庄严的科学殿堂。

（二）基于物理DIY创新实验室的校本课程实施

1. 丰富的物理课堂教学内容与演示实验

物理是一门自然学科，又是一门实验学科。物理课堂是“科学立真”的重要阵地。实验教学不仅可以帮助学生巩固基础概念，扩大知识视野，提升思维空间，增强创新能力，更重要的是可以让他们在规范性操作中体验知识的形成过程，感悟科学精神，最终达成我校“立人教育”的最高目标。在三类课程的教学中，我们根据物理课程涉及的知识和实验类型的不同，以及《上海市中学物理课程标准（试行稿）》要求的差异，利用物理 DIY 创新实验室独特的优质校本实验资源，探索物理 DIY 创新实验室与三类课程的充分整合与融合，以充分发挥它的教学效益。在多媒体技术日益发达、电子课件和虚拟实验泛滥的今天，科学实验仍然具有并将永远具有顽强和鲜活的生命力。

此外，课堂教学中教师的演示实验还具有提高学生学习兴趣，形象地阐释抽象的物理原理和概念，证实或证伪物理假说等独特的教学功能和价值。我校教研组教师在教学研究中不断丰富和发展校本实验，充实和完善物理 DIY 创新实验室的内涵和素材，为物理课程的课堂教学提供了强有力的支撑。上海市“二期课改”物理新教材最醒目的变化是开辟了“探索研究”“STS（科学—技术—社会）”“学习包”等新的栏目素材。由于受到各种因素的影响和制约，部分内容例如课堂演示实验、学生自主小实验等难以在有限的课堂教学时间内充分落实，创新实验室便打开大门，请学生们利用课余时间对课堂学习内容进行深入体验和研究。

2. 基于物理 DIY 创新实验室的三类校本课程的实施

（1）基础型校本课程

根据物理学科的学习内容，利用物理 DIY 创新实验室，适时提供实验器材的零配件，让学生自己或以小组合作的方式设计、组装科技小作品。科技小作品的原理与学生所学知识相关联，具有独特的功能和新颖的操作性能，易于为学生所接受并喜欢。在学生“动手做”的过程中，学科知识得到接受和理解，并在制作和展示中得到进一步的巩固和运用，学生也在不一样的学习中得到成功的体验和感受。

目前，物理 DIY 创新实验室有相对成熟的科技小作品制作项目，如下表：

序号	名称	性能简介	知识内容	开课年级
1	立体照片	数码照片的立体效果	光的直线传播及偏振	高一
2	跑马灯	彩色灯罩的自动旋转	空气对流	高一
3	机器人	简单机械电动机器人	简单机械工程结构	高一

（续表）

序号	名称	性能简介	知识内容	开课年级
4	环保节能手电筒	无常规电池供电手电筒	太阳能充电电池	高二
5	阳光罐	自动照明的长夜灯	太阳能充电电池、电路	高二
6	水果电池电子钟	水果电池供电的电子钟	原电池	高二

（2）拓展型校本课程

限定性和自主性拓展型课程主要通过以下方式实施：每年高一新生入学教育的第一课，便是在学校统一组织下参观物理 DIY 创新实验室，接受科学普及教育；高一年级全体学生在科技教师的带领下进入物理 DIY 创新实验室，每一位学生或自主或小组合作选择一个实验项目撰写科技小论文，并在教师的组织下以班级为单位进行展示交流。此外，全校同学可以在一年一度的学校科技节以及平时开放的时间来到物理 DIY 创新实验室，通过亲自动手实践，在科学的世界里遨游，体验科学的真善美。

在物理 DIY 创新实验室的体验，给学生留下了深刻的印象，使他们不断积极主动地运用所学新知识去探究。于是，一些学有专长的学生在自主拓展课上，再次带着问题来到实验室进行自主拓展学习。除此以外，部分有志于深入学习物理的学生还可以通过参加各年级的科技社团，进入物理 DIY 创新实验室进行有组织的拓展实验。

（3）研究型校本课程

物理 DIY 创新实验室的实验项目既立足于物理教材，又对教材作了延伸和补充。在带给每一位参与者新奇感受和体验的同时，新的问题和创意便会接踵而至，于是，一个个富有想像的科学研究课题的萌芽油然生成。在教师的组织下，师生共同整理、评价并选择有价值、有意义的创意，或提升到课题层面进行研究和探索，或修改后作为中学生的发明创意进行专利申报，或制作成科技作品充实到物理 DIY 创新实验室中。目前，基于物理 DIY 创新实验室资源的研究型校本课程通过以下方式实施：

① 限定性研究型课程——“科学课题研究方法与创造发明”

普及科学课题研究方法，目的是提高全体学生的科学素养，为提升全体莘莘学生的创新精神与实践能力奠定基础。几年来，学校始终坚持在高一年级开设每周一课时的“科学课题研究方法与创造发明”校本特色课程，并将该课程与物理DIY创新实验室的实验项目进行有机整合；因为物理DIY创新实验室中的大部分实验项目就是来自教师和学生的科技创新成果，具有丰富、生动和鲜明的校本化特征。

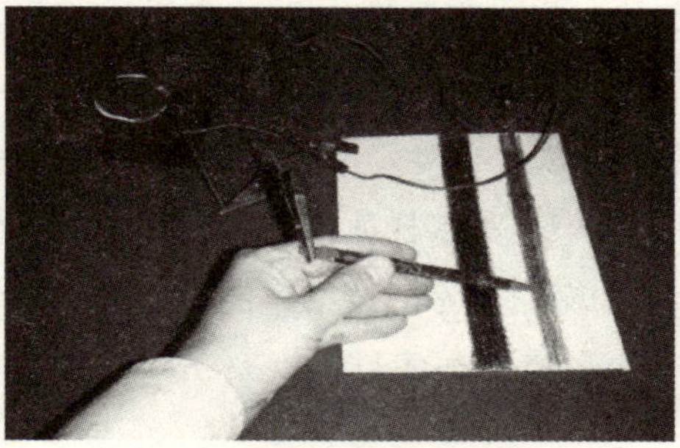

铅笔为什么会唱歌?

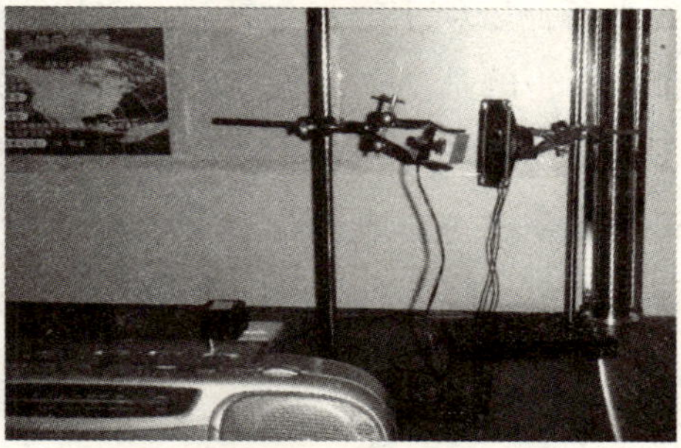

激光是怎样传递声音的?

② 自主性研究型课程——“科学课题研究”

“科学课题研究方法与创造发明”的理论学习和知识储备，为学生利用物理DIY创新实验室发现科学课题，提炼科学研究课题，实施自主研究提供了保证。也就是说,“科学课题研究方法与创造发明”是“科学课题研究”的理论基础,“科学课题研究”是“科学课题研究方法与创造发明”的实践和应用。

目前，在DIY物理创新实验室，一个个新颖奇特的实验带给每一位参与者一个个问号：

A. 人体也能发电吗?

B. 怎样识别手摇感应起电机两个极的电荷性质?

C. 两个完全相同的物体，下落情况一定相同吗?

D. 物体为什么能够自发地从低处向高处运动?

E. 铅笔为什么会唱歌?

F. 激光是怎样传递声音的?

G. 地球仪为什么能“飘”在空中?

……

3. 教学过程与方法

《上海市中学物理课程标准（试行稿）》明确指出：物理教学过程要促进学

生、教师和相关教学资源的互动，……使学生在观察、思维、质疑、解惑、发现和创新的过程中获得体验。

根据以上建议，我们在实施基于物理 DIY 创新实验室的探究性学习的过程中，注重体现以下课程特色：以国家和校本课程为载体，以物理 DIY 创新实验室为平台，以动手操作为特征，以探究性学习为手段。物理 DIY 创新实验室首先带给学生的是视觉刺激，让学生通过观察产生认知冲突，进而有进一步探究和学习的欲望；让学生亲自动手做，带给他们与课堂学习完全不同的体验和感受，促进他们积极主动地思维；多元化的学习探究渠道和多样化的校本课程，为学生提供了自主选择的发展空间；小组合作学习和交流展示，给学生的个性成长提供了广阔的空间；从物理 DIY 创新实验室走向各级各类的科技竞赛，则铺垫了科技特长生的成才之路。

总之，物理 DIY 创新实验室为学生的自主探究实践和理论研究提供了平台，能够有效地帮助学生获取知识与应用知识解决问题，最终实现提高科学素养和科学能力、获得创新精神和创新能力的课程目标。

4. 基于物理 DIY 创新实验室的创新教育成果

（1）物理 DIY 创新实验室已经成为科学教育的基地和创新人才的摇篮

物理 DIY 创新实验室一方面为学生的自主实验、课题研究提供了物质条件；另一方面为学生进行科学探究、体验科学研究方法、感悟科学提供了实践平台和空间，引导学生的学习从课本走向实验，从课内走向课外，从理论走向实践，最终促进学生终身学习能力、实践能力和创新能力的形成和提高。

物理 DIY 创新实验室创建以来，科技活动小组的同学在各级科技竞赛的赛场上取得了累累硕果。仅 2010 年，从物理 DIY 创新实验室走向各级科技赛场的我校科技精英便荣获以下殊荣：

①“上海市第九届中学生科学课题论文评比”第一、二等奖。

②“第 24 届英特尔上海市青少年科技创新大赛”一等奖 2 个、二等奖 1 个、三等奖 3 个。

③“第九届中国青少年机器人竞赛上海赛区选拔赛”一等奖 4 个、二等奖 1 个和三等奖 1 个。

④“上海市未来工程师大赛”一等奖 1 个、二等奖 3 个。

⑤ 2 人获“上海市科技希望之星”称号，6 人获“闵行区明日科技之星”称号，3 人获“闵行区科技希望之星”称号。

⑥ 学生申请的国家专利共有 15 项，并已授权。

……

（2）立人者自立—— 物理 DIY 创新实验室成为教师专业发展的高地

我校物理教研组的教师在积极践行学校“科学立人”教育理念的同时，自己也取得了长足的进步。两年来，他们在多项教学评比和教科研项目中获得殊荣：

① 2009 年 4 月，教研组的归鼎老师、喻承老师自制的教具荣获科教创新项目全国二等奖、上海市一等奖。

② 2009 年 12 月，教研组的任宏杰老师、喻承老师、蔡香英老师和邵友娣老师获首届“南洋杯”物理教师实验技能和创新实验大赛一、二等奖各一项，三等奖两项；教研组获优秀组织奖。

③ 2010 年 6 月，教研组周晓松老师的论文《新课标情境下物理 DIY 自主实验室建设研究》获闵行区首届教学小论文评比二等奖。

④ 教研组辛丽君老师的论文《实验课可以更精彩》在国家级核心期刊《物理教学》2012 年第 1 期上发表。

……

（3）校本教材编辑成册

历经两年的资料整理、撰写和修改，凝聚着教研组集体智慧的校本科技教材《物理 DIY 实验手册》（初稿）编辑成册。全册包括三大类物理 DIY 实验项目：

项目	数量	备注
自创类物理 DIY 实验项目	33 个	校本研发独创
革新类物理 DIY 实验项目	7 个	原有实验改进
传统类物理 DIY 实验项目	5 个	现有实验器材开放

每一实验项目由“操作步骤”“实验原理”“知识链接”以及“课程要求”内容组成。

操作步骤：介绍该实验在 DIY 操作中的步骤和注意事项、观察要点。

实验原理：介绍该实验涉及的物理知识和规律。

知识链接：介绍该实验涉及的物理知识和规律在《上海市中学物理课程标

准（试行稿）》中的课程类型。

课程要求：介绍该实验涉及的物理知识和规律在《上海市中学物理课程标准（试行稿）》中的课程要求。

三、物理 DIY 创新实验室的管理与课程评价

（一）组织领导与管理

物理 DIY 创新实验室的核心内涵在于“Do（做）”。根据物理 DIY 创新实验室的价值定位，“Do”被赋予以下含义：

1. 来自教师的“动手”实验开发

物理 DIY 创新实验室创立的最初动因来自教师的教学研究，是教师教学智慧和教学经验的集中体现和物化，是对课堂教学内容的有效补充和延伸。高一、高二的全体学生在教师有计划的组织下进入物理 DIY 创新实验室进行实践体验；部分科技爱好者以科技社团的方式进入物理 DIY 创新实验室进行深入的专项实验研究。除此以外，物理 DIY 创新实验室利用午休及课余时间面向全校学生开放，为学生提供动手操作的实践园地。

2. 创意实验引领下的学生“动手”实践

这个“DO”又具有三层含义：

（1）学生在物理 DIY 创新实验室的体验和探究。

（2）学生在教师的指导以及“头脑风暴和灵感”启发下的创意和实验制作。

（3）学生参与物理 DIY 创新实验室的管理和常态运作，真正体现学生在自主学习实践中的主人翁地位。目前，在我校高一、高二年级，各有一支由科技爱好者组成的“物理 DIY 创新实验室讲解员”，经过系统的学习和实践，他们可以非常娴熟地为初学者进行理论讲解和实验操作指导。

3. 课程管理

（1）将学生的物理 DIY 创新实验室体验之旅纳入常规的课程计划和组织管理中，包括：高一新生入学的“科普教育观光之旅”；高一学生在科技课程计划中有组织、有目的的“物理 DIY 创新实验室全面体验之旅”；高二年级自主选修的专题研究性课程“主题研究之旅”；物理 DIY 创新实验室常态开放下学生的“自

由旅行”。

（2）对于部分学有专长的学生的课题研究，教师借助物理 DIY 创新实验室进行组织管理和资源分配，确保探究课题的顺利进行。

（3）通过报名申请程序，在高一、高二两个年级中选拔部分科技爱好者充当实验室的义务解说员，利用自主活动时间对他们进行专项培训，从实验操作的规范性、解说语言的科学性等方面提高他们的业务水平和操作技能，并通过学生之间的传、帮、带，形成义务解说员之间的新老交替、良性循环。

（4）一年一度的学校科技节中，物理 DIY 创新实验室又成为学生的课题研究和成果展示、交流的重要基地。

4. 实验室开放措施

目前，物理 DIY 创新实验室的开放形式共有三种：一是有组织的面向高一年级的科技课程、高二年级的自主研究课程的定时、定人员的开放；二是对各年级课题研究小组的专项实验探究定项目开放；三是常态下的实验室的定时不定人员的自由开放。

5. 资源共享

物理 DIY 创新实验室自 2008 年 12 月创建以来，已经成为我校学生科技实践活动的“乐园”。目前，平均每个学期以三类课程的形式进入物理 DIY 创新实验室的各年级学生约 50 批次、1500 人次。随着物理 DIY 创新实验室内涵的不断丰富，功能的不断完善，其影响也逐渐扩大。兄弟学校的物理同行、区市各级领导乃至外省市教育界的同仁络绎不绝地前来参观、考察，他们也给物理 DIY 创新实验室的发展提供了许多宝贵的意见和建议。

（二）对物理DIY创新实验校本课程的评价

课程评价是改进教师教学，促进课程不断发展和学生全面成长的重要环节，因此，构建富有学科特色和学校特点的校本课程评价体系，对实现物理 DIY 创新实验校本课程的目标、促进学生科学素养和创新能力的发展、提高校本课程的教学质量具有十分重要的意义。参照《上海市中学物理课程标准（试行稿）》，课程评价应当包括对课程教材的评价、对教师的评价和对学生的评价等。

1. 评价理念

（1）课程评价的含义

课程评价是指依据一定的评价标准，通过系统地收集有关信息，采用各种定性、定量的方法，对课程的计划、实施、结果等有关问题作出价值判断并寻求改进途径的一种活动。

① 课程评价是一个价值判断的过程。价值判断要求在事实描述的基础上，体现评价者的价值观念和主观愿望。不同的评价主体因其自身的需要和观念不同，对同一事物或活动会产生不同的判断。

② 课程评价的方式是多样的，既可以是定量的方法也可以是定性的方法，教育测试或测量只是其中的一种方法，并不代表课程评价的全部。

③ 课程评价的对象包括“课程的计划、实施、结果”等多种课程要素。也就是说，课程评价对象的范围很广，它既包括课程计划本身，也包括参与课程实施的教师、学生等，还包括课程活动的结果，即学生和教师的发展。

（2）评价理念

① 以学生的发展为本。创新实验资源开发的终极目的是为了学生本身，为了学生的未来。学校课程资源开发的根本在于学生的发展。课程资源必须进入学生学习层面，让学生与课程、教材产生互动和对话。实际上，没有进入学生学习层面的课程开发都只能是零开发，不可能对学生的发展产生作用。

② 共同发展。首先是全体学生的发展，其次是全体教师的发展，最后则是整体课程的发展。无论是学生的发展，或者教师的发展，还是学校课程的发展，都是整体的、共同的发展。课程整体发展有助于“特色”课程的形成和发展。

③ 持续发展。校本课程资源的开发需要开发者建立“系统思维”，长远规划、谨慎设计，利用一切可用的资源，使课程开发上升到“持续发展”的战略高度。校本课程资源开发活动自身就是一个连续的动态的过程，评价的重要功能就是要促进“反思”，不断“改进”课程，维持课程的持续生成。

2. 构建多元化的评价体系

对校本课程资源的评价和对一般课程的评价并没有本质的区别。但是，由于校本课程资源在开发主体、开发机制与旨趣等方面的特殊规定性，与国家课程、地方课程相比，对体现学校办学理念和特色的物理 DIY 创新实验校本课程的评价又具有自己独特的特点，即价值取向的发展性、评价主体的多元性、评价时间的一贯性、评价对象的丰富性和评价方法的人文性。根据物理 DIY 创新实验校本课程的特点，我们在教学实践中构建并逐渐丰富了多元化的评价体系。

（1）针对物理 DIY 创新实验的评价

这一评价方式主要是通过对物理 DIY 创新实验校本课程教和学两个方面的参与者,也就是教师和学生的问卷调查来进行的。（问卷调查参见附录 1 和附录 2）

来自教师和学生的客观评价，是完善和丰富物理 DIY 创新实验校本课程资源的一个重要参考依据。正是这些评价，才使得莘格中学物理 DIY 创新实验室更加贴近学生、贴近学科教材，成为广大师生实施科技创新教育和培养创新人才的实践基地。

（2）针对教师的评价（评价量表参见附录 3）

（3）针对学生的评价

《国家中长期教育改革和发展规划纲要（2010—2020 年）》明确指出："树立全面发展观念，努力造就德智体美全面发展的高素质人才。树立人人成才观念，面向全体学生，促进学生成长成才。树立多样化人才观念，尊重个人选择，鼓励个性发展，不拘一格培养人才。"以上现代教育评价理念在物理 DIY 创新实验校本课程评价体系中得到了贯彻落实。

① 面向全体学生的通识教育评价

表一：物理 DIY 创新实验校本课程过程性评价量规（评价量表参见附录 4）

表二：物理 DIY 创新实验校本课程成果性评价量规（评价量表参见附录 4）

② 针对科技特长生的评价（评价量表参见附录 5）

物理 DIY 创新实验校本课程的宗旨，在于通过动手实践，充分激活和开发学生的各种潜能，使他们成为理解能力、分析能力和创新能力全面发展的综合型人才。实施针对科技特长生的评价，目的就在于在促进学生全面和谐地发展的同时，尊重学生的个性特长，并为科技特长生的成长提供良好的环境。

附录 1

物理 DIY 创新实验校本课程评价调查问卷（教师卷）

1. 您认为校本课程与学校的培养目标是否一致？

答：一致（　　）基本一致（　　）不一致（　　）

2. 现有物理 DIY 创新实验校本课程内容的科学性和准确性是否妥当？课程材料的编排、程序是否合理？如果请您来重新组织、整合校本课程内容，参照《上海市中学物理课程标准（试行稿）》，您将作怎样的调整和修改？

答：恰当（　　）基本恰当（　　）不恰当（　　）

合理（　　）基本合理（　　）不合理（　　）

您的调整和修改意见：______________________________

____

____

3. 在教学实施过程中，您认为校本课程内容的广度和深度是否适合我校学生的实际情况？特别是在与学科课程之间的衔接和呼应方面需要做怎样的调整？

答：广度：适合（　　）基本适合（　　）不适合（　　）

深度：适合（　　）基本适合（　　）不适合（　　）

您的调整和修改意见：______________________________

____

____

4. 在组织实施物理 DIY 创新实验校本课程的教学过程中，您遇到了怎样的问题和困惑？您又是怎样解决的？效果如何？

答：您的问题和困惑：______________________________

____

____

解决的方法和效果：______________________________

____

5. 在丰富和发展物理 DIY 创新实验校本课程资源方面，您有什么创意和设想？

答：您的创意和设想：____

____

____

附录 2

物理 DIY 创新实验校本课程评价调查问卷（学生卷）

1. 哪一个物理 DIY 创新实验项目给你留下了深刻的印象？

答：____

2. 哪一个物理 DIY 创新实验项目你认为还可以进一步改进？如何改进？

答：____

____

____

3. 对于物理 DIY 创新实验室里的哪一个创新实验项目，你能在生活中或生产中找到具有相同物理原理的实际应用？它们之间的相同点和不同点你能简单地加以说明吗？

答：（1）生产或生活中的实际应用：____________________________

____

（2）相同点：____________________________________

____

不同点：____________________________________

____

4. 体验了物理 DIY 创新实验项目后，你受到了怎样的启发？是否有兴趣针对某一个物理DIY创新实验项目做进一步的研究和探索？如果有，你需要怎样的帮助和指导？

答：____

____

____

5. 物理DIY创新实验项目中的实验项目与你在其他科普教育基地，例如上海市科技馆中见过的项目比较，最大的优点是什么？最需要改进的地方是哪里？

答：____

____

____

6. 你愿意成为物理DIY创新实验室的志愿者，义务为参观者和体验者提供指导和帮助吗？

答：____

____

____

附录3

针对教师的评价量表

教师		学科		课型		班级	
时间	年 月 日 第 节	课题					
评价指标		分值	优	良	中	差	得分
教学目标	符合学科课程标准和教材的基本要求，体现校本课程特色	5	5	4	3	1	
	教学目标明确、适当，切合学生实际，符合学科实验特点	5	5	4	3	1	

（续表）

评价指标		分值	优	良	中	差	得分
教学过程	设计符合学生的认知规律，体现了课程理念；校本实验有创新	9	9	7	5	2	
	重难点处理得当，反馈矫正方式灵活多样，训练合理	8	8	6	4	2	
	教学思路清晰，课堂结构严谨	8	8	6	4	2	
教师素养	语言准确、有感染力，板书工整、合理	4	4	3	2	1	
	物理 DIY 创新实验应用适时适度，操作规范熟练	5	5	4	3	2	
	知识面宽，教态亲切，有驾驭课堂的能力	6	6	5	3	2	
教学策略与方法	营造民主、平等、互动、开放、和谐的学习氛围，激发学习兴趣	8	8	6	5	4	
	有效利用物理 DIY 创新实验引导学生主动学习、合作学习，指导具有针对性、启发性、实效性	7	7	5	3	1	
	学生能够充分利用物理 DIY 创新实验的资源积极思维，敢于表达和质疑，有新的创意和见解	8	8	6	4	2	
	根据教学实际选用恰当的教法，重视教学资源的开发与整合	7	7	5	3	1	
教学效果	学生能够将实验感悟与知识相联系，在理论学习和运用实验解决问题方面形成基本策略和能力	10	10	8	6	4	
	各类学生都能获得实验操作的成功体验，态度积极	10	10	8	6	4	
特色加分	设计新颖，独具特色，富有教学智慧	5	5	4	3	2	
综合评价	总体评价	总得分					
	意见和建议 评议人：　评价日期：　年　月　日						

附录 4

面向全体学生的通识教育评价量表

表一　过程性评价量规

评价项目/分值	20	15	10	5分及以下	评价结果
问题	学生围绕一个主题，自己确定问题	给出主题后，学生自己确定问题	学生在教师的帮助下确定问题	教师给出问题	

（续表）

评价项目/分值	20	15	10	5分及以下	评价结果
资源收集	从多种渠道收集信息，并正确地标明了出处	从多种渠道收集信息	从有限渠道收集信息	只是从教材收集信息	
分类	学生为资源分类，并自己开发了基于课题研究的研究框架	师生为课题研究共同想办法，学生自己创建课题框架	师生共同开发了课题研究框架	学生使用老师开发的资源和课题框架	
分析或实验	学生分析了资源信息，并通过实验自己得出了课题研究的初步结论	学生分析了资源信息并在教师的指导下通过实验得出了自己的结论	学生在教师的指导下分析了资源信息，并和教师共同实验得出了结论	学生复述了所收集的资源信息，没有参与实验研究	
最终产品	学生有效地使用各种资源，以多种方式展示了自己的发现，并撰写了科学课题小论文	学生有效地使用资源，以小论文的方式表达自己的发现	学生使用资源，展示了自己的发现	学生对课题研究成果的表现形式单一、不全面	

表二　成果性评价量规

评价项目/分值	20	15	10	5分及以下	评价结果
任务完成情况	研究报告或作品是团队通过严谨的科学研究和实验得到的结果	经过了严谨的科学研究和实验，但对课题的一个方面缺少关注，结论不全面	经过了严谨的科学研究和实验，但关于课题的两个或以上结论不全面	没有完成任务，也没有通过努力去完成任务	
合作情况	分工明确，合作有效，最后的成果是团队共同努力和团结一致的结果	大家在一起工作得很好，但是分工不很明确，没能将每个人的技术发挥好	大家在一起工作中出现了一些问题	最后的结果根本不是合作的成果，这组成员没有任何合作精神	
创新情况	课题的视角新颖、富有创意，研究成果具有创新性和启发性	课题的视角新颖、富有创意，研究成果的创新性和启发性不够	课题的视角、研究成果的创新性和启发性不够	看不出任何创造性	
展示	清晰地介绍课题研究中的所有问题，并且清晰地阐明了答案的合理性	回答了课题研究中的所有问题，但不是所有答案的合理性都得到了清晰的阐明	没能回答所有问题，并且对答案的合理性阐述得也不清晰	对所有的问题都没有很好地回答	

（续表）

评价项目 / 分值	20	15	10	5 分及以下	评价结果
书写和语法	成果的最后形式在书写和语法上没有任何错误，符合科学原理	成果的最后形式在书写和语法上有 1 ～ 2 处错误	成果的最后形式在书写和语法上有 3 ～ 5 处错误	成果的最后形式在书写和语法上存在大量错误	
总体评价					

附录 5

针对科技特长生的评价量表

评价项目 / 分值	20	15	10	5 分及以下	评价结果
问题发现	在物理 DIY 创新实验的项目研究中，自主发现并提出问题，问题具有独创性和创新性	在物理 DIY 创新实验的项目研究中，通过小组讨论发现并提出问题，问题具有独创性和创新性	在物理 DIY 创新实验的项目研究中，在教师参与的讨论中发现并提出问题，问题具有独创性	在物理 DIY 创新实验的项目研究中，在教师的启发下发现问题	
方案制订	能够针对问题自主提炼出科学的研究课题并制订详尽、科学的研究方案	能够针对问题通过小组讨论提炼出科学的研究课题并制订详尽科学的研究方案	在教师的参与下针对问题提炼出科学的研究课题并制订科学的研究方案	在教师的启发下，通过小组讨论，针对问题制订出科学的研究方案	
实验探究	实验原理科学，器材选取合理，操作步骤规范，能够自主发现并解决新问题，对实验数据的处理得当	实验原理科学，器材选取基本合理，操作步骤较规范，能够通过小组讨论发现并解决新问题，对实验数据的处理得当	实验原理科学，器材选取基本合理，操作步骤较规范，在教师的启发下发现并解决新问题，对实验数据的处理得当	在教师的参与下完成实验探究，并在教师的启发下发现并解决新问题	
研究成果	通过实验探究解决了问题，并有独创性的研究结论或创新性的研究成果	在小组合作下通过实验探究解决了问题，并有独创性的研究结论或创新性的研究成果	在小组合作下通过实验探究解决了问题，并在教师的启发下有新的发现或见解	经教师的帮助，在小组合作中通过实验探究解决了问题	

（续表）

评价项目／分值	20	15	10	5分及以下	评价结果
合作交流	研究过程中注重小组合作，积极组织、协调研究进程，并能熟练地利用各种媒体展示研究成果	研究过程中注重小组合作，分工明确，并能熟练地利用一种媒体展示研究成果	通过小组合作完成课题研究，并在研究中承担某一方面的具体任务，效果良好	在教师的帮助下通过小组合作完成课题研究，基本完成承担的具体任务	
总体评价					

附录6

科学立人　求真求善

——基于物理DIY创新实验室的探究性学习案例

2009年5月4日，上海市闵行区教育信息网《闵行教育动态》栏目，在醒目的头版位置刊登了一则科技教育新闻《我区包揽“上海市第九届中学生科学课题研究评比展示活动”一等奖》：在“上海市第九届中学生科学课题研究评比展示活动”决赛中，莘格中学参赛的科学课题“人的反应时间及其变化奥秘初探”，经过模型展示、设计原理及研究过程讲解、论文答辩等多个环节，在与其余全部来自市实验性示范性高中的二十几支代表队的角逐中，最终荣获一等奖。该报道还特别提到：作为此次参加决赛评比的唯一一所普通中学，莘格中学参赛学生规范的行为礼仪、整齐划一的校服着装、精诚团结的合作精神等给各位评委留下了深刻的印象，市教委教研室、市力学学会的评委和专家对该校师生积极进行该项活动的组织、开展，给予了高度评价和赞扬。

作为获奖课题的指导教师，回顾近一年来的教学指导历程，在经历了几多曲折、几多迷惘之后，此刻，面对师生共同经历的科学探究过程和辛勤劳动的成果，我感到的更多的是一种欣慰，一种收获：“科学立人、求真求善”作为一种崇高的人生理念，实实在在地融合在教师的教学行为和学生的学习过程中；而科学精神的载体——科学课题，则需要我们教师引导学生用一双双慧眼，在身边、在鲜活的生活中去寻找、去发现。

一、研究课题的由来

研究课题的最初创意产生于高一第一学期物理基础型课程“G学习包——自由落体运动”的教学过程中。教材《拓展与应用》栏目为学生的实践研究提供了素材：利用自由落体运动测定人的反应时间。常规的教学是组织学生进行小组合作学习，通过小的实验器材直尺和关于自由落体运动的规律的知识，便可顺利地完成教学任务。但是，在高一（1）班的学生自主探究时，万天浩同学无意中提出了一个问题:“为什么我们每一个人的反应时间不相同,甚至有的相差很大呢？”这显然和课题本身所涉及的学科知识无关。当时，我完全可以这样回答：“这不再是物理学科的问题，你可以请教生物老师。”如果这样回答，不但打击了他多思善问的积极性，教师本身的治学态度也是有悖应有的科学精神的。我敏锐地发现了这个问题所蕴含的科学精神教育功能，坦诚地回答：“老师也不知道这个现象的科学道理。如果你感兴趣，我们可以组织一个团队针对这一现象共同学习、共同研究。你首先可以成立一个课题探究小组，并以组长的身份负责组织课题名称的立项、课题成员的确定和任务分工。遇到困难时我们共同研究解决。”带有启发、指导的激励性语言，一下激发出了万天浩同学的研究热情。当天，一个以万天浩同学为组长，以刘婧琦、金娇和刘建祺3位同学为组员的课题研究小组便宣告成立，课题名称暂定为：人的反应时间奥秘。

二、课题研究计划的制订

课题的确立和课题攻坚小组的成立只是万里长征的第一步——当然，也是关键性的一步。随之一系列问题便接踵而至：什么叫作“反应时间”？每一个人的反应时间是恒定不变的吗？如果一个人的反应时间是变化的，那么这种变化有没有规律？如何进行课题研究的分工合作？……

以上便是课题研究开始前就横亘在同学们面前、必须及时加以解决的问题。对此小组成员进行了如下思考：

刘婧琦（若有所思）：运用网络检索功能查找“反应时间”的名词解释和科学界定。

指导教师：如何使较为抽象的科学术语易于为大家所理解和接受？

刘婧琦：补充短跑起跑时不同运动员反应时间长短不同等通俗易懂的实例。

金娇（灵感闪现）：一个人的反应时间在通宵熬夜的时候肯定会变。

指导教师（点拨）：你认为会怎样变？怎样才能证明你的观点？

金娇：我认为人在熬夜时的反应时间应当变长，也就是说人会变得越来越迟钝。我和刘婧琦可以通过通宵不睡觉进行实验，可以利用周六晚上进行实验。

万天浩（受到启发）:人的反应时间在夜晚会变化,那么在白天也应当会变化。

指导教师（点拨）：你认为会怎样变？你又如何来证明你的观点？

万天浩：我是住宿生，可以利用这个条件针对住宿的同学进行白天人的反应时间的测量，应该可以发现一些规律。

指导教师（组织协调）：大家都主动认领了任务，刘建祺同学，你准备承担什么工作？

刘建祺（稍作思考）：我自认为我有一些计算机特长，你们的实验数据统统都交给我，由我负责用计算机的Excel工作表进行数据的整理和统计。

指导教师（提出要求）：大家都明确了各自的任务，希望大家相互协作，按时完成各自的任务；组长要协调沟通，随时掌握各项目的进展情况。一旦课题研究出现问题，要及时向老师汇报，以便共同研究解决问题的办法。

三、课题研究的实施

（一）理论研究（研究者：刘婧琦同学）

1.反应时间

是从刺激的呈现直到反应开始之间的时间间距。反应不可能恰在给予刺激的同时就从机体发出，刺激仅仅引起了一种过程的开始。这种过程是在机体内部进行的，在到达肌肉，产生一种外部可见的、对环境的效应之前，它是潜伏的，因而反应时间也称为潜伏期。它包括刺激引起感觉器官活动的时间，大脑加工消耗的时间，神经传入传出的传导时间以及肌肉收缩反应的时间。反应时间是心理学研究中的一种常用的反应变量指标。

许多心理学专家通过实验测得的人的生理反应时间都大于0.1s，但是每个人都

不一样，即便同一个人的反应时间也并非一个定值，例如反应时间与人的状态和心情有很大的关系，一般心情好的时候比心情差的时候反应快，兴奋的时候比沮丧的时候反应快，还有人在没睡醒或喝酒后反应时间会大大延长。正常人的反应时间为 0.15 ～ 0.4s，“飞人”刘翔的反应时间为 0.139s，据说著名乒乓球国手刘国梁的反应时间比队友要少 0.01s，所以能取得好成绩。

2. 自由落体运动

物体在仅受重力作用的情况下由静止开始的运动。这是高中物理课本中的解释，体现了一种重要的科学研究方法：理想模型法。在地球表面运动的物体，必定受到空气的阻力。在特定的情况下，由于这种阻力与物体所受的重力相比属于次要因素，因而予以忽略，以突出重力这一主要因素，从而大大简化了我们研究的问题，便于我们抓住事物和现象的本质规律。这种科学研究方法的开创者伽利略以此揭示了不同重量的物体下落快慢的规律，纠正了人们几千年来的错误观念。本课题，我们将运用钢尺的自由下落运动，探究人们反应时间的奥秘。

（二）实验研究

【实验目的】

在不同的内外部条件下，对人的反应时间进行测量，以了解各种不同的内外界因素对人的反应时间的影响，认识人类自身的生理属性。

【实验原理】

本课题研究中人的反应时间是指在有精神准备的条件下，手能作出反应的时间，其测量原理运用了自由落体运动的规律。

【实验步骤】

1. 取一长为 40cm 的直尺。

2. 一人（测试者）手持直尺上端使其自然下垂；另一人（被测试者）一手伸出并张开两指置于直尺下端零刻度处（两指勿触及直尺）。

3. 准备就绪后，测试者随机放开直尺，使其自由下落；被测试者根据观察作出反应，用两指夹住下落的直尺。

4. 根据直尺自由下落的高度、由自由落体运动的规律，得到被测试者的反应时间，并将实验数据填入设计的表格中。

5. 每种情景下的实验重复五次，得到反应时间的平均值。

6. 根据实验设计，改变不同的内外部因素，重复测试，同时记录数据。

7. 处理、分析实验数据，得到反应时间及其变化特征。

【实验项目及结论】

1. 项目 1：在通宵熬夜的情况下人的反应时间的变化特征

实验者：刘婧琦、金娇两位同学

实验情景：课题研究小组的刘婧琦、金娇两位女同学承担了这项研究。她们于 2008 年 12 月 6 日夜至次日早晨（双休日）进行了通宵实验。

实验操作：从 2008 年 12 月 6 日 23：30 至次日早晨 8：00 止，每隔 30min 相互进行测试并记录。

实验数据图像如图 1：

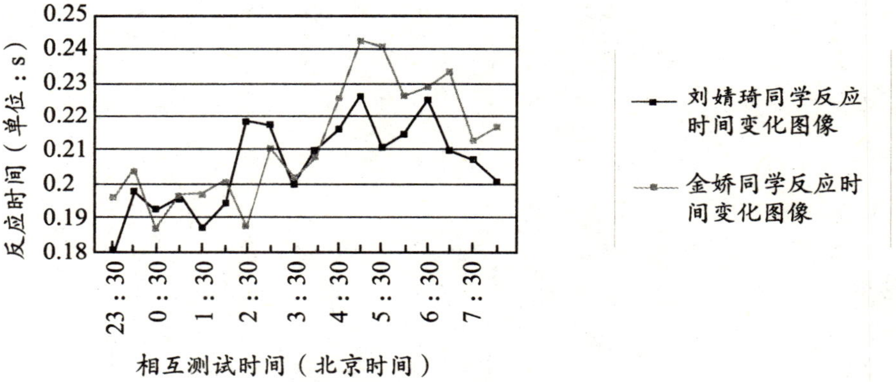

图 1　两位同学通宵熬夜过程中反应时间变化特征及比较

由图可见，同一时刻两人的反应时间并不相同，存在个体差异；两人反应时间的变化特征相似：23：00 至凌晨 2：30 左右变化并不显著；3：30 至 6：00 反应时间均有明显变长的现象；7：00 至 8：00 反应时间又有所缩短。

2. 项目 2：喝浓茶对人的反应时间的影响

实验情景：课题研究小组的金娇同学承担了这项研究。她于 2008 年 12 月 13 日（周六）上午在家长的协助下进行了实验。

实验操作：该同学于 8：30 喝绿茶前的 10min 即 8：20 先期测量了一次反应时间，并从喝茶后每间隔 10min 测量一次，至 9：50 结束，共得到 10 组数据。

由图 2 可知，喝浓茶对人的反应时间有影响。从实验数据可以看到：喝茶后的 10min 便有显著的效果，在 40min 时达到最大效果，一个小时后影响基本消除。

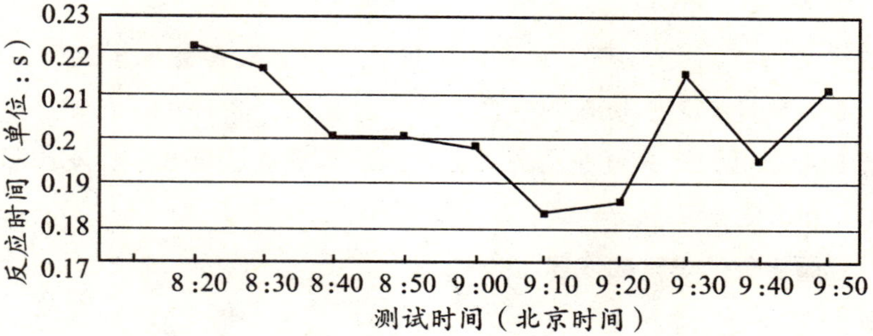

图 2　被测试者：金娇（喝浓绿茶时间：北京时间 8：30）

3. 项目 3：喝咖啡对人的反应时间的影响

实验情景：课题研究小组的刘婧琦同学承担了这项研究。她于 2008 年 12 月 13 日（周六）下午在家长的协助下进行了实验。

实验操作：该同学于 4：40 喝咖啡前的 20min 即 4：20 先期测量了一次反应时间，并从喝咖啡后每间隔 10min 测量一次，至 18:00 结束共得到 10 组数据。

从图 3 可知，喝咖啡同样对人的反应时间有影响。从实验数据可以看到：喝咖啡后 20min 开始有效果，反应时间有所减少，在 40min 时效果较显著，一个小时后人的反应时间波动较大。

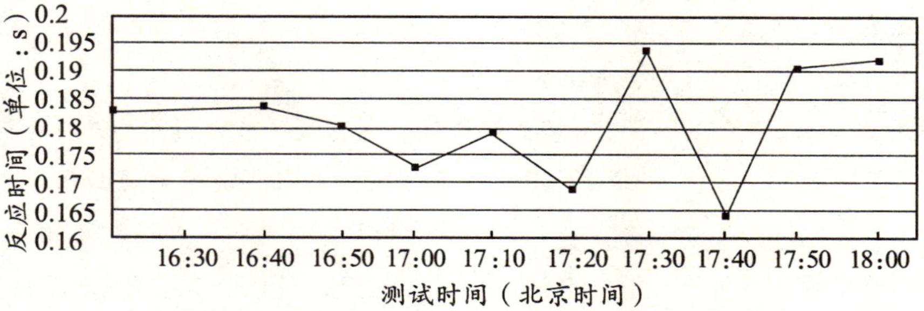

图 3　被测试者：刘婧琦（喝咖啡时间：16：40）

4. 项目 4：一天中各时间段人的反应时间的变化特征

实验情景：课题研究小组的万天浩同学承担了这项研究。他于 2008 年 12 月 13 日（周六）在家长的协助下进行了实验。

实验操作：该同学于6：00起床并即刻测得其反应时间，然后在同一天晚上临睡前测得最后一个数据，共16组数据。

分析可知，6：00刚起床时的反应时间较长，早饭后则趋于正常；11：30午饭前后的反应时间变化较明显，整个中午至13：30，被试反应时间均较长，13:30后又趋于正常;17:30晚饭后反应又有所迟钝，但18:30之后又恢复正常，并在晚上17：00至22：00被试的反应达到一天最灵敏状态；临睡前至22：30反应时间又有所延长。

四、课题研究的丰富和发展

课题研究中的诸多问题，有一些是伴随着课题的深入衍生出来的。在指导教师的协调和组织下，课题研究在不断地深入和发展，不断地丰富和充实，而课题小组成员的思维和能力也在解决问题的过程中得到了激活和提高。

利用直尺的自由落体运动测量人的反应时间的实验有何不方便之处？怎样改进实验手段和设备？

除了因为人体自身的生理因素而随时间呈现一种自然的变化外，人的反应时间还有没有可能在外部环境因素或条件的刺激下发生被动的变化？

……

在课题研究的过程中，问题一个接一个，灵感和创意也一个接一个：

在长约40cm的直尺上，从0刻度开始将每一个长度对应的自由下落时间标度上去，这样便大大简化了数据的处理过程。具有双重标度的直尺便有了一个雅号——反应尺。当然，由于这种反应尺是利用了上海地区的重力加速度，因此，原则上这种反应尺只应当在上海地区使用。

酒后开车引发的各种事故频频见诸媒体，原因便是在酒精的刺激下，人的大脑神经处于麻痹状态，司机对外界突发事件的应急反应时间大大加长。可见，饮酒与人的反应时间也应当存在一定的关系。如果能将这一问题纳入课题，则必将提升本课题的社会价值，提高中学生的社会责任意识。当然，考虑到课题研究者都是未成年的中学生，因此，这一子课题的具体实施以教师为主、学生为辅。通过与本校校工的合作，该实验得到了饮酒量与人的反应时间之间的正相关关系。

……

课题研究的思路和灵感在大家你一言我一语中不断涌现，课题研究的第一手资料在分工与合作的行动中不断积累和丰富。指导教师在课题研究中不断调整研究方向并及时提出指导性意见和建议。正是在师生的思维碰撞下，课题整合了各子课题的研究成果，名称也最终确定为“人的反应时间及其变化奥秘初探”，并增加了新的实验项目。

项目 5：酒精对人的反应时间的影响

实验情景：考虑到酒精对人的影响，本研究主要由指导教师进行，研究小组的万天浩、刘建祺参与了这项研究。2008 年 12 月 12 日周五傍晚，在学校教师餐厅，课题组教师邀请学校的刘祥、段钢两位师傅作为被试，进行饮黄、白酒的实验测试。为了确定饮酒量与反应时间之间的定量关系，测试时除被试的饮酒严格定时、定量外，指导教师还专程前往闵行区罗阳交警中队，借来了用于测试司机饮酒与否及饮酒量的“呼吸酒精含量测试仪”，使这个实验研究的内容更加丰富，数据也更加规范、科学。

实验操作：实验从 16：30 开始。第一组数据为两位被试饮酒前常态的呼吸酒精含量和反应时间。此后，以 5min 为间隔，两位被试（刘祥师傅饮黄酒，段钢师傅饮白酒）分别饮入定量（每次均是 25mL）的黄酒或白酒，并以 5min 为间隔分别测试两位被试的呼吸酒精含量和反应时间，并记录数据。

实验数据图像处理如图 4（两位被试的呼吸酒精含量变化特征）和图 5（两位被试的反应时间变化特征）。

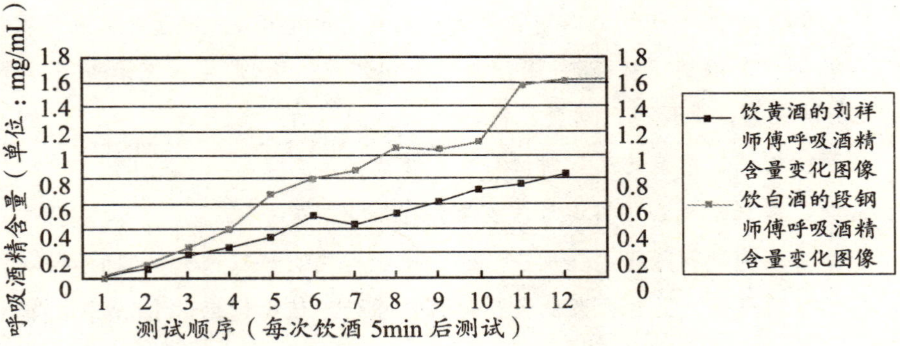

图 4　两位被试分别饮用黄、白酒后的呼吸酒精含量变化比较

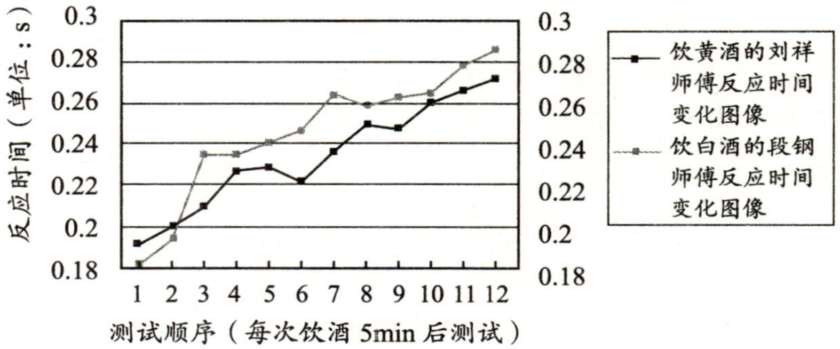

图 5　两位被试分别饮用黄、白酒后的反应时间变化比较

图像特征：

（1）被试的呼吸酒精含量变化特征

① 两位被试的呼吸酒精含量均与饮酒量存在正相关关系。

② 同样酒量的摄入，白酒引起的呼吸酒精含量上升较快，这显然是因为白酒的酒精浓度更高。

③ 两次共 50mL（约 1 两，即 50g）的摄入量，无论是黄酒还是白酒，被试的酒精呼吸含量均接近或超过道路交通管理处罚标准（呼吸酒精含量达到或超过 0.2mg/mL 为饮酒驾车），饮酒者如果在此状态下驾驶机动车，将受到扣 6 分并教育的处罚。

④ 饮黄酒 11 次，即 275mL（约合 5.5 两、275g）、饮白酒 6 次，即 150mL（约合 3 两、150g），被试的呼吸酒精含量便都超过 0.8mg/mL。如果司机在此状态下驾驶车辆，则为醉酒驾车状态，处罚措施为吊销驾驶执照，严重时按刑事案件处理。

（2）两位被试的反应时间变化特征

① 两位被试饮酒前的反应时间存在个体差异。

② 两位被试的反应时间均与饮酒量存在正相关关系。

③ 饮白酒的段钢师傅，其反应时间的增加程度明显超过饮黄酒的刘祥师傅。

④ 实验测试后期，饮白酒的段钢师傅在呼吸酒精含量超过 1.6mg/mL 的状态下，对 40cm 的反应尺曾滑脱两次，说明其反应时间已经超过了 0.2858s。

五、研究课题的展示交流和评比

师生辛勤劳动的成果在 2009 年 4 月 11 日接受了专家及兄弟学校的同学和老师的检验。在展示评比过程中，课题研究小组的同学分工合作，配合娴熟：万天浩同学负责主讲，刘婧琦和金娇两位同学负责实验展示操作，刘建祺同学则配合万天浩同学的讲解顺序进行演示文稿的计算机操作。在进入展示交流的第二个环节专家提问答辩阶段时，四位同学团结协作，相互补充，有序、全面、规范地回答了专家的问题，博得了与会专家、教师和学生的热烈掌声。正如上海市教育委员会教学研究室副主任、特级教师陆伯鸿的评价："从统一的校服和分工明确的展示过程中，看到了鲜明的集体主义精神和鲜活的特性特长，体现了课题组成员在科学探究中严谨的科学态度和较高的科学素养。"

课题取得的成绩填补了我校科技教育领域的一项空白，更为重要的是，一向由市实验性示范性学校"统领"的最高荣誉此次被我校收获，给了我们极大的信心。对我本人而言，则积累了极为珍贵的经验。这段经历，使我更深刻地领会到"科学立人"的丰富内涵,激励着我继续投身于"求真求善"的教育教学活动中。

附录 A　人的反应时间测试数据记录表

测试者：　　　被测试者：　　　（上海地区重力加速度 $g=9.794m/s^2$）

测试时间	次数	反应尺下降长度（m）	反应时间（s）	平均反应时（s）
	1			
	2			
	3			
	4			
	5			

附录 B　"酒精对人的反应时间的影响"实验情景照片

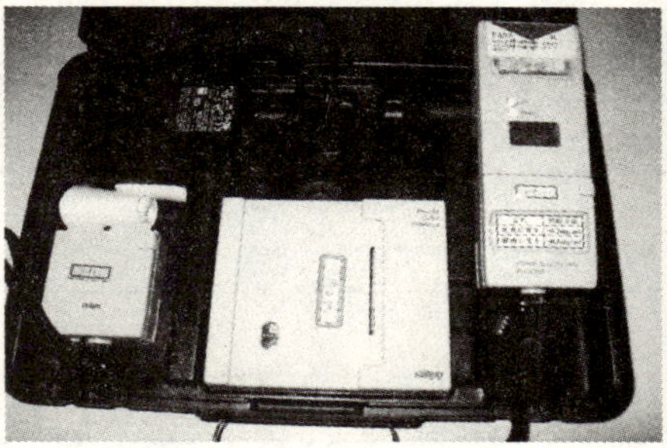

呼吸酒精测试仪（含打印设备）

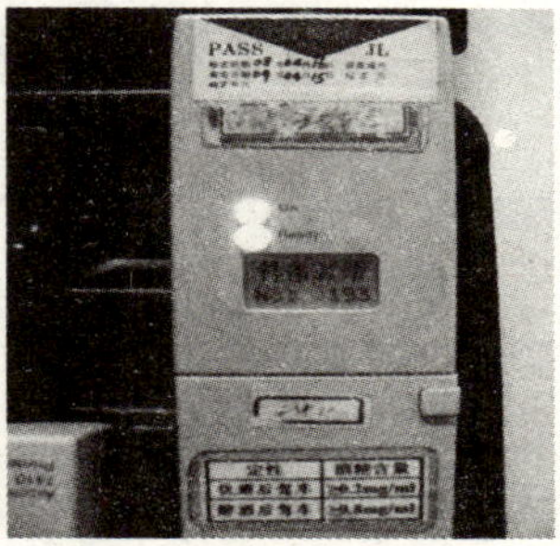

呼吸酒精测试仪

实验数据采集中

附录C　各国酒后驾车酒精测试含量的标准

国家	呼吸酒精浓度限制
瑞典	0.10 及 0.50 mg/mL
芬兰	0.25 及 0.75 mg/mL
挪威	0.25 mg/mL
英国	0.35mg/mL
爱尔兰	0.35mg/mL
德国	0.35mg/mL
荷兰	0.22mg/mL
澳大利亚	0.40 mg/mL
法国	0.25 mg/mL
美国	0.38 及 0.476mg/mL
加拿大	0.476mg/mL
日本	0.25 mg/mL
中国	饮酒驾车处罚标准：大于等于 0.2 mg/mL 小于 0.8 mg/mL
	醉酒驾车处罚标准：大于 0.8 mg/mL

附录D　身体酒精浓度与肇事率的关系

呼气中酒精浓度	行为表现或状态	肇事率
0.25mg/mL	复杂技巧障碍、驾驶能力变坏	2 倍
0.40mg/mL	多话、感觉障碍	6 倍
0.50mg/mL	说话含糊、脚步不稳	7 倍

（续表）

呼气中酒精浓度	行为表现或状态	肇事率
0.55mg/mL	平衡感与判断力障碍度升高	10 倍
0.75mg/mL	明显酒醉、步履蹒跚	25 倍
0.85mg/mL	恶心、步履蹒跚	50 倍
1.50mg/mL	呆滞木僵、可能昏迷、迷醉	无法开车
2.00mg/mL	呼吸中枢麻痹、渐近死亡	无法开车
2.50mg/mL	致死	

附录 7

DIY 魅力之光：后世博创意工作室创建纪实

——基于物理 DIY 创新实验室的创新实践活动案例

光学，作为物理学科的一个重要的分支学科，在上海市高中物理教材中所占比重较小。为了弥补这一缺憾，更为了开创一个进行探究性学习、实施创新人才培养的实践基地，我们带领学生在物理 DIY 创新实验室的基础上创建了 3D 光学实验室，并最终发展为后世博创意工作室。在这个光的世界里，同学们通过 DIY 的方式经历了在体验中感悟、在感悟中创新的探究式学习历程。

一、实践活动背景

规模空前的上海世博会尽管渐行渐远，但是，上海世博会全新的理念、最前沿的科技创新带给我们每一个人的感悟却历久弥新。当在沙特馆内世界最大的三维影院观赏形象逼真的 3D 视觉影像、体验震撼的同时，我们也有了思考：我们可以做些什么？

3D（Three Dimensions），指三个维度、三个坐标，换句话说，就是立体的。几乎人人都看过立体照片或立体电影，但是知道其原理的人却寥寥无几，更别说动手拍摄了。而我们便借助上海世博会的东风，利用物理 DIY 创新实验室，通过 DIY 探究式学习，让学生自己动手揭秘 3D 视觉影像！

二、实践活动特色

1. 坚持绿色生态型的DIY传统。充分利用废旧材料，时时事事渗透绿色环保理念。

2. 硬件建设、活动开展融为一体。探究性活动实施的过程，也是3D光学实验室、后世博创意工作室创建的过程，因此使得本课题的实践活动具有可持续发展的特点。

3. 层次分明。实践活动既有部分学生和教师的探索研究和突破，又有面向全体学生的科普知识的普及和推广。

4. 实践活动寓教于乐，体现物理DIY创新实验室的人文教育功能。

三、实践活动目标

1. 硬件建设目标

（1）师生自己动手创立DIY立体影像制作室、放映室，并最终创建成以光学科普为目的的综合性科教实践基地——后世博创意工作室。

（2）通过开展立体摄影活动，编制一套莘格中学自己的师生立体摄影相册。

（3）DIY摄制一部以立体摄影的原理、方法为内容的科普教育影像视频资料。

2. 软件建设目标

（1）通过立体摄影培养学生的观察能力，提高学生的审美情趣。

（2）通过让学生自己动手建设DIY立体影像制作室、放映室，培养其动手能力，拓宽其理工技术知识面。

（3）实行自主管理、自我培养和自我发展，组建一支由优秀的科技特长生组成的学生放映员、学生摄像师、学生实验讲解员、科普宣传员队伍。

（4）将自己设计的科普器材、实验拓展为魔术、小品、游戏等一系列科普文艺节目。

3. 教育目标

通过基于物理DIY创新实验室的一系列创新实践活动，为学生经历科学探究过程、体验科学研究方法、感悟科学精神提供实践平台和空间，引导学生从课本走向实验、从课内走向课外、从理论走向实践，最终促进学生终身学习能力、实践能力和创新能力的形成和提高。

四、实践活动过程

1. 前期准备

（1）素材收集。从教材、报刊或者网络、电视等中收集生活中关于光的有趣现象，从中选择可以在实验室里再现的科普展示素材，设计一个以光的成像为核心的大型科普活动。考虑到学生还对动画原理、光谱、激光、光通信等感兴趣，我们就根据分工，组建了32人的“魅力之光”科普研发社团和35人的立体影像研究社团。我们将研究内容整合为几大板块：立体影像板块（包括偏振光学）、频闪板块、奇妙的光路板块、光通信板块。至此，实践活动的核心内容和核心人员确定，为实践活动的顺利开展奠定了基础。

（2）舆论宣传、参观学习。为了扩大实践活动的宣传面和影响面，社团在学校的公共场所悬挂了数幅立体照片，在学校网站和校内电视频道进行宣传。必要的科学知识和设备是实践活动开展的必要保证，为了了解和借鉴高校及最新的研发成果，社团组织同学们参观了上海大学教学仪器设备展示中心，还前往商场考察最新的立体数码相机。

2. 立体影像实验活动

（1）组织准备工作

该项目于2010年9月开始实施，参与研究制作和开发的学生约为15人，经过2个月的努力，成功地开发出一个立体影像放映室。这个放映室为接下来的立体摄影大赛提供了保障和活动平台。

（2）DIY立体影像原理

要实现立体投影，要先用两个镜头如人眼那样从两个不同方向同时拍摄同一景物，放映时，用两个放映机把两个镜头的画面同步放映，使这略有差别的两幅图像重叠在银幕上。这时如果用眼睛直接观看，看到的画面是模糊不清的。要看到立体投影，就要在每架投影机前装一块偏振片，它的作用相当于起偏器。从两架放映机射出的光通过偏振片后，就成了偏振光，左右两架放映机前的偏振片的偏振化方向互相垂直，因而产生的两束偏振光的偏振方向也互相垂直。这两束偏振光投射到银幕上再反射到观众处，偏振光方向不改变，观众用同样的偏振眼镜观看，每只眼睛只看到相应的偏振光图像，即左眼只能看到左机映出的画面，右眼只能看到右机映出的画面，这样就会像直接观看实物那样产生立体感觉，这就是立体投影的原理。

（3）DIY 立体影像制作过程

① 寻找废旧投影仪。从学校淘汰的旧投影仪中选用了相同规格的两台，并将它们紧靠着并排放置在同一高度的桌面上。

影像光束的起偏

② 制作起偏器。从光学仪器公司购得一片偏振片，剪下两片分别按照纵向和横向位置放置在投影仪镜头前，使得光线可以透过起偏器投射到屏幕上。

③ 连接电脑。我们又找来两台电脑，分别连接两台投影仪，然后播放图片进行实验。

立体影像效果的高度与观察

④ 屏幕选取和制作。我们先用普通的屏幕做实验，然而结果却令我们很失望，所看到的两个镜头的影像无法用检偏器分离出。我们上网查资料，发现必须使用金属材质的屏幕才能有效果。于是我们四处寻找金属材质的薄板，最后在后勤处发现了一块用于装潢的铝箔。我们将它裁剪到合适的大小后放置在投影机的对面，然后再投影，发现反射光果然是偏振光，实验成功！

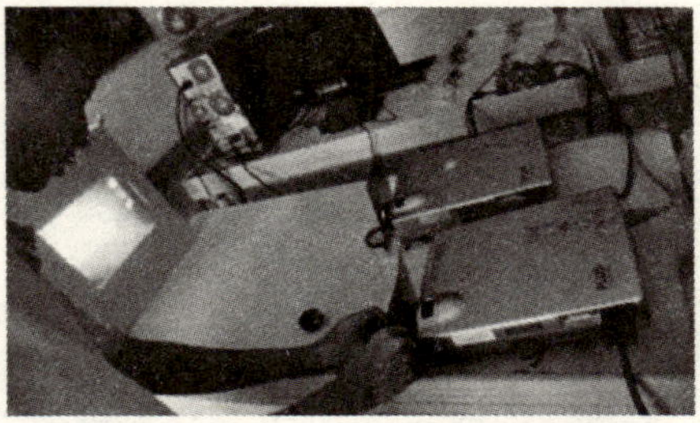

播放器连接与屏幕效果调试

⑤ 调整投影仪

调整投影仪的位置和焦距使投影出的两个画面的边角基本重合。试拍一些立体照片，再用两个偏振片检验效果。（立体照片的拍摄在下文叙述）

⑥ 播放效果

可播放任意的立体照片，只要将立体照片拷贝入电脑就行，放入立体片源的 DVD 就可以播放立体电影。

成功的喜悦

3.“光的世界”专题科普教育系列活动

（1）项目一：偏振光学科普探索

为了使广大师生进一步了解偏振光学的奇妙，两个社团的同学一起制作了很多奇妙的教具、展具。这个主题科普活动包括 3 个教具、展具：“神奇的变色眼镜”“变色灯管”“变色彩虹”。两个社团的同学担当了科普教育宣传员，进行现场演示、讲解。

（2）项目二：频闪效应科普探索

为了探寻视觉暂留和频闪的秘密，两个社团的同学制作了演示仪器，展示人的视觉暂留现象。研发的教具既能够演示频闪效应，还能进一步拓展成为动画片原理的演示器。

（3）项目三：光的反射、折射科普探索

光一定沿直线传播吗？会不会沿曲线传播呢？我们社团的同学们在老师的指导下完成了相关的实验装置的设计。

（4）项目四：光通信科普探索

现在光通信已经是很普遍的通信方式了，我们能否自己实现这种方式的通信呢？其实很简单，我们的同学的杰作只用了一个激光发射器、一块硅光电池板、两个喇叭、一块小透镜，其余的全是废旧材料，变废为宝，废旧材料成为了科普的先锋。

（5）项目五：视觉误差科普探索

一共开发了3个项目，并且收集了多幅会产生视觉误差的图片，供其他学生参观。

4.“光的世界”科普教育群体活动

为了使社团的研究成果得到普及和推广，我们设计了各种形式的普及活动。在半年的时间里，竞赛、社团、表演、参观、影视制作和放映等多种类别的活动吸引了大批师生的关注和热情参与。

（1）“爱校园·爱家乡”立体摄影大赛

随着立体影像放映室的建设完成，我们围绕着如何用好这一资源展开了讨论，最后决定在全校范围内开展一次立体摄影大赛。

① 拍摄方法：立体摄影就是模拟双眼的位置从左右两个具有轻微角度差异的观察点分别拍摄同一个物体，然后将这两幅照片以同样的方式展示出来，让左右眼睛分别观看左视觉和右视觉的照片来获得立体再现。

拍摄方式通常有两种，限于条件，我校师生用的是比较简单的办法，就是用相机分别在左、右方向各拍一张。这种方法有个缺点，就是不能拍运动的物体。另一种方式就是用两台相同的相机同时拍摄。

② 前期方案制订和宣传：大约20位社团同学参与此项工作。

③ 竞赛时间安排：10月～12月中旬。

④ 参赛对象：全校学生和教师均可参加。

⑤ 作品要求：

A. 上交的作品必须为 JPG 格式，成对上交，两张照片大小必须完全一致。

B. 作品必须体现校园的美景、师生们的精神风貌或家乡的风情。

C. 要有较强的立体效果，具有一定的思想内涵。

⑥ 评委成员：校领导、美术教师、科技教师。

⑦ 竞赛结果：共收到照片 72 份（144 张）。评委们在立体放映室中观看了参赛作品后从中评出了一等奖、二等奖、三等奖。

获奖作品：我们的校园

（2）科普参观体验

我们在科技节组织了全校高一、高二的学生集体参观物理 DIY 创新实验室。在家长会后我们还组织家长进行参观。每次有兄弟学校交流、上级检查等事宜，我们都会邀请他们参观、体验物理 DIY 创新实验室。自创建以来，上海市教育督导室、教研室、市科协、闵行区科协、闵行区教育局以及外省市兄弟学校的领导、教师等都参观过我们的物理 DIY 创新实验室。

（3）“光的世界——3D EYES”科教片摄制完成

为了将立体摄影的知识在更大的范围内普及，我们带领科技社团的同学一起摄制了科教片《3D EYES》。它浓缩了整个探究性学习的精华和成果，是我们整个科学探究实践活动的高潮。整部影片从剧本到拍摄、编辑都是我们的学生自己动手完成的，真正体现了 DIY——动手做的创新精神！

（4）3D 光学实验室二期建设项目——后世博创意工作室落成并投入使用

随着时代的发展，特别是上海世博会的成功举办，物理 DIY 创新实验室亟需补充新的科技教育内涵。在闵行区科协的大力资助下，3D 光学实验室二期建设项目——后世博创意工作室于 2011 年 7 月成功落成并纳入校本课程资源体系。

在后世博创意工作室，不仅可以亲身体验上海世博会展示的最新的高科技产品——3D视频音响系统，在立体视觉和听觉的环境下身临其境地欣赏科普教育影片，亲身体验科普教育过程，还可以零距离感受从上海世博会购置的，体现低碳、环保理念的高新科技产品。

后世博创意工作室

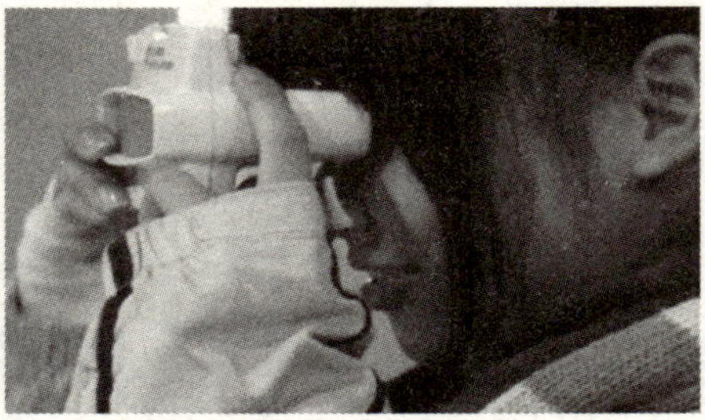

在后世博创意工作室里的亲身体验

目前，后世博创意工作室已经成为高一新生入学教育的体验之旅、高一年级“光的世界”科技社团、高二年级DIY研究型课程的热门实践基地。

五、结束语：我们的收获与感悟

以3D摄影为突破口，坚持绿色生态型的DIY传统，将硬件建设、活动开展融为一体；整个探究性学习活动分为几大类：动手搭建活动平台、DIY探究活动、DIY社团活动和科普知识教育。整个系列活动的各个部分有机结合，又各有鲜明的特点，既有部分学生和教师的探索研究和突破，又有面向全体学生的科学知识的普及和推广。

以“光的世界”为载体的探究性创新实践系列活动的收益是多方面的，既有有形的物质层面的成果——后世博创意工作室顺利开放，立体摄影作品汇编成册，科教片《3D EYES》的摄制完成，更有着无形的创新精神和创新能力的培养与提高——1800余人次参与各类科普活动，学生的观察力、审美力、动手能力和创新意识得到了显著的提升，学生讲解员、实验员队伍趋于成熟，莘格中学的学生正在物理DIY创新实验室的平台上健康成长……

案例七 "康明斯·天一工程实验室"建设案例

江苏省天一中学

一、建设背景

江苏省天一中学是国家级示范性高中、江苏省重点中学，创办于1946年，1978年被确定为江苏省首批办好的16所重点中学之一，1990年被江苏省教委确认为"江苏省首批合格重点高中"。她以出众的办学成绩饮誉大江南北，是全国中小学德育工作先进学校、全国绿色学校、江苏省模范学校、江苏省德育先进学校、江苏省绿色学校、国家教育部重点课题实验学校和全国超常教育实践基地、中国科协青少年科技创新人才培养试验学校、江苏省科技教育特色学校、北京大学校长实名推荐学校、清华大学A计划学校等。

我校是一所普通高中，按照国家规定开齐开足了所有必修、选修课程，课堂教学水平高，已经成功举办了六届在全省有一定影响力的"聚焦课堂"活动。除必修课外，我校每学期开设的选修课均保持在60门以上，内容涵盖多个学科门类，每学期组织的研究性学习课题活动均保持在300个以上。同时，科学院、人文学院、艺术学院三大社团共有50多个各类子社团，各种活动开展得有声有色。我校在各类科技活动比赛中也取得了丰硕成果。另外，我校科技活动的国际合作也已常态化，与英国斯伯丁文法学校联合开展的《低成本垂直轴风力发电机研究》、和英国瑞德克里芙中学联合开展的《月坑研究》项目均已圆满完成。

学校现建设有科学楼一幢，专门用于实验教学和相关的学生科学研究，成立了管理团队，总工作人员8人，大多具有大学本科学历，工作经验丰富。科学楼总建筑面积6500平方米，设物理、化学、生物实验教室30间以及配套实验用房15余间、科技活动教室20余间，配备了100余万元的实验教学器材、150余万元的实验装备。我校到目前已经完成了科学楼建设的三期工程，所有常规实验教室的建设，及少量比较现代化的实验教室（如物理PASCO数字探究实验室、化学精密仪器室、化学校本探究实验室、生物发酵探究实验室、技术设计室等）

的建设与装备都已完成。学校马上要着手开始科学楼四期工程，着重建设一批特色实验室，如高等物理探究实验室（中国科技大学现代物理系指导建设）、第二数字实验室、生物组织培养室、分子生物实验室、人工智能实验室、康明斯·天一工程实验室（世界500强企业英国康明斯公司支持建设）等。

学校现有的实验条件完全可以满足高中部、少年部和国际部59个教学班的日常教学需要，能够很好地为日常实验教学提供全方位的实验保障，并能够在此基础上不断拓展功能，为学校的探究性学习、各类科技竞赛提供开放性实验保障。

康明斯·天一工程实验室是英国康明斯公司出资2万美元援助建设的一个用于对普通高中生进行工程技术训练的综合性技术实验室。建成后，它可以和我校现有的通用技术课、选修课程、创新课程等有机结合，成为这些课程的工程训练中心。通过这些训练，学生可以了解产品设计、制造、装配、维护的全部过程，并能有效提高自己的工程实践能力及解决实际问题的能力和信心。本工程实验室初步设计为可容纳25人同时使用，计划每学期训练学生在500人次左右。

二、建设理念

当前，培养创新人才已成为教育界的共识。重点高中无疑是培养拔尖创新人才的主要阵地之一。更快、更好地培养拔尖创新人才，应该从改变教师的教学方式和学生的学习方式两个方面下工夫。康明斯·天一工程实验室的建设就是改变教、学方式的物化基础，建成后，它能够为全校学生提供一个实现创意的场所。过去，学生更侧重于文化知识的学习，学习的直接目的更多的是和考试联系起来。现在，通过康明斯·天一工程实验室这个平台，教师可以以项目研究的方法来实现自己的教学。教师布置给学生一个有待解决的实际问题，学生运用各学科的知识来解决这个问题，这样学生学习的知识就不再是孤立的知识，而是可以应用于具体实际的“活”的知识，各学科的知识在这个过程中能得到巩固和加强。另一方面，通过这个平台，可以进一步培养学生发现问题、分析问题和解决问题的意识、能力和方法。

具体的措施表现为：

1.通过创造性地实施“原野计划”“种籽方案”“雨露浸润”“扎根行动”“育苗实践”等项目，让学生的潜质得到充分、全面的开发，为学生的终身发展打下坚实的基础。同时，积极探索高中人才培养模式的多样化，使我校成为科学课程与创新能力培养的先行者和试验田。

2. 以科学实验室的建设为基础，开发并拓展相关的学科资源；以项目研究引领、整合学科教学，改变教学方式；通过“做中学”让学生在新的教育文化中掌握新的学习方式。

3. 促进教师的专业发展，增强教师进行创新教育的意识和进行科学教育的能力，让教师在教育教学实践中提高创新能力。通过科技社团组织的各类校本选修课、研究性学习项目、社会综合实践活动等，培养一批天一校园的“技师”“工程师”“研究员”“院士”，促进学生全面而富有个性的发展。

4. 为学生提供更加自主、宽松、灵活的成长环境，更加有利于学生发展的资源、支撑和机会；整合可利用的各类社会资源，推进建立与境内外高校、科研院所、高新技术企业等衔接培养拔尖创新人才的联动机制。

三、建设过程

课程基地建设目标：一年初步成型，两年基本建成，三年全面运行。

1. 组建“STS 综合创新课程基地”建设管理与研究团队：形成校长负责、各部门参与的学校基地领导团队；形成由 10 ～ 15 名学校、外聘专家组成的指导团队；形成以 30 名以上优秀教师为核心的研究团队。

2. 确定康明斯 · 天一工程实验室的建设目标，并根据建设目标确定实验室必须完成的工程项目。建设目标为：通过让学生经历常见材料加工成型的过程，让他们了解产品设计、制造、装配、维护的全部过程，有效地增强他们的工程实践能力。通过工程训练，增强学生的动手能力及解决实际问题的能力和信心。实验室必须要完成的项目为：基础目标——学生以小组为单位完成孔明锁、简单飞机模型、便携凳子、书架、小榔头等常规产品的设计加工。较高目标——部分学生完成智能机器人（清扫机器人、迎宾机器人、蛇形机器人、搜索机器人、水下机器人）、绿色太阳能汽车、小型载人航空器、新型发电方式、电动自行车改造等挑战性项目的设计和制造。通过这些项目，让学生普遍了解设计、生产产品的主要方式和方法，掌握简单的产品设计软件的使用方法，了解各种工程材料的性能和简单的加工方法，能利用木材、塑料、金属等材料加工一些零件。

3. 根据实验室的建设目标和必须完成的工程项目，确定实验室必须配备的设备清单。

4. 根据设备清单组织学校总务处集中采购。

5. 设备的现场安装和调试。

6. 选送一批骨干研究人员到高校进行科技项目研究及创新实验室配套专业技术培训。

7. 完成对校本选修课和研究性学习网络管理平台的开发，开始美国“兰祖利学习平台”的本土化应用研究。

8. 将创新实验室应用于课程开发，开发一批基于科技社团的校本选修课程、研究性学习课程、综合实践活动课程。

9. 总结出基于社团的集各类课程及数理化生信息技术竞赛于一体的“STS综合创新课程研究中心”的运行体系。

10. 编写基于社团的校本选修课程、研究性学习课程、综合实践活动课程等新型校本教材及课堂教学案例集。

11. 开展全国性的公开课观摩活动，以起到示范辐射作用。

四、建设内容

康明斯·天一工程实验室设备采购预算清单

编号	中文名称	型号	数量	单价	总价	备注
康明斯公司购买部分						
1	普通车床	C6128V	1	7300	7300	包含底座
2	铣床	ZX7032W	1	16000	16000	
3	木工车床	RWL611V	1	2000	2000	
4	数控车床	KC4S-SIEG	1	40000	40000	
5	数控铣床	KX2-SIGE	1	35000	35000	
6	对焊机	UN-1	1	2000	2000	
7	二氧化碳焊机	ARC/200T	1	800	800	
8	带式盘式砂轮机	MM491G	1	500	500	
9	台钻	ZQ4113/II	1	1700	1700	

（续表）

编号	中文名称	型号	数量	单价	总价	备注
10	金属手锯		8	30	240	
11	6" 角尺		5	12	60	
12	游标卡尺		2	95	190	
13	细牙锉		15	17.8	267	
14	中锉		15	14.4	216	
15	扁平锉		15	14.2	213	
16	工作台		4	1000	4000	
17	钢丝锯	RSS16DV	1	1600	1600	
18	角磨机	TWS6000	1	180	180	
19	三角磨机	MS2000	1	120	120	
20	立式砂轮机		1	900	900	
21	劳动防护用品		1	2000	2000	护目镜，电焊面具，工作帽等
22	材料柜		2	1200	2400	1500mm × 500mm × 2150mm, 钢管焊接，四层，油漆饰面
23	各类扳手		1	300	300	各型活动扳手，固定扳手，内六角扳手等
24	各型榔头		1	200	200	
25	各型电动钻		1	2000	2000	电锤，手枪钻，充电电动起子等
26	各型起子		1	200	200	
27	各型油壶		1	40	40	油枪款型，另配 10 号润滑油 500mL
28	各型尺子		1	200	200	水平尺，卷尺，千分尺等
29	手工钻		2	50	100	
30	材料		1	1000	1000	木料，铁板，铝板，有机玻璃，钻头：∮ 3、3.2、3.5、4、5、5.2、6、7、8 各 5 个，铣刀：∮ 6、∮ 8 各 2 个，常用标准件
31	各类钳子		1	250	250	
32	铆钉枪		2	25	50	
33	电刨	BOSCH GHO10-8	1	800	800	电压：220V；频率：50Hz；功率：600W 以下；转速：16000r/min；最大刨削宽度：82mm；最大刨削深度：2mm
34	边柜		4	500	2000	1500mm × 500mm × 850mm，木结构，实木台面，油漆饰面，台面厚 4cm

（续表）

编号	中文名称	型号	数量	单价	总价	备注
35	曲线锯		1	250	250	电压：220V；频率：50Hz；功率：500W 以下；转速：500～3000r/min；切割能力：金属，10mm；木材，50mm
36	电圆锯		1	250	250	转速：5000r/min；最大锯片直径：ϕ 180mm；切割深度：60mm；电压：220V；频率：50Hz；功率：1100W 以下
37	铁皮剪刀		2	35	70	
38	样冲		3	5	15	
39	木工架子锯		5	15	75	
40	合计				125486	
天一中学购买部分						
1	实验室工装		1	50000	50000	主要是除尘，防火，安全保护措施
2	设备搬运		1	5000	5000	
3	合计				55000	

康明斯·天一工程实验室平面布局图

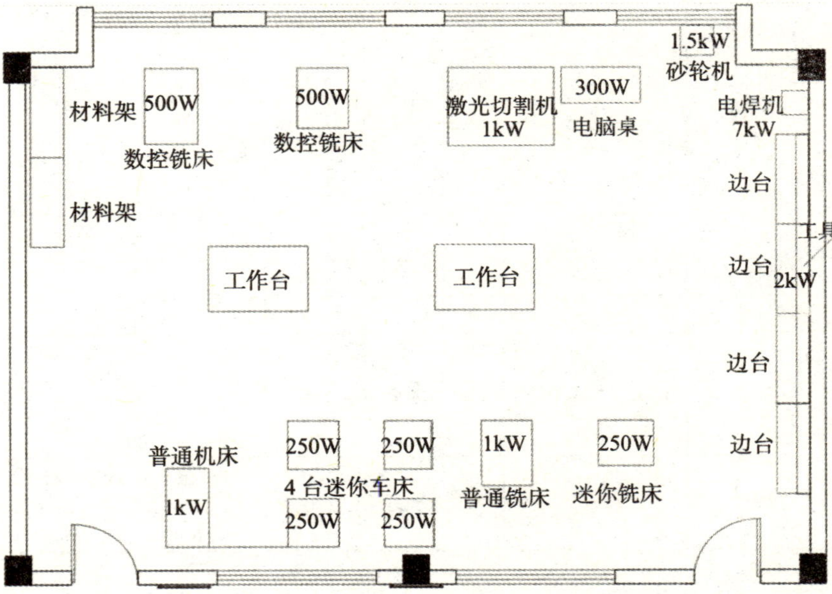

五、活动内容

1. 课时安排

学期教学时间每周5课时，其中周五选修课1课时，周六上午社团活动2课时，周日下午社团活动2课时。其中周六、周日的活动不定期开展。

寒暑假集中训练一周，每天6课时，共计30课时。

2. 人数目标

每次活动人数25人左右，每学期训练学生在500人次左右。

3. 教学目标

基础目标：学生以小组为单位完成孔明锁、简单飞机模型、便携凳子、书架、小榔头等常规产品的设计加工。

4. 较高目标

部分学生完成智能机器人（清扫机器人、迎宾机器人、蛇形机器人、搜索机器人、水下机器人）、绿色太阳能汽车、小型载人航空器、新型发电方式、电动自行车改造等挑战性项目的设计和制造。通过这些项目，让学生普遍了解产品设计和生产的主要方式、方法，掌握简单的产品设计软件的使用方法，了解各种工程材料的性能和简单的加工方法，能利用木材、塑料、金属等材料加工一些零件。

六、取得的成果

（1）取得国家专利的项目名单：

赵岳麟等：《安全节能插座》；何新江等：《抗震房屋结构》；杨欣鑫等：《一种饮水机智能控制系统》；周文佳等：《一种油污收集船》；张梦华等：《多功能采剪器》；储嘉慧等：《一种自动返回车》；冯逸鹤等：《承载支架》。

（2）科技创新大赛获奖名单：

《LED节能小台灯设计创作活动》获第24届全国青少年科技创新大赛优秀科技活动项目二等奖；《中英合作垂直轴风力发电研究项目》获第25届全国青少年科技创新大赛优秀科技活动项目二等奖；《智能机器人设计创意活动》获第26届全国青少年科技创新大赛优秀科技活动项目三等奖；何新江的《抗震房屋结构

设计》获江苏省第20届青少年科技创新大赛二等奖；浦甘冬的《可拆卸干电池结构设计》获江苏省第20届青少年科技创新大赛二等奖；赵岳麟的《安全节能插座》江苏省第20届青少年科技创新大赛二等奖；杨欣鑫的《方便卫生电路板手工焊接台》获江苏省第22届青少年科技创新大赛三等奖；杨欣鑫的《磁吸防脱落插座》获江苏省第22届青少年科技创新大赛一等奖；徐安炯的《蜂窝直热式太阳能热水器》获江苏省第22届青少年科技创新大赛一等奖，第27届全国青少年科技创新大赛英特尔英才奖；丁典的《带锁防丢热水瓶塞》获江苏省第22届青少年科技创新大赛二等奖。

案例八 “汉江水资源的开发利用与保护”考察活动

湖北谷城县庙滩二中

一、主题的产生

汉江通称汉水，又名襄河，《水经》中说它古称沔水。它是长江北岸最大的支流，发源于秦岭南麓陕西凤县紫柏山西部的沮水，干流跨陕西、湖北，沿途流经陕西省的汉中市，湖北省的十堰市、襄阳市和潜江市等，在汉口龙王庙汇入长江，全长1577公里，流域面积15.9万平方公里。汉江是长江各水系中最长的支流，其流域面积仅次于嘉陵江。我们的祖先在这片美丽富饶的汉江流域生活了13000多年，并创造了光彩夺目的文明。汉江不仅是南水北调中线工程的水源地，也是“大武汉”的重要水源地，年供水量占武汉总用水量的2/5。新中国成立以来，汉江流域的经济文化取得了巨大的成就，但是，随着人口的增长和经济的发展，人们在开发利用汉江水资源的同时，把一些有毒有害的物质排入江水中，使水体受到污染，对人体健康和环境安全产生了不利影响。我们身为汉江流域的一员，肩上的责任十分重大，因此，我们选择了“汉江水资源的开发利用与环境保护”这个话题作为我们本次活动课的研究内容。

二、活动目标

（一）知识与能力目标

1. 了解汉江流域的水文状况和水资源状况。

2. 了解汉江流域水资源的开发利用情况及水资源的保护情况。

（二）过程与方法目标

1. 深入社会生活实际及沿江流域进行调查或考察，培养学生的动手能力和信息处理能力。

2. 让学生与社会接触，增强社会交流能力、语言表达能力，培养学生团结协作的精神。

（三）情感态度与价值观目标

1. 通过这次活动培养学生爱家乡、爱祖国的情感。

2. 增强学生的环境保护意识，让他们养成爱护水资源的良好习惯。

3. 使学生体验到学习的快乐与成功感，增强学生的自信心，提高他们的学习兴趣。

三、活动过程

第一阶段：准备阶段。利用一周时间启动开题仪式，拟订活动计划。

第二阶段：实施过程。活动小组利用两周时间按计划进行资料收集和调查活动。

第三阶段：成果展示。活动小组用两周时间进行资料整理，精心组织，展示成果。

	组成板块	时间安排	教师达成	学生达成
活动准备	活动启动及子课题的生成	一节课	创设情境，用多媒体展示汉江概况，指出汉江在经济建设及社会发展中的重要地位，引导学生选择研究课题，确立研究子课题	感知汉江的魅力，形成探知汉江的欲望；确定五个子课题（略）
	设计活动方案	一周	引导学生确定研究方案，落实分工，传授给学生研究的一般方法，如调查水质的方法	成立活动小组，制订活动方案，做好组内分工
实施过程	收集资料与调查访问	两周	1. 指导学生有序活动，帮助学生解决活动中的难题，特别注意安全问题；2. 对活动项目设计方案逐个进行技术指导；3. 指导学生处理收集的各种信息资料，撰写活动小结	1. 按拟定的活动方案有序地开展活动；2. 将活动中收集的信息资料及调查结果整理成研究报告，准备参加成果展示
成果展示与总结	成果展示与活动	一周	1. 指导学生准备好成果展示的材料；2. 指导学生对活动进行总结、反思、评价	准备好成果交流的报告，写好活动小结
	总结	一节课	1. 组织学生进行成果交流；2. 指导学生制作“汉江水资源的开发利用与保护”展板	1. 进行成果交流活动；2. 制作“汉江水资源的开发利用与保护”展板，供师生参观

四、精彩环节回放

（一）活动的启动

为了激发学生的参与兴趣，让他们感知汉江，教师特意制作了一段名为“汉江风景”的多媒体资料供他们欣赏，然后声情并茂地说：“我们生长在汉江之滨，汉江水养育着我们，恩泽着我们一代又一代人。过去，我们的先辈曾在这片广阔的土地上创造了一个又一个奇迹；今天，汉江两岸经济文化建设的捷报频传；将来，汉江之水还将远上华北，为北京、天津的人民送去甘甜。汉江，这个昔日被称为亚洲多瑙河的母亲河，我们对她又知道多少呢？今天，我们一起走进汉江，共同探寻汉江‘水资源的开发利用和保护’情况，大家说好不好？出发前，大家交流一下，我们想从哪些方面探寻汉江？”

学生的兴趣被激发了，纷纷说：“汉江有多长？”“汉江的发源地在哪儿？”“汉江上有几座大坝？”“汉江有多少支流？”“汉江的水质情况怎样？”……教师引导学生从五个方面探究汉江：第一组，汉江流域的水文状况；第二组，汉江流域的水资源开发情况；第三组，汉江流域的水质调查；第四组，汉江流域的环境保护；第五组，汉江流域的美好未来。要求根据个人兴趣，自愿参加这五个小组的活动，各组推举一个组长，利用一周的时间带领大家拟定活动计划，协商考察方案，安排好所需要的活动器具，具体到人。

（二）确定活动方案

活动小组在班上交流各自的准备情况，教师给予肯定后，要强调野外活动必须注意四个方面：第一，注意安全，活动的时候，在危险的地方绝对不能冒险行动；第二，走访单位、住家户的时候，要注意礼节；第三，到预定水域取水样，一定要注意安全，要请老师带领；第四，遇到疑难问题，要征求老师的意见，教师随时为大家服务。

（三）活动过程采撷

首先，学生到图书馆、新华书店、学校图书室等处，通过查阅各种报刊，收集与汉江流域有关的水文资料和图片等。还有的学生通过看电视、上网查询等方式，收集汉江流域的有关资料。同时，大家还抓住一切机会从家长、老师那里了解汉江流域的开发情况。

接下来，各小组根据本组的主要任务展开调查活动，他们到汉江流域进行实地考察，并有组织地走访汉江流域沿岸有代表性的农户、单位，收集有关资料。调查汉江水质的同学做了水质调查表。

水质调查表

<table>
<tr><td>调查时间</td><td></td><td>调查地点</td><td></td><td>调查人</td></tr>
<tr><td>调查目的</td><td colspan="4"></td></tr>
<tr><td rowspan="6">调查情况</td><td>水的颜色、气味</td><td colspan="3"></td></tr>
<tr><td>水面漂浮物</td><td colspan="3"></td></tr>
<tr><td>水中物质</td><td colspan="3"></td></tr>
<tr><td>pH 检测</td><td colspan="3"></td></tr>
<tr><td>周围情况</td><td colspan="3"></td></tr>
<tr><td>污染源</td><td colspan="3"></td></tr>
<tr><td colspan="2">考察结论</td><td colspan="3"></td></tr>
</table>

（四）总结整理

各小组在教师的指导下，分头对自己的调查情况进行分析、整理和总结，并提出自己的看法和建议，形成初步的研究成果，准备汇报展示。

（五）成果展示

经过两周的整理，同学们初步形成了研究成果。教师将各组学生组织在一起，汇报各自的成果，并请各个小组长作评委，对本小组及其他小组的研究情况进行评价。

第一组汇报了他们对汉江流域的水文状况的调查情况。

汉江发源于陕西省凤县紫柏山西部的沮水，沮水由北向南流至桃园后始称汉江，继而向东流经陕西汉中市，后有子午河、牧马河、旬阳河汇入，在湖北境内又有丹江、南河、唐白河、蛮河等汇入。自丹江口水库以下称为汉江中下游，中下游水量丰沛，河道上宽下窄，洪水宣泄不畅，易酿成洪灾。从 1822 年至 1955 年的 134 年中，汉江干流堤防发生溃口 73 次，平均每两年溃口一次。1935 年汉江流域爆发百年不遇的大洪水，襄阳以上的洪峰流量超过 50000 立方米 / 秒，干堤被冲破多处，洪水直泻而下，淹没 16 县市。该组通过图片、数据等较直观的资料，让大家了解到汉江的水文状况及水患情况，受到评委的充分肯定。

第二组汇报了汉江流域的水资源开发状况。

1955年国家开始对汉江流域进行规划，确立了灌溉、发电、航运等水利项目，及“引水济黄进京”等远景目标。1958年开始动工兴建丹江口水利工程，丹江口水库被确定为南水北调中线工程引水的水源地，将汉江水引入华北地区的工程项目预计将于2013年竣工。

同时，汉江流域可开发的水电站165座，年发电量250亿千瓦时。截至目前，已开发水能资源装机容量320万千瓦，年发电量182.2亿千瓦时，电站75座，其中干流5座，装机容量194.4万千瓦，年发电量126.4亿千瓦时。本组展示了已建成的石泉水库、安康水库、丹江口大坝、王甫洲水电枢纽、崔家营水电枢纽的图片，及它们在防洪、灌溉、发电、养殖和旅游等功效。

第三组汇报了对汉江水质的调查结果。

该小组的同学结伴在汉江干流（襄阳段）采集了5个监测断面的水样，具体分布为丹江口水库、格垒嘴、汪洲、茨河、襄阳长虹大桥桥头，化验结果表明：目前汉江襄阳段的水质较好。

第四组汇报了汉江流域的环境监测情况。

通过实地考察，该小组发现影响汉江水质的主要因素是生活污水、生活垃圾、农用物资的污染及工业污染。相关资料表明，每年向汉江流域排放的生活污水总量达24091万吨，污水中的COD产生量达96643.5吨，氨氮产生量达4925.4吨，生活垃圾产生量达150万吨。汉江中游的纳污能力已达到二类水质的临界状态！

他们还收集到了令人兴奋的消息：为防止汉江流域的水污染，当地根据《国家环境保护法》制定了《汉江流域水污染防治条例》，实行源头控制，同时，国家拨付22亿元人民币，用于退耕还林、治沙护沙等配套工程的建设，力争使汉江一江清水永远向东流淌。

第五组汇报了他们收集到的对汉江流域美好未来的规划。

他们指出，《湖北省旅游发展总体规划》把汉江纳入了“一江两山”大旅游区域，并列举了在央视推出的“游三峡、登武当、逛武汉”宣传口号是家喻户晓的。汉江流域已建起75座具有防洪、发电、灌溉、供水、旅游功能的水电枢纽，汉江必将成为人们旅游的好去处。

他们告诉大家，汉江的水系条件与欧洲著名的莱茵河相当，地下水储量也极为丰富，开掘便利。并且，汉江流域的地表水矿化度低，多属软水及弱碱性水，可广泛用于灌溉和饮用水的开发，为地方经济、社会发展提供了十分优越的水资源条件。最后该组号召大家说：汉江是我们的母亲河，一定要爱护她，不让她受污染，这样我们才能永久喝到清澈可口的汉江水。

最后，大家把各自的成果汇集在一起，汉江的水文状况及水资源开发利用和保护情况便跃然于展板上，构成了汉江长、丰、美的画卷。活动最终在《我的祖国》的歌声中结束。

五、活动反思

这次调查汉江水资源的综合实践活动，是学生在教师的指导下，对南水北调中线工程的水源地——汉江的水资源的开发利用和保护状况进行考察、研究，并提出合理的利用和保护意见。通过一系列的实地考察探究活动，学生体会到了深入社会、深入实践并获得成功的喜悦，体现了新一轮课程改革的理念。纵观整个活动过程，以下几点值得肯定：

1. 培养了学生发现问题和解决问题的能力

在这次考察活动中，学生围绕着一个个问题展开讨论，设计解决问题的方案。他们收集资料，收集水样，化验水样，分析资料，得出结论。同时，为了实现既定的活动目标，他们又想尽一切办法，尝试一切手段，这使学生收集与整理资料的能力、沟通与合作的能力、表达交流的能力和创新思维的能力等都得到了提高。

2. 培养了学生的科学态度和协作能力

在这次活动中，大家学会了从实际出发，认真踏实地进行实践调查，实事求是地分析问题。他们在体验失败、挫折和成功中一路起来，充分体现了“团结合作”的新课程理念。

3. 激发了学生探索和创新的欲望

在这次活动中，教师为学生提供了广阔的活动空间，满足了学生希望通过各种渠道获取多方面的学习信息、实践经验的要求，进一步提高了学生的主观能动性。就像有同学在活动日记中写的那样：“这次调查，培养了我们的科学态度和科学方法，提高了我们观察、探索、思维的综合能力，使我们真正懂得了什么叫科学考察，我最大的愿望是今后多参加这样的实践活动。”

4. 学生的社会责任感进一步增强

在这次活动中，学生按小组进行调查、访问，与一些单位、社会人员进行交流，不仅获取了大量的资料，也锻炼了合作意识和社会交往能力，同时还认识到了保护汉江是“功在当代，利在千秋”的大事。他们目睹了汉江流域的环境污染，内心十分担忧和焦虑，禁不住呼吁汉江流域的人们都来保护汉江，社会责任感得到进了一步的增强。

参考文献

1. 胡小勇．问题化教学设计［M］．北京：教育科学出版社，2006.
2. 伊红．整合课程资源，实施模块管理［J］．教学月刊（中学版），2010（6）.

案例九　让课堂充满数字化的科技感

山东省诸城实验中学

一、改进高中化学课堂探究实验的目的

进入21世纪，科技的发展日新月异，作为人类文明进步阶梯的教育行业，改革也势在必行。大量研究证明，以往那种偏重于应试能力培养和基本技能强化的“灌输式”教学，那种严重抑制学生创造力与想象力的教学，已经越来越不适应新世纪人才培养的要求。与此同时，融入了现代教育理念的各种教学理论相继问世，认为学生是认知的主体，是知识的主动建构者，强调教育要以学生为中心，教师只对学生的知识建构起帮助和促进作用，并不要求教师直接向学生传授和灌输知识。“授之以鱼不若授之以渔”，必须让学生学会思考，学会创造。

化学是一门以实验探究为基础的学科，没有实验就没有化学的发展与进步，因此，在基础教育阶段的课堂教学中高度重视实验教学，激发学生主动学习化学的兴趣，激发学生的好奇心与求知欲，对于化学学科的基础教学及学生化学能力的培养都有很大的意义。

课堂演示实验是化学学科课堂教学的基本手段之一，成功的课堂演示实验能让学生兴趣盎然地进行观察，活跃学生的思想，形成积极思考的课堂氛围，从而使学生深入理解学到的化学知识。无论是对基础理论的教学还是对具体物质性质的学习，课堂演示实验都是一种很好的支撑。

在具体的教学中，科学地改进实验对提高课堂的探究性、培养学生的探究能力具有更加理想的效果，如在讲实验室制氢气时用锌而不用镁或铁时，可以增加这样一个演示实验——分别用锌、镁、铁三种金属与稀硫酸反应，让学生观察现象有何不同，再让学生说明为何不用镁、铁而用锌。这也可以为以后学习金属活动顺序表打基础。

在教育理念和现代技术不断发展的形势下，寻找一种更新的课堂实验教学模式，体现学生的主体地位，就成了教育工作者迫在眉睫的任务。数字化信息实

验系统，即“手持技术”，为开放式的课堂教学提供了一种科学而有效的手段，可以使学生在课堂上从“定性感受化学”转变为“定量观察化学”，变被动地听为主动地学，可以充分发挥学习者的主体能动性，进一步培养学生的创造力和想象力。这样的课堂实验教学模式，充分体现了新时代科学的教育理念。

二、高中化学课堂探究实验的一般模式

无论是教育理论研究者还是一线教师，都已经认识到了开展探究实验的意义。高中化学课堂探究实验的开展已经形成了一种潮流，但是，一般课堂探究实验的开展还局限在比较死板的模式，这种模式本身就是对思想的禁锢。

一般课堂探究实验的教学模式（鲁科版《化学 2》第 36 页）：

教学目的：

1. 认识 ×× 的重要性。

2. 复习 ×× 的基本要求。

3. ×× 的原则和方法。

教学重点：×× 的原则和方法。

教学难点：设计化学探究性实验方案。

课时安排：× 课时。

仪器：小烧杯、试管、玻璃片、温度计、镊子、胶头滴管、药匙、单孔塞。

药品：氢氧化钠溶液、稀盐酸、锌粉、消石灰、氯化铵固体。

引入：化学实验是化学认识的源泉，是启迪学生思维、培养学生能力的有效途径，是培养学生的科学态度、让学生掌握科学方法的必由之路……

学生回答，老师板书。

实验设计：

1. 氢氧化钠与盐酸反应。

2. 锌与盐酸反应。

3. 消石灰与氯化铵反应。

实验现象：略。

实验分析：略。

这是一般高中课堂探究实验的基本模式，教师与学生虽然在进行课堂探究

实验，但这种探究实验缺乏对学生探究创造能力的培养，不是真正的探究，而是一种伪探究，只不过改变了教师讲实验的形式而已，不能让学生感受到科技的魅力。

三、"手持技术"及其在高中课堂探究实验中的作用

手持技术又称掌上技术，是由数据采集器、传感器和配套的软件组成的定量采集各种常见数据并能与计算机连接的实验技术系统，它应用了最先进的实用技术和教育理念，集数据采集和分析于一体。该系统能采集的理科数据包括电流、电压、光强度、温度、力、气压、磁场、音量、距离、pH、溶解氧、电导率等。手持技术最突出的特点是便携，数据采集器和传感器都较小，在手掌上就可以操作，故形象地称为手持技术仪器，师生能随时随地进行定量的探究活动，并将实验的过程及结果储存起来。将手持技术应用于研究性学习，既体现了新一轮基础教育改革的思想和理念，又符合学生的认知规律。

利用手持技术开展中学化学探究实验，分为化学反应原理和化学探索研究两大部分。化学反应原理主要是从学科和教学角度，分别探究"化学与能量""化学反应速率""化学平衡"和"电解质溶液"等化学核心知识；化学探索研究部分主要涉及化学与生活、环境和科技的研究性实验，学生能够通过此类小课题进一步理解化学知识在生活中的应用。手持技术与高中化学教科书配套的好处在于，教师可以利用实验探索和创新相关的教学设计。如在选修课本《化学反应原理》第一章中的"中和热的测定"实践活动中，除了可以利用书本上的传统实验外，还可以利用手持技术进行实验，而且更准确、直观和实时。

四、高中化学课堂探究实验的数字化改进案例

要超越原有的实验，达到预期的效果，在改进实验的过程中必须注意以下几点：

1. 重视知识结构。教师应深入钻研教材，让学生切实理解并掌握学科的基本原理与基础知识。

2. 精心组织活动。只有通过活动，作为主体的学生才会积极参与学习，因

此教师必须精心组织和安排教学活动，使其顺利开展，取得实效。

3. 创设一定的情境。要激发学生学习的积极性，创设一定的问题情境是一种有效的教学手段，只有在相应的情境中，学生才会发挥出应有的主动性。

4. 充分发挥教师的作用。要充分实现以学生为主体的教育理念，有赖于教师的积极引导和精心设计。重视以学生为主体的教学模式，是为了更好地发挥教师的作用，只有把学生的主体地位与教师的主导作用结合起来，才能更有效地提高教育、教学质量。

5. 创造良好的教学气氛。一种愉快活泼、团结协作、积极向上的教育气氛，一种相互尊重、理解、关心与信任的人际关系，无疑是顺利开展课堂研究实验的首要条件与必要基础。

以下是改进后的课堂探究实验教学案例（鲁科版《化学 2》36 页）：

仪器：小烧杯、试管、玻璃片、温度计、镊子、胶头滴管、药匙、单孔塞。

药品：氢氧化钠溶液、稀盐酸、锌粉、消石灰、氯化铵固体。

补充仪器：ELAB 数字化信息实验系统、便携式笔记本。

补充药品：氯化钡溶液。

实验设计（与原教材内容相同）：

1. 氢氧化钠与盐酸反应。

2. 锌与盐酸反应。

3. 消石灰与氯化铵反应。

实验现象：略。

实验分析：略。

情境创设：通过实验与分析，同学们已经知道了在化学反应过程中有能量的变化，可是这种变化我们只能通过定性感知，能不能用更加直接的数字来定量描述这一过程呢？我们就要依靠更先进的设备来实现更高的实验要求。

展示：ELAB 数字化信息实验系统、便携式笔记本。

师生协同实验：1 名学生进行酸碱中和实验，1 名学生运用传感器采集数据，教师进行计算机数据操作。

展示：PPT 展示实验数据。

五、课堂探究实验改进的效果

改进后，学生参与的积极性越来越高，课堂教学取得了很好的效果，得到了听评课老师的一致好评，ELAB 数字化信息实验系统在教学上体现出来的优越性，得到了其他学科教师的认同。

（一）问卷调查结果

在实验改进前、后各进行了一次问卷调查，主要内容是对实验改进的赞同度。结果如下表：

意　见	赞　同	中　立	否　定
实验前	59.8%	5%	35.2%
实验后	88.4%	5.8%	5.8%

实验改进前，部分同学对实验的开展持否定看法，他们认为开展实验没有现实意义，不利于探究能力的培养，缺乏趣味性，他们的学习态度是相对消极的；在实验改进后，同学们的看法有了很大改变，对实验所产生的效果感到满意，这表明实验的改进是成功的。

（二）手持技术的课堂应用效果

1. 更能吸引学生的注意力

计算机的多媒体化，集文本、图像、声音等于一体的超媒体技术，人工智能等都为化学的课堂教学注入了新鲜的“血液”，吸引了众多学生的目光。从生理学的角度来看，人类接受信息的途径是多种多样的，可以通过眼睛接收光信息，通过鼻子接收气味，通过耳朵接收声音，通过嘴巴品尝味道，以及通过触摸感知形状等，如果多种感官共同接收信息，将会对脑细胞产生更强的刺激。在这种强烈的刺激下，学生的注意力就会集中，进而关注课堂的教学。

2. 更能充分发挥学生的主体作用

借助信息技术，让学生充分参与创造性的教学过程，以培养其独立思考、积极探索的习惯，发展其创新意识，正体现了以人为本的新课标教学理念。

六、目前高中化学课堂探究实验的数字化改进中存在的问题

教师是学习的组织者、设计者与合作者，课堂上教师的一言一行对学生的学习都有举足轻重的影响。在手持技术的支持下，教学手段多了，教学的模式因而有了更多的选择，学生的学习方式也随之增多，最终导致课堂的容量更大了。然而事物都具有两面性，数字化信息技术的渗入，自然也给学生的学习带来了一些不利的影响。

要合理地运用现代信息技术，使之为我们的教学服务，教师必须勤下苦功，学习新的知识技能，提高自身的信息技术水平。将一种新的技术融入化学课程教学当中，教师应把重点放在如何借助这种技术有效地指导和改变教学实践上，而不应把目光仅限于技术的难度上。

总之，对一种新的技术手段的应用总是在不断的探索中进行的，希望我们的探索能为其他同行提供参考，这就足够了。

附录

基于手持技术的学生探究学习创新案例

一、校本课题的开展对培养学生的创新能力的意义

新课程强调学生的实验探究能力，希望通过实验激发学生的好奇心和求知欲，培养其创新思维，让其掌握创新方法，在这方面化学学科有着自身的优势。

化学实验具有神奇的魅力，它能揭示物质世界的无穷奥秘，帮助学生扩大视野，引导学生积极思考，让学生产生浓厚的兴趣。化学实验的主要场所是化学实验室，化学实验室的开发和利用是保证新课程顺利实施的基本条件。为使化学实验室更好地适应高中化学的课程改革，为课程改革服务，如何利用实验室的现有条件培养学生的探究学习能力、科技创新能力是需要解决的现实问题。

基于以上考虑，结合学校开展的教育部基础教育课程教材发展中心的科研课题《中小学科学探究学习与创新人才培养实验研究》，我们开展了一系列校本

学生科研课题。“诸城市水质测量”是学生开展得比较成功的校本课题活动之一。

二、水质测量活动的背景及目的

2008年12月31日，第63届联合国大会通过决议，将2011年定为“国际化学年”，以纪念化学学科所取得的成就和对人类文明的贡献。为了提高人们对化学的认识，更好地普及化学知识，中国化学会开展了一系列科普活动。“全国中学生水质测量体验活动”就是中国化学会面向全体中学生开展的重要活动之一，旨在鼓励中学生对身边自然水源的水质进行测量，促使他们关心身边的化学，了解化学和环境的关系，养成实事求是的科学态度和保护环境的责任感。

2011年7月，我校化学兴趣研究性学习小组了解到中国化学会正在开展“全国中学生水质测量体验活动”，决定通过老师申请试纸，开展诸城市水质测量活动。

活动的目的是使参加小组的同学关心身边的化学，了解化学和环境的关系，养成实事求是的科学态度和保护环境的责任感；强化学生的基本实验技能（过滤与pH试纸的使用），尤其是集体合作探究能力、应用“手持技术”探究的能力的提高；通过这次活动，让学生形成对诸城市重点水源地和河流水质的整体认识，并形成研究报告，让身边的人更加了解家乡，为家乡的发展作出自己的贡献。

三、学生探究课题的开展情况

1. 水样采集对象及测量方法的确定

为使此次的研究性学习更有效，活动小组首先确定了水样采集对象：潍河国家水利风景区、潍河相州段、青墩水库、三里庄水库。

潍河，古称潍水，发源于莒县箕屋山，上游流经莒县、沂水、五莲，从五莲北部进入潍坊市，流经诸城等6市区，注入渤海莱州湾，干流全长246公里，支流143条，总流域面积6376平方公里。潍河是流经诸城的最重要的河流，是潍坊的母亲河，诸城市潍河公园于2003年10月开工建设，是一处融防洪、生态、治污、交通、绿化、美化、文化、旅游于一体的综合性滨水景观工程，2005年8月被国家水利部命名为国家水利风景区，成为全国首个县级开发的河湖型水利风景区。青墩水库是诸城市的重要水源地之一，也是重要的饮用水水源地。三里庄水库是诸城市城区居民饮用水水源地。我们选择的这四个水样采集对象都是诸城市重要的天然水源，水质的好坏均与普通居民息息相关。

其次，我们确定了测量水质的方法。我们决定先根据“体验活动”的基本要求，使用精密 pH 试纸进行水质酸碱性的测定，并将结果上传到网络上。同时，我们利用“手持技术”对水样进行进一步的 pH 测定，及含氧量、电导率等的测定，根据测定结果对水质的污染情况及保护情况进行简单分析。

2. 研究性学习小组的分工及前期准备工作

为了更好地开展水质测量活动，组长首先对小组成员进行分工，明确各自的任务。因为涉及 4 个采水点，采集的水样较多，为了提高效率，又在小组内分成两个团队来完成不同的工作。具体分工如下：

团队分工与阶段性工作计划

<table>
<tr><th>小组</th><th>成员</th><th>准备阶段
（10 月 7 日前）</th><th>水质测量阶段
（10 月 9 日）</th><th>后期数据处理
（10 月 20 日前）</th></tr>
<tr><td rowspan="4">1</td><td>赵明锐</td><td>潍河国家水利风景区水样的采集</td><td>水样的过滤处理</td><td rowspan="2">完成研究报告的基本框架</td></tr>
<tr><td>马婉祯</td><td>潍河相州段水样的采集</td><td rowspan="2">pH 的测定与判断</td></tr>
<tr><td>相福平</td><td>实验仪器的准备</td><td rowspan="2">将结果上传至活动指定网站</td></tr>
<tr><td>史玉洁</td><td>开题报告
实验记录表设计</td><td>数据记录</td></tr>
<tr><td rowspan="4">2</td><td>徐　浩</td><td>青墩水库水样采集</td><td>水样的过滤处理</td><td rowspan="2">完成对结果的分析并补充到研究报告</td></tr>
<tr><td>耿　超</td><td>三里庄水库水样采集</td><td rowspan="2">pH 的测定与判断</td></tr>
<tr><td>赵海潇</td><td>实验仪器准备</td><td rowspan="2">将结果上传至指定网站</td></tr>
<tr><td>曹艳华</td><td>开题报告
实验记录表设计</td><td>数据记录</td></tr>
</table>

考虑到使用试纸测定水样的酸碱性时，由于个人观察可能产生的视觉误差，因此在 pH 的测定与判断中要求 2 个人合作完成，以使结果更准确。

其次，各小组在测量水质前做了充分的准备工作。负责水样采集的同学明确了具体的采水点，负责准备仪器的同学主要准备两套过滤装置、两套 pH 的测定装置，负责实验记录的同学完成实验表格设计，并完成开题报告。

再次，由指导教师协助准备 ELAB 数字化信息实验系统一套，并提供所需的便携式计算机一台。

3. 水样的采集、处理及 pH 值的测定

首先，负责水样采集的同学根据化学会的活动要求，在潍河水利风景区核心区、潍河相州段、青墩水库附近支流、三里庄水库与扶淇河交汇处，每处确定 5 个采水点，每两个采水点的直线距离大于 20 米，并利用国庆假期取得水样，共计 20 瓶。

其次，活动小组在 10 月 9 日进行了水样的测量与记录。每小组负责 10 个水样，对水样进行过滤，并使用精密 pH 试纸测定其酸碱性，记录，测定结果如下：

诸城市水质测量结果统计

水样编号	水样采集人	水样采集地	测定结果	平均值
1	赵明锐	潍河水利风景区	7.0	7.0
2			7.5	
3			7.0	
4			6.5	
5			7.0	
6	马婉祯	潍河相州段	7.0	6.7
7			6.5	
8			6.5	
9			7.0	
10			6.5	
11	徐浩	青墩水库	6.0	5.8
12			5.5	
13			6.0	
14			5.5	
15			6.0	
16	耿超	三里庄水库	6.0	5.9
17			6.0	
18			6.0	
19			5.5	
20			6.0	

四、学生课题开展的效果及取得的成绩

学生通过测定水样的 pH、含氧量、电导率，对诸城市的水质进行了综合分析。从测量结果来看，两个水库的酸碱性比较理想，水质明显优于潍河水。我们认为，两个水库均为饮用水水源地，水库上游的保护力度都比较大，比如三里庄水库虽

然紧邻市区，但近年来市里对其上游的常山等地加大了绿化力度，因此水质仍然较好，而潍河作为主要流经市区的河流，虽然采取了保护措施，但是水质还是较差，比水库水的碱性强恰恰证明有生活污水等的注入。

其次，非居民区附近的水质优于居民生活区附近的水质，潍河风景区因离市区较近，水质要比潍河相州段稍差，而三里庄水库因离市区较近，水质也比青墩水库的差一些。这证明居民活动对水质的影响是比较明显的，这不仅仅是生活污水等的排放问题，居民聚集区的空气质量差、粉尘含量高等都可能对水质造成影响。

再者，同一河流不同流域的水质也有区别，潍河水利风景区位于相州段上游，水质稍差。我们认为，水利风景区位于上游，水质较差，到相州段有所改善，这说明河流本身有一定的自我净化能力，但这种能力有限，水质的改善不明显。

综合测量结果和水质标准，我们可以看出诸城市的水质还是比较理想的，尤其是对饮用水水源地的保护还是比较好的。为了使诸城的水资源得到更好的保护，可以采取在水源地上游植树造林、减少水源地附近的居民聚集区等措施。保护水源的关键是减少污水的排放，寄希望于河流自身的净化是不现实的。

尽管用酸碱性来直接评价诸城市的水质有诸多不足之处，但它毕竟能从一方面反映出诸城市的水质状况，最重要的是，在此过程中，学生学会了运用化学知识解决实际问题。

在测量结果确定后，根据活动要求，由指导教师协助学生将其统一上传至中国化学会的相关网站。

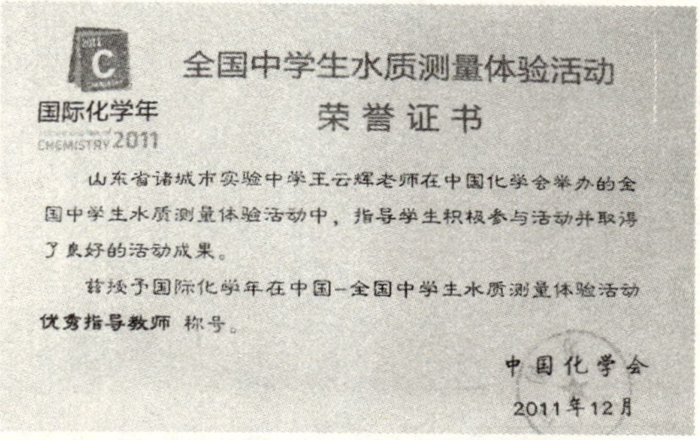
国际化学年
CHEMISTRY 2011

全国中学生水质测量体验活动

荣誉证书

山东省诸城市实验中学王云辉老师在中国化学会举办的全国中学生水质测量体验活动中，指导学生积极参与活动并取得了良好的活动成果。

兹授予国际化学年在中国—全国中学生水质测量体验活动**优秀指导教师**称号。

中国化学会

2011年12月

图3 中国化学会颁发的活动证书

五、使用手持技术培养学生的意义及问题

以数字化信息实验系统为代表的现代教育技术是当今教育装备的热点，在对实验过程的控制以及处理收集的数据等方面，它都有无可比拟的优越性。它可以随时控制实验的进程，使探究效果趋于理想和完美，还消除了实验者在化学实验过程中受到的危害。但它也存在着不少显而易见的缺点，如充满科技感的同时缺乏一般化学实验的真实感，由于计算机应用能力有限，学生往往只能进行简单的数据采集，缺少进行数据处理的机会，无法真正掌握仪器的使用等。

要培养学生的动手能力、合作精神和创新意识，既需要实实在在的实验操作，也需要先进的现代技术，二者只有有机结合，才能产生最大的功效，真正提高学生的探究学习能力和创新能力。

案例十　使用空气加湿器对室内颗粒物质量浓度的影响

北京市第二中学

一、引言

在空气比较干燥的时候，人们经常会使用空气加湿器来增加房间的湿度。我们发现加湿器在使用过程中经常能够看见“白灰”现象。查阅了加湿器的使用说明后，我们发现其中有“建议使用纯净水或40℃以下的凉白开”的字样。我们想到加湿器使用不同的水样可能会对室内颗粒物的质量浓度产生一定的影响，这究竟是怎样的一个影响呢？后来我们通过调查发现：近年来出现了有滤芯的空气加湿器，使用“滤芯”后即使使用自来水也不会出现“白灰”现象。“滤芯”究竟是什么？它的使用对室内颗粒物的影响情况又是怎样的呢？

查阅文献后我们发现，现在人们家中常用的空气加湿器多为超声波加湿器[1]，它的原理是采用超声波高频振荡，将水雾化成1～5微米的超微粒子，再通过风动装置，将水雾扩散到空气中，从而提升空气的湿度，使人们的生活环境更加舒适。但是使用空气加湿器要注意对湿度的控制，过低的湿度会使人皮肤发紧，口干舌燥，容易引发支气管炎、流感、鼻炎，而过高的湿度会影响人体与环境的水分平衡，使人感到憋闷。专家建议，湿度在45%RH～65%RH为最有利于健康。[2] 近年来出现了有滤芯的空气加湿器，翻阅说明书后，我们发现滤芯里一般放置的是离子交换树脂——磺化媒（NaR），它可以将水中的钙、镁离子用钠离子交换，从而达到将水中的钙镁离子除去，减少水的硬度及水垢形成的目的。

目前关于加湿器与室内空气质量的研究，仅限于研究超声波加湿器内水中自然菌的生长情况及其对空气的污染。[3] 关于使用空气加湿器对室内颗粒物的质

[1] 杨琦．加湿器——滋润生活的“湿”意［J］．大众标准化，2006（11）：17～19.
[2] 贡小兵．教你挑选一台加湿器［J］．科学之友，2006（11）：76.
[3] 姚楚水，杨燕，丁兰英等．超声波加湿器内水中自然菌生长情况及其对空气污染的研究［J］．中国消毒学杂志，2005（4）：442～444.

量浓度影响的研究未见报道（万方数据库文献检索）。

为了了解人们使用空气加湿器的情况以及人们使用空气加湿器的环境，我进行了问卷调查。发放问卷 250 份，收回有效问卷 201 份，发放地主要为学校、同学的家长所在单位、王府井及公共汽车等公共场所。结果如下：

空气加湿器使用状况的调查问卷统计表

题目	1. 您经常使用空气加湿器吗?				
选项	A. 经常使用	B. 偶尔使用	C. 不使用		
选择人数	133	63	5		
百分比	66.17%	31.34%	2.49%		
说明	使用空气加湿器的人较多，经常使用的达到调查人数的 2/3，说明该课题的选择具有现实意义。				
题目	2. 您知道人体最舒适的湿度范围是多少吗?				
选项	A.10% ～ 20%	B.20% ～ 40%	C.40% ～ 60%	D.60% ～ 80%	E. 不了解
选择人数	18	94	42	9	38
百分比	8.96%	46.77%	20.90%	4.48%	18.91%
说明	关于最佳的湿度范围人们没有明确的认识，大多数人凭感觉选择 20% ～ 40%，而文献显示最佳的湿度范围为 40% ～ 60%。这说明生活经验和科学知识之间存在着差距。				
题目	3. 您一般在多大的房间里使用空气加湿器?				
选项	A.15m^2 以下	B.15 ～ 25m^2	C.25 ～ 40m^2	D.40m^2 以上	
选择人数	34	85	49	33	
百分比	16.92%	42.29%	24.38%	16.42%	
说明	大多数人们在 15 ～ 25m^2 的房间使用空气加湿器，所以我们的研究将在 15m^2 的房间进行。				

目前市面上常见的空气加湿器分为有滤芯和无滤芯两种。无滤芯的空气加湿器说明书上一般都注明建议使用“凉白开或纯净水”，有滤芯的一般没有此项说明。人们对空气加湿器有无滤芯有多少认识？人们常用的是什么样的空气加湿器？空气加湿器使用不同的水会产生什么不同的影响？人们常用的是什么水？为此，我们追加了调查。发放问卷 250 份，收回有效问卷 198 份，发放地主要为学校、同学家长所在单位、王府井及公共汽车等公共场所。其结果如下：

人们对空气加湿器认识的调查问卷统计表

题目	4. 您的空气加湿器有无滤芯?			
选项	A. 有	B. 无	C. 不知道	
选择人数	84	31	83	
百分比	42.42%	15.66%	41.92%	
说明	调查对象中使用有滤芯空气加湿器的人比使用无滤芯的空气加湿器的人多近 30%，说明目前有滤芯的加湿器的普及率还是比较高的。有近 40% 的人不知道自己使用的空气加湿器有无滤芯，说明人们对空气加湿器的认识还有待提高。			
题目	5. 您觉得空气加湿器的滤芯作用是什么?			
选项	A. 除去钙镁离子	B. 除去所有离子	C. 除去所有杂质	
选择人数	65	19	114	
百分比	32.83%	9.60%	57.58%	
说明	知道空气加湿器的滤芯是用来除去钙镁离子的人只占大约 1/3。而绝大多数的人认为空气加湿器的滤芯是除去所有杂质，说明人们对滤芯作用的认识存在误区。			
题目	6. 您的空气加湿器一般使用什么种类的水?			
选项	A. 纯净水	B. 凉白开	C. 自来水	D. 其他
选择人数	38	34	119	7
百分比	19.19%	17.17%	60.19%	3.54%
说明	虽然无滤芯的加湿器特地注明“建议使用纯净水或凉白开”，但是大多数人为了省事，还是直接使用自来水。空气加湿器使用不同的水会产生什么不同的影响？从科学上讲水样的不同选择会给人们带来多大的影响?			

通过上述问卷调查，我们提取了几个值得研究的问题：

1. 加湿器使用不同水样（纯净水、自来水、凉白开）对室内颗粒物的质量浓度的影响。

2. 不同加湿器类型（有无滤芯）对室内颗粒物的质量浓度的影响。

3. 提出超声波加湿器的合理的使用建议。

二、实验材料与方法

（一）实验材料

凉开水，纯净水，自来水

（二）实验仪器

PC-3A 激光可吸入粉尘连续测量仪，自动液晶显示温湿度计，亚都空气加湿器，电导率仪。

（三）实验步骤

1. 探究空气加湿器使用不同的水样对室内颗粒物的影响

（1）向清洗后的空气加湿器内加入自来水，将空气加湿器的滤芯卸下，放入一室内（约为 $15m^2$，加湿器距测量仪器的距离约为 2.5m），打开空气加湿器到最大档位，每分钟记录一次湿度及颗粒物的质量浓度（$PM_{10}/\mu g \cdot m^{-3}$）数据。

（2）重复上述实验，但将实验用水改为纯净水和凉白开。

（3）在各步实验中，记录所使用的水样及经过加湿器后（冷凝回收）的水样的电导率。

2. 探究空气加湿器中有无滤芯对室内颗粒物的影响

（1）向清洗后的空气加湿器内加入自来水，装上滤芯，放入一室内（约为 $15m^2$，加湿器距测量仪器的距离约为 2.5m），打开空气加湿器到最大档位，每分钟记录一次湿度及颗粒物的质量浓度（$PM_{10}/\mu g \cdot m^{-3}$）数据。

（2）重复上述实验，但将实验用水改为纯净水和凉白开。

（3）在各步实验中，记录使用水样及经过加湿器后（冷凝回收）的水样的电导率。

三、结果与分析

（一）不同水样的电导率

为了了解各种不同水样的离子浓度及经过加湿器后离子浓度的变化，我们测量了不同水样的电导率，及经过加湿器后水样的电导率，结果见下表。

经过无滤芯加湿器的不同水样电导率的变化情况

水样	水样的电导率（$S\cdot m^{-1}$）	经过加湿器后水样的电导率（$S\cdot m^{-1}$）
自来水	572	469
凉白开	505	466
纯净水	2	1

可以看出，自来水和凉白开的电导率远大于纯净水，说明自来水和凉白开中的离子的浓度远大于纯净水。经过无滤芯的加湿器后，自来水的电导率大幅度减小，凉白开的电导率小幅度减小，纯净水的电导率几乎不变。

经过有滤芯加湿器的不同水样电导率的变化情况

水样	水样的电导率（$S\cdot m^{-1}$）	经过加湿器后水样的电导率（$S\cdot m^{-1}$）
自来水	572	486
凉白开	505	478
纯净水	2	32

经过有滤芯的加湿器后，和经过无滤芯的加湿器一样，自来水的电导率大幅度减小，凉白开的电导率小幅度减小。有意思的是纯净水的电导率经过有滤芯的加湿器后有一定的增加。由于自来水加热烧开的过程中钙、镁离子会转化为水垢，所以自来水的离子浓度高于纯净水和凉白开的。自来水和凉白开通过加湿器后离子浓度几乎相同，这应该是由于加湿器内的超声波高频振荡使得水样中的钙、镁离子浓度下降到了同一水平，而其余离子的浓度水平相当所致。

自来水和凉白开经过有滤芯的加湿器后，水样的离子浓度水平和经过无滤芯的加湿器接近且略有增长，说明滤芯——磺化媒并不是除去所有的杂质离子，而只是将水中的钙、镁离子用钠离子交换，从而达到减少水的硬度及水垢形成的目的。由于滤芯中一般积存有一定数量的各种离子，所以纯净水的电导率经过有滤芯的加湿器后有一定的增加。

（二）使用不同水样对加湿速度和颗粒物质量浓度的影响

1. 无滤芯加湿器

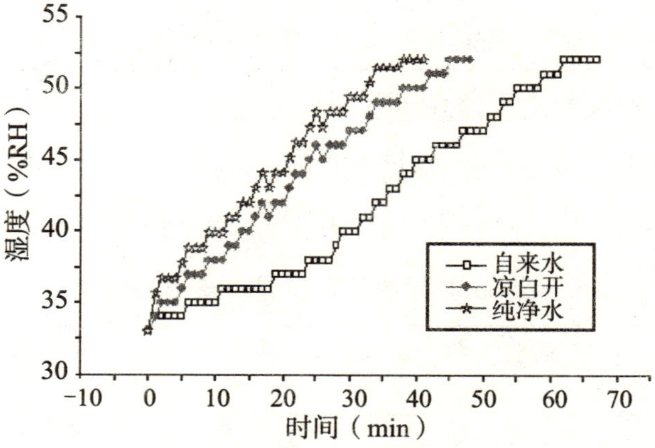

图 1　不同水样对加湿速度的影响
实验条件：无滤芯的空气加湿器

由图 1 可见，对于无滤芯的空气加湿器，开到最大档位，达到相同的湿度条件，使用自来水比使用凉白开的时间要长（时间比约为 7 ∶ 5），使用纯净水和使用凉白开的时间相当（凉白开略长）。可见从快速加湿的角度来说，对于无滤芯的加湿器，纯净水略优于凉白开，二者均优于自来水。

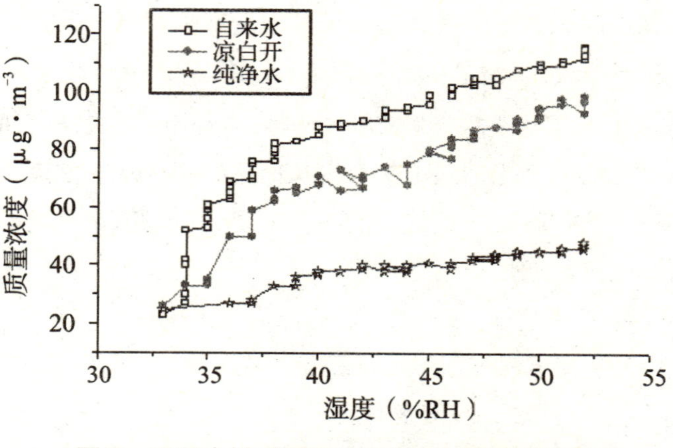

图 2　不同水样对可吸入颗粒物质量浓度的影响
实验条件：无滤芯的空气加湿器

由图 2 可见，对于无滤芯的空气加湿器，使用不同的水样在增加空气湿度的同时，均会造成颗粒物质量浓度的增加。相同的湿度条件下，自来水引起的颗粒物质量浓度的增加大于凉白开的，二者均远大于纯净水的。这说明空气中颗粒物的质量浓度的增加，一部分是由于水蒸气的影响，另一部分是由于水样中的无机离子的影响，而且这部分的影响所占比重更大。

2. 有滤芯的加湿器

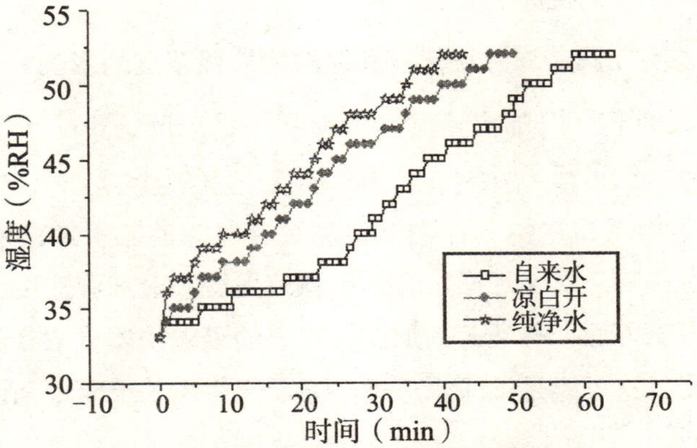

图 3　不同水样对加湿速度的影响
实验条件：有滤芯的空气加湿器

图 3 和图 1 的结果相似，对于有滤芯的空气加湿器，达到相同的湿度条件，使用自来水比使用凉白开的时间要长（时间比约为 7 ： 5），使用纯净水和使用凉白开的时间相当（凉白开略长）。可见对于有滤芯的空气加湿器，从快速加湿的角度来说，纯净水还是最好的，但比凉白开的优势有限。

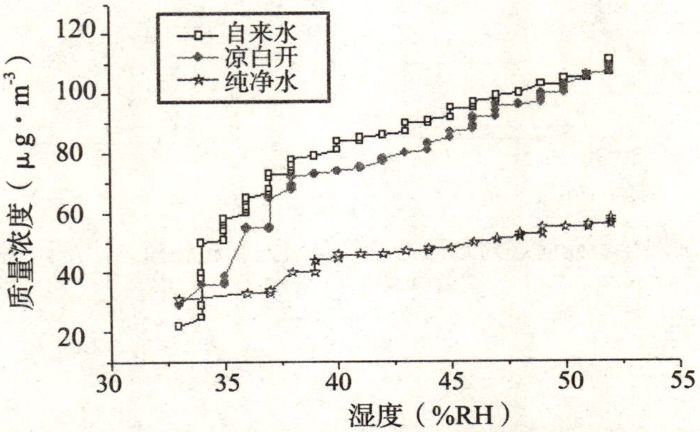

图 4　不同水样对可吸入颗粒物质量浓度的影响
实验条件：有滤芯的空气加湿器

图 4 和图 2 的结果相似，对于有滤芯的空气加湿器，使用后虽然不会产生“白灰”现象，但是实验表明，不同的水样在增加空气湿度的同时，也会造成颗粒物质量浓度的增加，说明滤芯并非大多数人所认为的那样是除去所有的杂质。达到相同的湿度条件，自来水引起的颗粒物质量浓度的增加与凉白开的相当，二者均远大于纯净水的，再次说明空气中颗粒物质量浓度的增加，除了水蒸气的影响以外，更重要的是水样中无机离子的影响。

（三）加湿器有无滤芯对加湿速度和颗粒物质量浓度的影响

加湿器“有无滤芯”对加湿速度和颗粒物质量浓度的影响程度有什么分别呢？为此，我们将数据进行了处理，结果见图 5 ～图 7。

对比后发现，对于自来水和凉白开，加湿器有无滤芯对加湿速度和颗粒物质量浓度几乎没有影响。对于纯净水，加湿器有无滤芯对加湿速度无影响，但对颗粒物质浓度的影响方面，有滤芯的加湿器引起的颗粒物质量浓度的增加明显高于无滤芯的加湿器，这可能是纯净水经过滤芯后无机离子反而增加所致（这可以通过图 4 验证）。

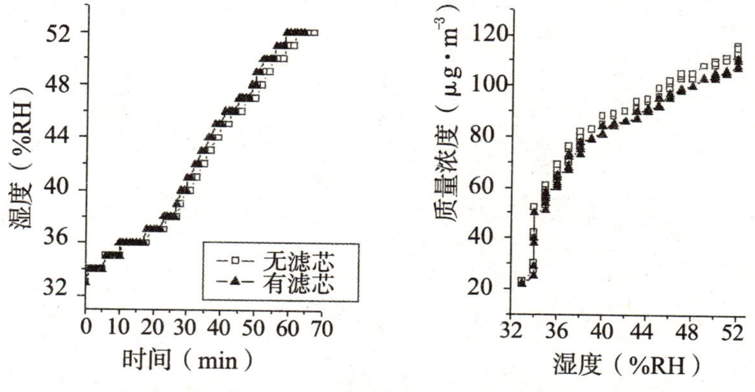

图 5　加湿器有无滤芯对加湿速度和可吸入颗粒物质量浓度的影响
实验条件：自来水

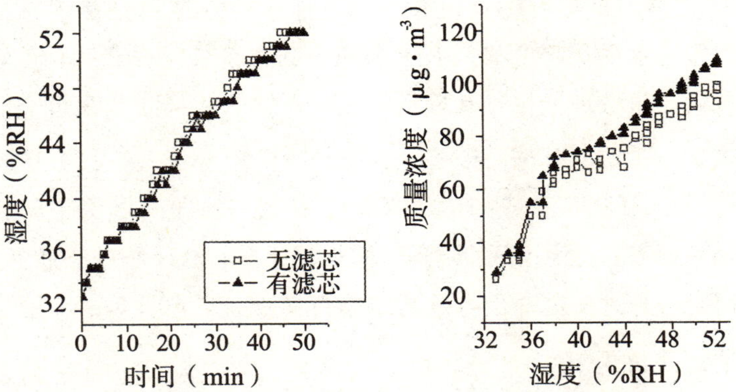

图 6　加湿器有无滤芯对加湿速度和可吸入颗粒物质量浓度的影响
实验条件：凉白开

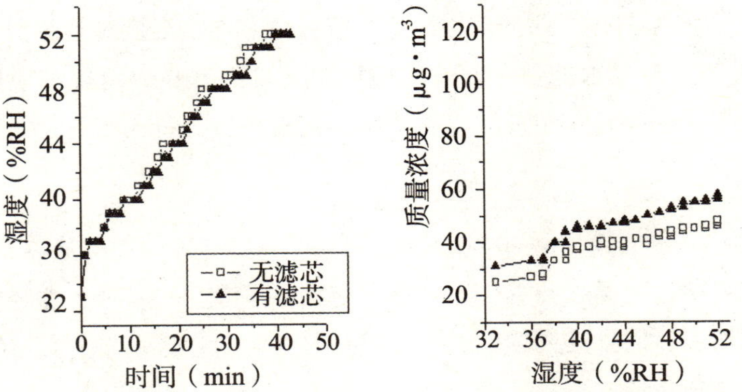

图 7　加湿器有无滤芯对加湿速度和可吸入颗粒物质量浓度的影响
实验条件：纯净水

四、结论与展望

（一）实验结论

使用空气加湿器增加室内湿度的同时，也会引起颗粒物质量浓度的增加。这一过程与使用的水样有关。实验结果表明，使用纯净水优于凉白开优于自来水。这一过程和加湿器有无滤芯无关（纯净水除外）。

（1）从加湿速度的角度来看，纯净水优于凉白开优于自来水，但纯净水对凉白开的优势不明显。对于同一水样，有滤芯和无滤芯的加湿器加湿速度相当，说明滤芯对加湿速度无影响。

（2）从颗粒物质量浓度的角度来看，纯净水优于凉白开优于自来水，纯净水对凉白开和自来水的优势明显。对于凉白开和自来水，有滤芯和无滤芯的加湿器引起的颗粒物质量浓度的增加相同。对于纯净水，有滤芯的加湿器造成颗粒物质量浓度的增加高于无滤芯的。

（3）从避免“白灰”生成的角度来看，有滤芯的加湿器优于无滤芯的。使用有滤芯的加湿器，无论用何种水样，喷嘴均没有水垢。使用无滤芯的加湿器，在用纯净水和凉白开时，喷嘴没有水垢，用自来水时，很容易产生水垢。

（二）使用建议

（1）纯净水是加湿速度最快、引起颗粒物质量浓度的增加最少的水样。如果能保证使用纯净水的话，最好是选用无滤芯的加湿器。

（2）如果使用凉白开的话，选用无滤芯或有滤芯的加湿器效果相当。

（3）如果使用自来水的话，有滤芯的加湿器可以避免“白灰”现象，但是其加湿速度和引起的颗粒物质量浓度的增加与无滤芯的相同。

（三）展望

使用有滤芯的空气加湿器时不会产生“白灰”现象,加湿器的喷嘴没有水垢。但是实验结果表明，有滤芯的空气加湿器在增加空气湿度的同时，也会造成颗粒物质量浓度的增加，而且其增加幅度与无滤芯的空气加湿器相当（如果使用纯净水，则超过无滤芯加湿器）。

对于这样的现象，如果假设有滤芯的空气加湿器会产生更小的颗粒物（肉眼看不见但是却存在），那就不难理解了。因为颗粒物对人体的危害随着它的粒径的变化而变化，粒子直径越小，进入呼吸道的部位越深；那么，如果室内有感冒病人的话，病菌将更容易传播了。下一步，我们打算测量颗粒物的数浓度，并且收集颗粒物，利用显微镜测量其直径以验证这个假设，另外，再探讨使用有滤芯的空气加湿器后颗粒物质量浓度增加了但是却不见产生“白灰”现象的原因。

第八章

最终的结论与我们的反思

基于前面各章的研究，本章对第一章提出的问题进行了回答，对探究实验室的内涵，探究实验室的建设原则、建设办法，探究实验室的管理原则、管理办法等进行了总结，另外，对于研究中存在的问题及不足也进行了反思。

一、最终的结论

对探究实验室的研究，我们主要围绕以下几个问题展开：什么样的实验室是探究实验室？怎样建设探究实验室？怎样组织、运行和管理探究实验室？如何让探究实验室高效地支持探究学习？科学教师对探究实验室的态度如何？如何通过科学的建设和管理让探究实验室真正体现“探究”内涵？

研究过程中，我们综合运用多种研究方法，得出了以下结论：

1. 什么是探究实验室

我们试图将探究实验室界定为：用于支持以教师引导为主的课堂探究、学生在教师指导下的课外探究、学生自选题目的课外探究等几类探究学习活动，以培养学生的实践探究能力和创新精神为目的的实验室环境。

2. 探究实验室的建设原则

探究实验室的建设应该遵循探究性原则、知识性原则、问题性原则、主体性原则、实践性原则和创新性原则。

3. 探究实验室的建设办法

建设的基本项目包括硬件环境（实验室基本设施、仪器设备）和软件环境（教师、实验内容、实验室文化），探究实验室各个项目的建设应遵循探究实验室的建设原则有序进行。

4. 探究实验室的管理原则

探究实验室的管理应该遵循的原则有：服务于探究学习，以促进培养学生的科学素养为目标，体现学生的主体地位，开放实验室，完善规章制度。

5. 探究实验室的管理办法

应该依据探究实验室的管理原则对人、财、仪器设备、时间、信息等几个基本因素进行管理。

6. 教师们对探究实验室建设和管理原则的看法

问卷调查结果显示，中学科学教师对我们提出的探究实验室建设和管理原则有较高的认同程度。

二、对探究实验室建设和管理的建议

1. 结合实际，因校制宜，自主创新

不同的学校处在经济、文化发展水平不同的地区，有各自不同的历史沿革，可用于探究实验室建设的专项资金的数额也不尽相同，所以在建设探究实验室的过程中，要结合学校的实际情况和特点，因地、因校制宜，选择适合本校的方式，扬长避短，创造性地建设有自己特色的探究实验室。

在建设前期，应首先明确探究实验室的建设目的，并根据学校各方面的特点，确定一个主题，让探究实验室的建设、仪器的配备等都围绕该主题进行。这个主题可以不局限于物理、化学、生物、地理等某一个学科，可以是一个综合的主题。建成的探究实验室应能够支持一些综合性、跨学科的探究实验项目，以这些实验项目为载体，培养学生的探究能力、实践能力，发展学生的科学思维和创新精神。例如，北京市某中学的环境科学检测中心确定的主题为“环境检测”，实验室的软硬件建设都围绕该主题进行。

2. 丰富和优化实验内容体系

显然，实验内容体系的建设对探究实验室是否能发挥应有的作用起着非常关键的作用。因而，在建设探究实验室的同时，要设计一套合适的实验内容体系。实验内容体系的设计可以从多个角度着手，最有效的一种方式是围绕探究实验室的主题开发校本选修课。首先，开发课程的工作由教师合作完成，能够保证每一个探究专题的可探究性，以及对培养学生能力的价值和意义；其次，在选修课实施过程中，学生在教师的引导下开展学习活动，可以达到较好的学习效果；再次，选修课按照课时安排正常开设，保证了实验室的使用率。除了开发校本选修课程，还可以从现行教材中挖掘探究问题，开展探究学习活动；可以将探究实验室与研究性学习有机结合，鼓励学生围绕实验室主题选择研究性学习课题；可以鼓励学生成立科技社团，在社团活动中发现生活、社会中的问题，进入探究实验室开展探究活动；可以鼓励学生参与各类科技竞赛，在参赛过程中培养能力。

3. 重视教师队伍的建设

在探究学习中，要充分发挥学生的主体性，但教师的指导作用也是不容忽视的。由于学生缺乏知识、经验，如果没有教师提供适当的指导和帮助，学生的探究学习很有可能会是盲目、低效或无效的。因此，在探究学习中，教师要能够熟练地开展探究教学，在关键的时刻，恰到好处地为学生提供指导或帮助。

在探究学习中，不论是在理论层面还是在实践层面，教师都要达到较高的水平。在理论层面，应该有计划地对任课教师进行培训。例如，请相关的教育专家作探究学习理论的报告，鼓励教师参加各级教研室统一组织的培训、学校的学科教研组组织的交流和学习等，通过各类培训活动和学习活动，让任课教师进一步认识和理解探究学习理论，明白探究学习的特点、探究学习的教学模式、教师在探究教学中所处的地位和作用等。对于理论和实践都达到一定水平的教师，学校应该鼓励他们承担与探究学习相关的研究课题，以进一步提升其理论水平。在实践层面，学校应该鼓励教师在日常教学中开展探究教学，并以各种优质课评选活动为契机，提高教师指导探究学习的教学实践技能。此外，学校应鼓励教师指导学生开展研究性学习，并把教师指导研究性学习的工作量计入课时，以充分调动教师的积极性。

4. 重视探究实验室的文化建设

探究实验室是在实践中培养学生对科学的兴趣，培养学生的实践能力和创新精神的场所。着力培养学生学习科学的兴趣，应该是探究实验室的目的之一，因而，探究实验室应该尽量营造一个探究性的、能激发学生探究兴趣的环境氛围，让学生们觉得探究实验室是一个有趣、有吸引力的地方，从而乐于进入探究实验室探索、学习。

5. 加强实验室的开放管理

探究学习活动需要充足的时间、空间和学习材料，为支持学生顺利开展探究学习活动，探究实验室需要有目的、有计划地向学生开放。

要进一步促进实验室理性、有序的开放，让学生在探究实验室中达到很好的学习效果，可从以下几个方面着手：①在平时的教学中或设置专门的课程，对学生进行基本的探究学习技能的训练，使学生具备独立进行探究学习的能力；

②在各种教学活动中丰富实验内容，在学习内容的选择上，可以视学生的学习情况作不同的处理，或直接给学生提供探究问题，或帮助学生寻找探究问题，或由学生自己寻找探究问题；③学生开展不同形式的探究学习活动时，教师应该给予不同程度的指导和帮助。

三、我们的反思

探究实验室是新课程改革与教育发展进程中的产物，是一个新鲜的事物，也是当前教育研究者和课程实施者们关注的焦点。我们试图对探究实验室进行定义，并对探究实验室的建设和管理原则进行初步的理论探讨。鉴于研究水平及研究条件的限制，我们的研究还存在很多不足。

1. 理论研究不够完善

我们试图对探究实验室进行理论上的界定，并提出了探究实验室的建设和管理原则、较具体的探究实验室的建设与管理办法。但由于水平有限，上述理论研究还有待进一步完善。

2. 研究方法有待进一步改进

受各方面条件的限制，在案例分析部分，案例资料主要通过整理一些学校的教师提供的文本资料得来，不够直观和生动，因而也很难得到非常具体的实验室建设方案和实验室管理办法。而探究实验室的建设与管理问题现实性较强，只有做大量的实地调研，并结合理论研究部分进行深入的分析、总结和提炼，才能得到好的研究结果和结论。

3. 未能加强与国外研究的联系

国外在探究实验室的建设方面已经有多年的实践和研究经验，对我们来说有很强的参考价值和学习价值，有待进一步的分析和讨论。

总之，不论是在实践层面还是在理论研究层面，探究实验室的建设与管理都处于探究阶段，还有待于更多教育研究者和课程实施者的积极探索，以不断丰富研究成果，使我国的探究实验室建设不断走向成熟。

附　录

教师对探究实验室建设和管理原则认同度的调查问卷

尊敬的老师：

您好！我们组织本次调查，是为了更好地了解教师们对探究实验室建设和管理的认识和看法，并为将来如何建设和管理探究实验室提供重要依据。请您根据实际情况在您认为合适的选项上打“√”。感谢您的真诚协助和宝贵经验！

1. 您的性别是：①男　②女

2. 您来自哪种类型的学校：

①国家级重点　②省级重点　③市级重点　④县级重点　⑤普通学校

3. 您的教龄：

①0～2年　②3～5年　③6～10年　④11～15年　⑤16～20年　⑥20年以上

4. 您的职称是：

①特级　②高级　③中级　④初级　⑤见习期

有人将用于充分支持学生进行多方面探究活动（可以是：以教师引导为主的课堂探究、学生在教师指导下的课外探究以及学生自选题目的自由探究）的实验室称为“探究实验室”，并提出了探究实验室建设和管理的原则和方法，请根据您的想法，选出对下列观点的认同程度。（在对应的选项上面打“√”）

相关观点	完全同意	同意	中立	反对	完全反对
1. 探究实验室建设的基本项目包括硬件环境（实验室基本设施、仪器设备）和软件环境（教师、实验内容、实验室文化）。	1	2	3	4	5
2. 与传统实验室的建设相比，在建设探究实验室时，学校可以有较大的自由发挥和创新的空间，每个学校的探究实验室都可以从实验室主题、实验室环境布局、实验室课程等各方面体现各自的特色。	1	2	3	4	5

（续表）

相关观点	完全同意	同意	中立	反对	完全反对
3. 在探究实验室各个项目的每一个建设环节，都要充分考虑学生的生理、心理特点以及在探究学习中的主体地位，充分体现学生的主体性。	1	2	3	4	5
4. 探究实验室的基本设施的设计和环境布局应方便学生的合作、交流、讨论、实验、操作、表演、展示等实践活动。	1	2	3	4	5
5. 实验室仪器设备、药品、书籍、工具等的配备应围绕着一定的科学知识主题，进行有序的建设和安排。	1	2	3	4	5
6. 探究实验室应多配备一些这样的仪器：仪器的设计很有创意，对学生来说是一种新的、极有意思的事物，仪器本身就能够让学生探究一番。	1	2	3	4	5
7. 顺利地推进实验探究学习，需要一支高水平、高素质的教师队伍，要求他们具有先进的探究教学理念，具有指导探究学习的综合素质。	1	2	3	4	5
8. 有丰富的实验内容与探究实验室配套，对提高探究实验室的使用率和体现探究实验室的“探究”内涵有重要意义。	1	2	3	4	5
9. 实验内容中，每一个探究主题都应该围绕着一定的学科知识设计。	1	2	3	4	5
10. 实验内容中，每一个探究主题都应该有一个很好的问题，这个问题是可探究的，奇特、新颖、生动、有趣的问题，能够激发学生强烈的探究欲望。	1	2	3	4	5
11. 通过对实验室的装修、布局、色彩、墙上挂图、展示柜等的精心设计，营造“探究性”的实验室文化环境氛围，使探究实验室成为学生乐于探究的场所，应该作为探究实验室的一大特色。	1	2	3	4	5
12. 在实验室文化建设方面，通过挂图等方式让实验室充满“问题”，有利于提高学生的学习兴趣，激发学生的探究欲望。	1	2	3	4	5
13. 探究实验室的管理应坚持为探究学习活动服务的原则，做好探究教学和学习的后勤保障。	1	2	3	4	5
14. 探究实验室的管理应该紧紧围绕这一目标：支持探究学习的顺利开展，从而有效地促进学生获得科学素养。	1	2	3	4	5
15. 探究实验室的管理应充分体现学生的主体地位，考虑学生所处年龄段的特点，做好服务和支持工作。	1	2	3	4	5
16. 探究学习需要充足的时间，探究实验室的管理应该在传统实验室的基础上增加一项内容：开放实验室。	1	2	3	4	5
17. 探究实验室应该在探究时间、探究主题、探究材料的选择等方面对学生开放。	1	2	3	4	5
18. 探究实验室必须依据自身特点建立一套科学、合理的管理制度，使各项工作有章可循。	1	2	3	4	5

19. 除了上述问卷中涉及的内容，您对探究实验室的建设和管理还有哪些不同的想法？

问卷到这里结束，感谢您的参与！

参考文献

著作类：

[1] 靳玉乐．探究学习 [M]．成都：四川教育出版社，2005．

[2] 教育部教学仪器研究所．教学仪器研究 [M]．北京：中国人民大学出版社，2010．29～36．

[3] 任长松．探究式学习——学生知识的自主建构 [M]．北京：教育科学出版社，2005．

[4] 靳玉乐．探究教学的学习与辅导 [M]．北京：中国人事出版社，2004．

[5] 王磊，魏锐，范林．传感技术——化学实验探究手册 [M]．北京：北京师范大学出版社，2007．

[6] 郑家茂．开放·创新——实验教学新模式 [M]．北京:高等教育出版社，2009．

[7] 郑长龙．化学实验教学论 [M]．北京：高等教育出版社，2002．

[8] 张永兵，柳中海．教学实验室导论 [M]．济南：山东教育出版社，2002．

[9] 滕利荣，孟庆繁．高校教学实验室管理 [M]．北京：科学出版社，2008．

[10] 马建峰．化学实验教学论 [M]．北京：科学出版社，2006．

[11] 周青．化学教育测量与评价 [M]．北京：科学出版社，2006．

期刊类：

[1] 任长松．以科学探究为核心——支撑《美国国家科学教育标准》的课程理念 [J]．山东教育科研，1999（12）：3～5．

[2] 贺慈满．小学科学探究实验室建设的调查与分析 [J]．中国教育技术装备，2010（26）：28～31．

[3] 陈峥嵘，何永树，宋如顺等．配合新课程改革与发展工作积极装备科学探究实验室 [J]．中国教育技术装备，2004（6）：1～4．

[4] 李志方．影响中小学实验室建设和实验教学因素的分析与对策 [J]．实验教学与仪器，2009（9）：58～59．

[5] 卢德馨．理性、有序地建设探究实验室 [J]．物理与工程，2007（6）:

1 ～ 2.

［6］胡文斌．论数字化探究实验室的多学科综合利用［J］．新课程，2010：98 ～ 99．

［7］徐俊峰．当前农村中小学现代教育技术发展中存在的问题及对策研究［J］．中国电化教育，2002（6）：21 ～ 24．

［8］钱扬义，邓峰．数字化化学探究实验室的建设与学生探究能力的培养［J］．中国电化教育，2006（11）：49 ～ 52．

［9］侯团结．创设实验箱：引导探究学习的新途径［J］．湖南中学物理，2009（8）：38 ～ 39．

［10］朱立泉．试论中小学实验室管理［J］，实验教学与仪器，1994（12）：23 ～ 24．

［11］唐江礼．刍议中小学实验室管理的现代化［J］．中国教育技术装备，2004（2）：58 ～ 60．

［12］杨世文．中小学实验室管理模式构建的实践与探讨［J］．实验教学与仪器，2008（10）：45 ～ 47．

［13］蔡石坚．关于中小学实验室建设的几个问题［J］．实验教学与仪器，1998（6）：33 ～ 34．

［14］孟庆知．化学实验室科学管理之浅见［J］．教学仪器与实验，2004（11）：40 ～ 41．

［15］李慧颖．浅谈中小学实验室的管理与使用［J］．实验教学与仪器，2009（1）：56．

［16］方成亮，周华．浅谈中小学实验室管理工作［J］．实验教学与仪器，2009（4）：54 ～ 55．

［17］朱立泉．试论中小学实验室管理［J］．实验教学与仪器，1994（12）：23 ～ 24．

［18］贾占江，刘新民．谈中小学实验室管理工作中存在的问题及对策［J］．宁夏教育，2010（2）：27 ～ 28．

［19］尹信．新课程背景下的中小学实验室建设和发展［J］．实验教学与仪器，2009（6）：56．

［20］陈竹．探究实验室——美国 PASCO 整体解决方案［J］．中国教育技术装备，2005（4）：53 ～ 56．

［21］王素娟．探究实验室在物理教学中的应用［J］．中国现代教育装备，2011（18）：54 ～ 55．

［22］杜永锋．掌上实验室（Lab in Hand）的特点及其功能［J］．电化教育研究，2003（10）：59 ～ 62

［23］钱扬义，陈建斌．在"数字化掌上实验室"中做科学［J］．中国电化教育，2004（5）：45 ～ 48．

［24］朱广艳．有效利用信息技术培养学生科学探究能力的思考——源于数字探究实验室的案例分析［J］．电化教育研究，2008（4）：25 ～ 28．

学位论文类：

［1］蒋西明．以培养大学生创新能力为目标的实验室建设研究［D］．重庆：西南大学，2008．

［2］胡晨艳．天津第四中学高中化学实验室管理改革的实践研究［D］．成都：四川师范大学，2009．

［3］赵成兰．传感技术在化学新课程实验探究中的应用［D］．南京：南京师范大学，2008．

［4］姚彬．关于职业中学电子技术专业实验室建设探讨［D］．济南：山东师范大学，2010．

政策文件、标准类：

［1］中华人民共和国国务院．《国务院关于基础教育改革与发展的决定》．国发［2001］21 号．

［2］中华人民共和国国务院．《国家中长期教育改革和发展规划纲要（2010—2020 年）》．

［3］中华人民共和国教育部．《基础教育课程改革纲要（试行）》．教基〔2001〕17 号．

［4］中华人民共和国国家教育委员会．《国家教委关于加强教学仪器设备行业管理工作的意见》．教备［1997］15 号．

［5］山东省教育厅.《山东省教育厅关于印发〈山东省普通高中探究实验室配置标准（试行）〉的通知》. 鲁教基字［2007］15号.

其他：

［1］朱振岳，程莉莉. 培养学生的探究能力和创新精神——浙江建380个中小学科学探究实验室［N］. 中国教育报，2011-10-26（1）.

［2］刘姝弘，杜朝凤. 建设探究实验室，培养青少年科学素养的研究. 第十一届中国科协年会第21分会场·科普人才培养与发展研讨会论文集.

［3］王晶莹. 中小学科学探索学习实施指南. 教育部“中小学科学探究学习与创新人才培养机制实验研究”项目会议材料.